精算与风险管理规划教材
总策划　黄薇

U0964195

风险管理与保险

主　编　谭英平
副主编　王　艳　郭锐欣　王　琬

对外经济贸易大学出版社
中国·北京

图书在版编目（CIP）数据

风险管理与保险 / 谭英平主编. —北京：对外经济贸易大学出版社，2021.2
精算与风险管理规划教材
ISBN 978-7-5663-2245-6

Ⅰ. ①风… Ⅱ. ①谭… Ⅲ. ①保险管理–风险管理–教材 Ⅳ. ①F840.32

中国版本图书馆 CIP 数据核字（2021）第 033216 号

风险管理与保险

谭英平　主编

责任编辑：汪　洋

出版发行：对外经济贸易大学出版社
社　　址：北京市朝阳区惠新东街 10 号
网　　址：www.uibep.com
资源网址：www.uibepresources.com
邮政编码：100029
邮购电话：010－64492338
发行部电话：010－64492342
E-mail：uibep@126.com

成品尺寸：185mm×260mm
印　　张：16.25
字　　数：375 千字
ISBN 978-7-5663-2245-6
印　　刷：三河市少明印务有限公司
版　　次：2021 年 2 月北京第 1 版
印　　次：2021 年 2 月第 1 次印刷
定　　价：42.00 元

前　言

撰写本书的过程中，国内突发新冠肺炎疫情，至教材初稿完成，疫情已在全球范围造成巨大影响且尚未得到完全控制。2020 年 9 月 29 日，联合国秘书长古特雷斯在视频致辞中称，“我们的世界已经达到了一个令人痛苦的‘里程碑’。”据世界卫生组织当天公布的数据显示，全球累计新冠肺炎死亡病例超过 100 万例，这意味着新冠疫情已成为人类历史上最严重的流行病灾难之一。

实际上，纵观人类的发展历史，可以说其本身就是一部与风险相伴随的历史，也是一部对抗风险、管理风险的历史。从传统社会中的自然灾害、意外事故，到现代社会中的病毒传染、金融危机乃至恐怖活动，风险的表现形式不断发展演变，给人类社会造成的人员伤亡和财产损失也越来越大。文明的进步和科学技术的发展改善了人们的生活质量，延长了人们的预期寿命，却无法彻底消除风险的客观存在。尤其是自 20 世纪以来，西方国家不断发生的环境污染、核泄漏、疯牛病、枪击动乱等一系列事件促使人们惊醒，开始对现代社会的高度风险性问题进行深刻全面的反思。德国著名社会学家贝克指出，当今人类生活在“文明的火山上”，人类社会正由工业社会进入“风险社会”。

虽然围绕“风险社会”的理论研究百家争鸣、观点不一，但现代风险所呈现出的有别于传统风险的显著特征得到了人们的一致关注。首先，现代风险具有全球性和普遍性，成为不分国界、不分种族、不分人群的全球性问题；其次，现代风险更多地与新技术、新物质、生态环境、经济政治等密切相关，具有更高的不确定性；再次，由人类不断发展的知识对世界的影响而产生的“被制造出来的风险”逐渐占据主导地位，进而导致现代风险的构成及其后果趋于高度复合化和复杂化。

身处“风险社会”，无论是个人、家庭、企业还是国家，都不可避免地面临着各种各样的风险，也使人们越来越清晰地意识到风险管理的重要性和迫切性。此次新冠肺炎疫情暴发后，正是国家迅速科学的决策和社会各界的团结协作，才取得了让世人震惊的抗疫奇迹，将这一突发公共风险事件的损失控制在了有限的范围内。从积极的角度看，疫情的发生极大地增强了社会公众的风险意识，更激发了人们对风险管理工具尤其是保险的需求。实际上，作为现代社会最有效的风险管理方法之一，保险的思想萌芽可以追溯到远古时代，即使从世界上出现的第一张保单算起，保险也已经有近 700 年的历史。相较于其他风险管理方法，保险不仅具有风险分散、经济补偿等基本职能，还具有资金融通和社会管理的特殊职能，因此在发达国家早已发展成为十分成熟的产业，承担着不可替代的经济和社会责任。

受各方面因素的限制，我国的保险行业起步较晚，且跌宕起伏，但近年来，在国家政策的大力支持下，我国保险行业实现了跨越式的发展，于 2017 年成为仅次于美国的世界第二大保险市场，对全球贡献接近一半的保费收入，国际地位和国际影响力得到了显著提升。个人、家庭和企业越来越主动地选择将保险作为风险管理和财富规划的基本手段，政府和国家越来越广泛地采用保险作为社会管理和公共服务的有效工具。目前，我国保险行业已进入重要战略机遇期和转型期，行业发展前景广阔，可以预见，保险的社会“稳定器”和经济“助推器”作用将得到更加充分的发挥。

顺应这一时代背景，作为国内风险管理和保险专业人才培养的一流高等院校，以建设“双一流”重点学科（应用经济学）核心教材为目标，对外经济贸易大学保险学院协同对外经济贸易大学出版社策划并组织了本教材的撰写和出版工作。经前期调研发现，目前市面上已有的以“风险管理与保险”命名的相关教材多为翻译引进的国外教材，教材结构、保险险种、教学案例等都是基于发达国家情况和现实设计，与国内市场特征存在一定的差异，无法很好地契合国内高等院校相关领域人才培养的要求。而国内现有教材多为《风险管理学》《保险学》，鲜有将风险管理与保险融合在一起的综合性基础教材，而保险作为现代风险管理最重要的手段，二者之间存在不可分割的紧密联系，在教学内容上更是存在诸多交叉知识点，因此有必要对其进行更加系统地梳理和整合。

基于以上背景和国内相关领域教学的实际需求，本书将作为风险管理与保险的基础性入门教材，其特色主要包括：

1. 内容丰富全面

相较于国内已有类似教材，本书将综合风险管理学和保险学中最为基础、经典和最重要的知识点，通过合理的结构设计，涵盖风险、风险管理、保险等概述内容，还有保险合同、各类保险产品与保险市场基础知识，以满足任何具有风险管理和保险理财规划需求的经济、金融、管理类专业学生的学习需求。

2. 教材撰写以理论与案例相结合的风格为主，深入浅出，通俗易懂

风险管理与保险都是与社会经济生活密切关联的学科，而传统教材多以纯粹的理论讲解为主，容易给读者造成抽象枯燥的印象，也不利于知识点的掌握。本书拟突出对实际问题的分析和解决为根本目的，通过基础理论的系统讲解，结合大量阅读材料和案例讨论，更易于促进读者对知识点的理解和掌握，也增强趣味性。

3. 设计有关风险管理技术最新发展和保险创新的相关章节

传统教材多为对成熟的基础理论体系和内容的简单介绍，无法及时反映风险管理与保险领域的最新发展状况。本书创新性地设计相关章节，对互联网和大数据时代下的非传统的风险管理技术以及保险领域的创新进行追踪和整理，让读者能够了解该学科领域的前沿知识。

本书既可以作为风险管理与保险、社会保障、精算等专业的本科学生课程用教材，也可以作为本科为非保险专业的硕士研究生的学习用教材，此外，还可以用于参加保险行业相关资格认证考试的广大从业人员的参考书籍。

本书的编写是在对外经济贸易大学保险学院和校出版社的领导、老师们的大力支持下完成的。本书共十章，由对外经济贸易大学保险学院院长黄薇教授担任总策划，教材第 1 章、第 2 章由谭英平老师编写，第 3 章、第 4 章、第 5 章由郭锐欣老师编写，第 6

章、第 7 章由王琬老师编写，第 8 章、第 9 章、第 10 章由王艳老师编写。谭英平老师负责全书的统稿工作。

教材编写过程对体力和脑力都是较大强度的考验，衷心感谢学院和出版社各位老师辛勤的付出。正是那一份“传道、授业、解惑”的纯粹初心，才让各位老师能够在疫情突发的特殊时期，排除各方面的困难和障碍，如期完成书稿的撰写和出版工作。虽倾力付出，但编写组水平和经验必然有限，对于书中欠妥甚至错误之处，恳请各位读者不吝指正。

谭英平

2020 年 10 月

目　　录

第一章　风 险 概 述

2008 年 5 月 12 日，中国四川省汶川地震，造成近 7 万人遇难，直接经济损失 8 452.15 亿元人民币；2014 年 3 月 8 日，由马来西亚吉隆坡飞往中国北京的 MH370 航班失联，最终确认机上 239 名乘客和机组人员全部遇难，搜救工作耗资 1.6 亿美元；2017 年 10 月 1 日，美国拉斯维加斯一个场外音乐节发生枪击事件，造成 59 人死亡，527 人受伤，枪手入住的酒店承担赔偿金额 8 亿美元；2019 年 4 月 15 日，法国巴黎圣母院发生火灾，有着 852 年历史的中轴塔在火中坍塌，预估重建工程将耗时数年时间，费用将达 7 亿欧元以上。

伴随人类社会的不断发展，风险也渗透到社会的各个方面。自然灾害、病毒传染、意外事故、恐怖活动等频繁发生，个人、家庭、企业乃至国家都面临着越来越复杂和多变的风险，造成的人员伤亡和财产损失巨大。德国著名社会学家贝克指出，当今人类生活在“文明的火山上”，人类社会正由工业社会进入“风险社会”[①]。了解风险的内涵、特征，熟悉风险的构成要素，正确区分风险的不同类别，理解风险的成本，是我们有效管理风险的前提和基础。

第一节　风险的概念和特征

一、风险的不同定义

到目前为止，关于什么是风险，并未形成一个统一的定义。社会学家、经济学家、行为学家、统计学家都有着各自的研究视角和理解，学术上常见的定义包括以下几种。

（一）风险是损失的不确定性

追溯“风险”一词的起源，人类在对自然的认识过程中，意识到各种自然灾害可能给生产生活带来损害，且无法事先预测和确定，因此，用“风险”来描述财产受损和人身伤亡等不利结果发生的可能性，也就是损失的不确定性。依据该定义，只有存在不确定的有害后果（即损害）的行为才会承担风险。这种损失的不确定性包括了损失是否会发生不确定，发生的时间和地点不确定，损失的严重程度不确定。如果某种行为的后果不确定，但没有损失的可能性，依据该定义，这种行为就不存在风险。

（二）风险是结果的不确定性

从广义上讲，只要某一行为带来的结果有两种或两种以上的可能性，那么就认为该

---

① Ulrich Beck. 风险社会［M］. 何博闻，译. 南京：译林出版社，2004.

行为存在风险。从经济的角度来看，这些可能的结果包括了损失、没有损失或获利。基于这一定义，即使某一行为不会带来损失，但存在其他两种或两种以上（不同获利水平）可能结果，同样称之为风险，可能影响行为者的决策。反之，如果某一行为带来的结果只有一种，即使是不利的结果，由于损失是必然的，可以事先确定，则不构成风险。

（三）风险是实际结果与预期结果之间的偏离程度

从风险管理的角度，风险经常被界定为实际结果与预期结果的偏离程度。例如，按照过去的经验数据估计，30 岁人群罹患某种重大疾病的概率是 3‰，也就是说每 10 万（30 岁）人中平均有 300 人预期会罹患该重大疾病。如果保险公司新承保了 10 万个投保人，其未来的实际结果未必与预期结果恰好相同，每 10 万人中患病的人数可能在 285 人到 315 人之间变动，偏离程度为±5%，对于保险公司来说，这就是风险。利用统计学中的标准差、方差等指标，可以量化描述不同的可能结果相对于期望值的变动范围。这些指标值越大，意味着实际结果与预期结果之间的偏差就越大，不确定的程度就越高，风险也就越大。这一定义为风险的衡量和评估奠定了基础，突出了风险可测度的特征。

（四）风险是损失发生的概率与损失程度的组合

部分学者在总结各种风险描述的基础上，将风险定义为某一特定危险事件发生的可能性与其产生的后果的组合。该定义考虑在一定条件和一定时期内，从损失发生的概率和损失的严重程度两个方面来衡量风险。保险市场中，就经常采用不同损失程度和相应损失后果发生的概率的乘积之和作为保险标的的期望损失[①]。期望损失越大，意味着保险标的的风险程度越高，在其他条件相同的情况下，保险公司收取的纯保费也会越高。

实践领域，不同国家和组织也给出过风险的不同定义。作为世界上第一个国家风险管理标准，澳大利亚－新西兰风险管理标准（AS/NZS 4360）将风险定义为“对目标有所影响的某个事件发生的可能性”，指出“它根据后果和可能性来度量”；国际风险分析协会（SRA）将风险定义为“对人类生命、健康、财产或者环境安全产生的不利后果的可能”；国际标准化组织（ISO）发布的《风险管理——原则与指南》（ISO 31000：2018）将风险定义为“不确定性对目标的影响”。

可见，尽管对于风险的描述和阐释多种多样，“不确定性”是几乎所有风险概念的核心。只有当特定事件的发展有不止一种可能结果，并且最终将出现何种结果无法百分之百准确地提前预测时，才会产生风险问题。而从风险管理和保险的角度出发，人们更多关注的是风险可能带来的不利后果，因此，本书采用“风险是损失的不确定性”这一定义，能够简单明确地反映出风险的本质。当然，在对风险进行管理的过程中（如风险衡量），应该借鉴不同的风险内涵，从多个角度尽可能全面地认识、分析风险，以选择合适的方法保障风险管理目标的实现。

二、风险的基本特征

基于人们对风险的普遍理解和风险在实践中的具体表现，风险具有以下基本特征。

① 即统计学中期望值（均值）的计算方法，详见后续章节。

（一）客观性

风险是由客观存在的自然现象和社会现象引起的，它本身是一种不以人的意志为转移的客观存在，而不是人们头脑中的主观想象。地震、洪水、飓风、海啸等自然界运动可能给生活在其中的人类造成生命和财产损失，车祸、空难、瘟疫、战争等社会事件也可能给人们的生产生活带来不利影响。这些自然现象和社会现象受其特定运动规律的支配，人类可以通过认识和掌握这些规律的特征，努力改变风险形成和发展的条件，降低风险发生的概率和损失程度，将风险控制在自身能够承受的范围内，但显然无法彻底消除风险。值得一提的是，风险虽然是客观存在的，但人们对风险的认识却是主观的，受到年龄、性别、教育、经验等多种因素的影响，不同个体对同一风险的估计不尽相同，而风险态度和风险承受能力的差异还将进一步决定其最终的风险管理决策。

（二）偶然性

尽管从全社会来看，风险是一种客观存在，只要有人类活动的地方就会有风险。然而，对于特定个体而言，风险的发生往往是偶然的，后果是不确定的。如前所述，这种偶然性和不确定性具体体现为：首先，风险发生与否不确定。全世界每天都在发生车祸，但对于某一个个体，是否会发生车祸是不确定的。其次，风险发生的时间不确定。虽然对于人类来说，死亡是必然的，但每一个人死亡的时间是完全偶然的，无法提前预知。最后，风险导致的后果不确定。特定自然灾害、人为事故最终将造成多少人员伤亡和财产损失，同样具有很大的偶然性。此外，尽管风险的发生往往是一个渐变的过程，但由于人们认知能力的局限性和可能的疏忽大意，某些情况下风险的发生还具有突然性，其管理难度更大。

（三）损害性

自然运动和社会运动之所以构成风险，是因为可能给人类带来人身伤亡和财产损失，即具有损害性。换句话说，风险是与经济主体的安全和利益密切相关的，风险可能引起的损害包括：人身伤亡，财产自身的损毁或灭失，因人身伤亡或财产损毁引起的间接费用支出、收入减少、责任赔偿等。广义的风险损失还包括了精神伤害。即使按照某些定义，风险可能带来的结果中没有损失，如果实际结果（如获利水平）和预期结果存在较大偏差，也可能给决策者造成机会成本，相对于最优决策，同样存在经济损失。

（四）可变性

由于风险产生于自然运动和社会运动，因此随着自然社会运动规律的发展变化，风险也处于不断发展变化的过程中。风险的变化，既有量的增减，也有质的改变。一方面，科学技术进步、经济体制改革、法律法规完善等有助于提高人们认识、控制风险的能力，降低某些风险发生的概率和损失程度，甚至可能消除某些特定风险，例如，某些疾病发生率大幅降低，某些瘟疫彻底被消除。但另一方面，新技术、新物质的出现，社会经济结构和外部环境的变化等又扩大了风险损失的范围，甚至导致了新的风险的产生，例如，经济全球化使得个别企业的财务危机可能对世界范围内更多的企业经营产生不利影响，核能的开发和应用产生了核污染风险，基因技术的滥用造成了新的食品安全隐患等。

【阅读材料 1-1】风险社会理论①

自20世纪以来，西方国家不断发生的环境污染、核泄漏、疯牛病、金融危机等一系列事件促使人们惊醒，开始对现代社会的高度风险性问题进行深刻全面的反思。德国社会学家乌尔里希·贝克在1986年出版的德文版《风险社会》一书中，首次提出“风险社会”的概念，并具体阐述了他的风险社会理论。到1992年该书英文版面世后，风险社会理论在西方国家引起巨大反响和激烈讨论，吉登斯、拉什、卢曼等众多社会学家都对其进行了开拓性研究，形成了不同的观点。

贝克指出，风险社会是现代性的一个阶段，在这个阶段，工业化社会道路上所产生的威胁开始占主导地位；作为风险社会理论的“倡导者”，吉登斯进一步明确，风险社会是指由于新技术和全球化所产生的与早期工业社会所不同的社会特性，它是现代性的必然结果；卢曼提出了风险的复杂自系统理论，认为科学技术迅猛发展所带来的负面影响而诱发的风险是现代社会的突出表现，当代社会预示着充满风险的未来；拉什等人则用风险文化的思想来解释风险社会，认为风险在当代的凸显是一种文化现象，当代社会风险并没有增加，只是人们的认知程度得到了提高，使人们关注到了以往不被关注的风险。

尽管学者们的阐释不尽相同，但他们对于风险社会理论研究的热情却一致表明，在现代化阶段，风险已成为社会发展不可回避的事实，并且现代风险呈现出区别于传统风险的显著特征。

第一，现代风险具有全球性和普遍性。传统社会中风险通常只对局部或个别主体产生影响，规模有限，而风险社会的“出现”源于全球化时代，环境污染、核辐射、传染病、金融危机等现代风险往往会对更大范围的群体甚至区域造成整体性威胁，并日益表现出一种普遍化的趋势，成为不分国界、不分种族、不分人群的全球性问题。

第二，现代风险具有更高的不确定性。传统社会中人们面临的主要是自然灾害、贫困、饥荒、疾病等与自然环境和生活物资相关联的风险，发生和影响的时间较短，容易基于历史经验对其发生的概率和造成的损害进行估计。而现代风险更多地与新技术、新物质、生态环境、经济政治等密切相关，往往造成不可见、不可逆甚至系统性的损害，潜伏和影响的时间长，历史经验有限，很难进行准确的预测。

第三，现代风险更多是“被制造出来的风险”。按照吉登斯的划分，传统社会中大多是来自外部的、因为传统或者自然的不变性和固定性带来的“外部风险”；而在当代，随着现代文明的扩展，经济活动日益频繁，社会矛盾不断交织，由人类不断发展的知识对世界的影响所产生的“被制造出来的风险”占据主导地位，进而导致现代风险的构成及其后果趋于高度复合化和复杂化。

---

① 资料来源：笔者整理。

第二节　风险的构成要素

风险由风险因素、风险事故和损失三个基本要素构成，三者相互关联并共同影响着风险的形成、发展和结果。

一、风险因素

风险因素是指可能引起风险事故发生、增加损失概率和损失程度的原因或条件。例如，房屋的建筑材料、建筑结构、地理位置等是房屋可能发生倒塌的风险因素；天气条件、道路状况、驾驶员技能等是可能引发交通事故的风险因素；个人的年龄、性别、生活习惯、遗传基因等是影响疾病发生的风险因素。显然，风险因素的存在是引发风险事故的潜在原因，是造成最终的人身伤亡或财产损失的间接因素，但并不必然会导致损失的发生。

影响特定风险形成的因素往往很多，根据其性质的不同，可以划分为以下三类：

（一）物质风险因素

物质风险因素也称实质风险因素，是指有形的、能够直接影响标的物的物理功能，从而增加损失发生的概率和损失程度的客观条件。例如，位于地震多发区域是可能引起建筑物倒塌事故的物质风险因素；飞机设计缺陷是可能引发航空事故的物质风险因素；环境污染是增加人类疾病发生概率的物质风险因素；基因技术滥用是增加食品安全事故发生概率的物质风险因素；互联网的普及是增加个人信息泄露事故发生概率的物质风险因素等。

（二）道德风险因素

道德风险因素是指由于个体的故意行为促使风险事故发生、增加损失概率和损失程度的原因或条件，是与个体的品德修养有关的无形因素，往往表现为个体的不诚实、不正直或不良企图所引发的恶意行为。例如，因负债无力偿还而实施偷盗；因生活不顺而报复社会；因图谋利益而泄露公司机密；为节约建筑成本而偷工减料；为骗取保险赔款而杀害被保险人。这些都是可能导致他人财产或生命遭受损害的道德风险因素。

（三）心理风险因素

心理风险因素是指由于个体主观上的疏忽或过失致使风险事故发生的概率和损失程度增加的原因或条件，是与个体的心理状态有关的另一类无形因素，往往表现为个体的不注意、漠不关心或侥幸心理所引发的过失行为。例如，乱扔烟蒂是可能引发火灾事故的心理风险因素；长期作息不规律是增加疾病发生率的心理风险因素；饮酒后心存侥幸开车上路是增加交通事故发生概率的心理风险因素；由于缺乏常识将液化气罐搁置室外暴晒是增加爆炸事故发生概率的心理风险因素等。

道德风险因素和心理风险因素都是与人密切相关的风险因素，理论上，前者强调的是主观的故意或恶意行为，后者则是无意或疏忽状态。但在实践中，有时候二者的区分并不容易，因此，也有人将道德风险因素和心理风险因素统称为人为风险因素。

二、风险事故

风险事故又称风险事件，是指引起人身伤亡或财产损失的直接原因。风险因素只有通过风险事故的发生才可能导致最后的损失，因此，风险事故是使风险造成损失的可能性转化为现实性的媒介。例如，下雪天路面结冰造成汽车追尾和人员伤亡，其中，路面结冰（即道路状况）是风险因素，车祸是风险事故。

现实生活中各类风险事故比比皆是，洪水、干旱、海啸、飓风、地震、暴雨、泥石流等自然灾害，飞机坠毁、偷盗抢劫、疾病传染、网络犯罪、战争动乱、经济危机等人为事件，都属于导致损失发生的风险事故。如前所述，随着科学技术的发展，人们对于自然灾害发生的概率和损失程度的控制能力逐渐增强，与此同时，被人为制造出来的风险事故却呈现上升趋势，占据现代风险的主导地位。

值得说明的是，同一事件在不同的风险形成过程中可能属于不同的构成要素。例如，雷电引起火灾造成房屋损毁，雷电是风险因素，火灾是风险事故；而雷电直接击中路人造成人身伤亡，雷电则是风险事故。

三、损失

从风险管理和保险的范畴来说，损失是指人身伤亡或非故意的、非计划的、非预期的经济价值的减少。这一概念与人们通常意义上理解的损失不尽相同，主要包括两层含义：一是强调损失是可以用货币衡量的经济价值的减少，虽然人身伤亡本身无法用货币衡量，但由此引起的本人及家庭的费用支出、收入减少、财务困难等同样可以视作经济价值的损失；二是要求损失的发生是不可预知、不受控制的，如果某些经济价值的减少是故意行为造成的，或是计划、预期之中的，则不属于上述损失定义的范畴。例如，慈善捐助造成个人财产的减少、生产过程中机器设备的正常折旧、生活用品的日常损耗等，都是行为主体计划之中的经济价值的减少，因此，不是本书所指的损失。

此外，损失由直接损失和间接损失两部分构成。直接损失是指风险事故对标的物本身所造成的损害事实，包括人身伤亡、财产的直接损毁或灭失等有形损失；间接损失是由直接损失进一步引发的无形损失，包括额外费用支出、收入减少、营业中断损失、责任赔偿损失等。例如，2019 年 3 月，埃塞俄比亚航空公司一架波音 737MAX 飞机坠毁，机上 157 人全部遇难，这些属于该空难事故的直接损失；空难事故发生后，航空公司及各相关部门投入大量人力物力进行现场清理工作（额外费用支出），并向遇难者家属发放赔偿金（责任赔偿损失），此外，事故进一步引发各大航空公司停飞波音 737MAX，对其运营业务造成巨大经济损失（营业中断损失），这些都属于该空难事故的间接损失。

四、构成要素之间的关系

显然，风险因素、风险事故和损失是风险形成、发展的共同组成要素，构成了风险统一体，并且三者之间存在一定的因果联系。风险因素可能引发风险事故，风险因素越多，风险事故发生的概率就越高；风险事故可能导致损失，只有通过风险事故的发生，损失才有可能成为现实。但这一因果联系并不具有必然性，风险因素的存在不一定会引起风险事故的发生，风险事故的发生也不一定会导致损失。基于此，人们可以通过采取恰当的措施来减少风险因素，降低风险事故发生的概率，从而降低损失，这也成为很多风险管理方法（如风险回避、损失控制等）实施的重要理论基础。

第三节 风险的分类

从风险管理和保险的角度出发，需要对风险进行恰当的分类，了解不同风险的性质和特征。风险分类的标准有很多，本书介绍常见的几种分类。

一、按风险产生的原因分类

按照形成的原因不同，风险可以分为自然风险、经济风险、社会风险和政治风险。

自然风险是指由于自然现象或物理现象导致人身伤亡、财产损失的风险，通常具有不可抗性，一旦发生，往往波及范围较广。洪水、干旱、暴雨、雷电、冰雹、地震、海啸、台风等均属于典型的自然风险。

经济风险是指在生产经营过程中，受各种市场因素变动的影响或经营者决策失误而导致经济损失甚至经营失败的风险。例如，由于供需关系变化、原材料价格上涨、通货膨胀、汇率变动、市场预期失误等原因引起损失，均属于经济风险。

社会风险是指由于个人或团体的反常行为给个人、家庭、企业甚至国家造成损失的风险，包括故意行为、过失行为和不当行为。盗窃、抢劫、罢工、骚乱、暴动、恐怖活动等是日常生活中较为常见的社会风险。

政治风险是指由于各种政治原因引起社会动荡，造成人身伤亡、财产损失的风险。例如，种族宗教冲突、政权更替、外汇管制、贸易摩擦、战争等给人们的生产生活、投资贸易带来不可控制的负面影响，使其遭受损失，均属于政治风险。

二、按风险标的分类

按照损害的具体对象即标的不同，风险可以分为人身风险、财产风险、责任风险和信用风险。

人身风险是指人们因为衰老、死亡、疾病、意外伤害等引起人身伤亡和经济损失的风险。包括由于自然生理规律、内在健康因素和外来突发事故等造成的死亡、残疾、收入减少、费用支出等。

财产风险是指导致财产的物理损毁、灭失和贬值的风险。例如，房屋失火、汽车碰撞、飞机坠毁、船舶沉没、农作物被淹等，均属于财产风险。如前所述，除了财产标的物本身的损失之外，财产风险还可能进一步引发包括修复财产所需的费用支出、误工或营业中断造成的收入减少等间接损失。

责任风险是指由于个人、家庭或企业的疏忽、过失、侵权行为造成他人财产损失或人身伤亡，依照法律、合同等须承担民事赔偿责任的风险[①]。例如，饲养的宠物咬伤路人、随手乱扔烟蒂引发火灾、产品设计缺陷造成消费者财产损失等，均属于责任风险。随着社会法律制度的不断完善和人们法律意识的不断增强，个人、家庭和企业面临的责任风险也越来越复杂多样，成为风险管理和保险应用的重要领域。

信用风险是指在经济合同行为中，权利人和义务人由于一方违约或违法给对方造成经济损失的风险。主要包括两种具体表现形式，一是债权债务关系中，债务人到期无法或不愿偿还债务造成债权人经济损失的风险；二是经济交易过程中，交易一方不履行合同义务给另一方造成经济损失的风险。

三、按风险的性质分类

按照性质不同，风险可以分为纯粹风险和投机风险。

纯粹风险是指只有损失或没有损失两种可能结果，但无获利机会的风险。自然灾害是典型的纯粹风险，一旦发生，就可能造成人身伤亡或财产损失，但没有产生任何利益的可能。纯粹风险可能导致的损失不仅对个体而言是一种损失，对于整个社会也是一种损失。

投机风险是指发生后可能引起损失、无损失或盈利三种结果的风险。例如，投资开设连锁店，如果经营成功，投资者可以因此获利；如果经营业绩一般，可能仅仅维持收支平衡，不亏不损；如果经营不善，则可能造成入不敷出甚至倒闭。投机风险可能导致的损失对个体而言是一种损失，但从整个社会角度来看，有时候可以在很大程度上相互抵消，由不同个体构成的整体可能并没有实际损失。

区分纯粹风险和投机风险十分重要。由于投机风险存在获利的可能，容易诱发道德风险，即行为主体为了可能的盈利，故意增加投机风险发生的频率。因此，通常情况下，投机风险不属于保险承保的范畴，需要采用其他方法进行管理，只有纯粹风险才是理论上可保的风险。

四、按风险的影响范围分类

按照影响范围不同，风险可以分为特定风险和基本风险。

特定风险是指由个体行为引起的、其结果往往只与特定的个体相关而不影响整个社会的风险。例如，户外活动中意外受伤、博物馆被盗、珠宝店遭抢劫等，均属于特定风险，只有遭遇该风险的个体才会承担损失，但不会对整个社会产生影响。由于通常是个体行为引起的，特定风险一般也较易为人们所防范和应对，多数由个体自身通过风险回避、损失控制、购买商业保险等方式进行管理。

基本风险是指非个体行为引起的、其结果会对整个团体乃至整个社会产生影响的风险。自然灾害、战争、经济危机、通货膨胀等都是典型的基本风险。这些风险是个体无法预防和阻止的因素引起的风险，一旦发生，影响范围很广，因此，通常需要国家、政府参与管理，例如通过社会保障体系、救济制度等进行应对。

① 一般的责任风险包括刑事责任、民事责任和行政责任，本书仅从风险管理和保险的角度将其限定在民事赔偿责任范畴。

第四节　风险成本

风险成本是指由于风险事故的发生或风险的客观存在所引起的费用支出和预期经济利益的减少。风险事故发生后可能导致的成本包括直接损失和间接损失；而风险的客观存在还可能引起预防和控制风险的费用支出、资源非优化配置、恐惧和焦虑等成本。所有的风险成本最终都将由个人、家庭、企业和社会承担。

一、风险事故的直接损失和间接损失

如前所述，风险事故发生后可能对标的物本身造成损害，包括人身伤亡、财产的直接损毁或灭失等有形损失，这些都是风险事故的直接损失；而由直接损失进一步引发的包括额外费用支出、收入减少、营业中断损失、责任赔偿损失等无形损失，则是风险事故的间接损失。风险事故一旦发生，所引起的直接损失和间接损失可能带来巨额经济支出和预期经济利益的减少。例如，个人遭受意外伤害或罹患疾病，一方面需要支付医疗费用，另一方面正常的工资收入可能减少；企业厂房发生火灾损毁，一方面需要投入资金进行修复和重建，另一方面因为停产可能造成利润减少，甚至需要支付违约费用。毫无疑问，这些都是风险所引起的实际成本，可能给相关经济主体带来财务困难甚至毁灭性的打击，是风险成本的重要组成部分。

二、预防和控制风险的成本

正是由于风险事故一旦发生可能造成的损失难以承受，人们往往会采取一定措施预防或控制风险发生的频率以及严重程度，相应的费用支出也就构成了风险的另一类成本，包括基础设施、人力资源、培训、施救等各方面的经济投入。例如，户外运动爱好者购买防护用具避免意外伤害；家庭成员接种疫苗预防流行性疾病；企业聘请专业安保人员看守办公场所减少财产损失；政府组织公民参加消防培训和演习活动降低火灾发生频率和损失等。预防和控制风险的成本多数是在风险事故发生之前就已支出，但也有部分成本（如施救费用）是在风险事故发生之后产生，其目的都是为了减少前文所述的风险事故的直接损失和间接损失。因此，作为风险成本的组成部分之一，预防和控制风险的成本客观上可以起到“抵减”实际成本的作用。

三、资源的非优化配置

在有限的资源约束条件下，风险的客观存在及其不确定性必然会对个人和社会资源配置产生影响，成为风险的一种无形成本。一方面，为了应对未来可能遭受的风险损失，人们需要提留一定数量的准备基金（如储蓄、社会保障基金）或购买商业保险，从而使得可用于其他生产、生活和投资渠道的资金减少，可能在一定程度上降低人们的生活质量，并产生机会成本，从整个社会来说，还可能影响社会福利水平；另一方面，由于风险的客观存在，社会资源通常倾向于流向低风险投资领域，使得该领域的资源供给大于需求，而高风险领域的资源供给短缺，资源配置缺乏合理性，投资行为容易短期化，社会总产品不能达到最优的结构和价格水平，难以形成最佳经济效益。

四、恐惧和焦虑

作为风险的另一种无形成本，风险的客观存在所引起的恐惧和焦虑越来越受到人们的关注。如前所述，随着社会经济的发展，某些特定风险被降低甚至消除，但新技术、新物质的出现、社会经济结构和外部环境的变化又产生了新的风险。在当前的“风险社会”中，自然灾害、食品安全、环境污染、疾病传染等风险日益频发，并且很多风险的形成和影响往往持续较长时间，个体很难预防和控制其发展，一旦发生，损失后果也难以承受。因此，个体面对这些潜在的风险因素，可能产生恐惧和焦虑的心理压力，造成精神上的不安，进而影响工作效率和决策能力，最终可能转化为有形的经济损失。

【阅读材料 1–2】雾霾的经济成本①

2013 年 1 月 14 日，由亚洲开发银行和清华大学联合发布的《迈向环境可持续的未来——中华人民共和国国家环境分析》报告指出，中国 500 个大型城市中，只有不到 1%达到世界卫生组织空气质量标准，中国空气污染每年造成的经济损失，基于疾病成本估算相当于国内生产总值的 1.2%，基于支付意愿估算则高达 3.8%。

2014 年 5 月 21 日，经济合作与发展组织（OECD，简称经合组织）发布了有关全球空气污染成本的最新评估报告，指出室外空气污染导致全球每年有 350 万人死亡，由此造成的健康成本每年高达 3.5 万亿美元，其中，中国的年死亡人数为 120 多万，接近总死亡人数的五分之二，经济损失约为每年 1.4 万亿美元。

近年来，由于雾霾发生频率高、影响范围广，人们一谈到空气污染，似乎自然而然就将其与雾霾画上等号。《中国环境科学》 2013 年 33 期刊载了某学者的研究论文，论文根据 2013 年 1 月期间全国 20 个受到雾霾事件影响的省市的公开报道数据，综合采用直接损失评估法、疾病成本法和人力资本法，对雾霾事件造成的交通和健康直接经济损失进行评估，评估结果显示，仅 2013 年 1 月雾霾事件造成的全国交通和健康的直接经济损失保守估计约 230 亿元人民币。

那么，对于个人、企业和社会，雾霾的经济成本到底有多大？这显然是一笔非常复杂的经济账。不同的测算方法会得到不同的结果，但理论上而言，雾霾可能引起的损失主要包括：

第一，各产业直接经济损失。一方面，雾霾天气能见度不足，高速公路无法通行，飞机无法起降，民航航班延误、高速封路等给交通运输业带来巨大损失；另一方面，由于吸附空气中的有害物质，负荷过重，且日照时间缩短，农作物无法进行正常的光合作用，生长缓慢，产量减少，给农民造成收入损失；此外，为治理雾霾，调整产业结构，部分企业被关、停、限和压减发电，产能受到控制，给企业造成一定的直接经

① 资料来源：笔者整理。

济损失。

第二，健康成本。雾霾对健康造成的威胁已经得到了广泛的认同，大量的病理研究表明雾霾对人体健康的危害是多方面的。而雾霾带来的健康成本一方面包括了因霾致病所直接产生的门诊、住院等医疗费用支出，也包括了治疗期间造成的误工收入减少损失，对于整个社会而言，还包括了由此造成的人力资源损失（人口伤残和死亡）。

第三，心理影响。某心理健康教育与咨询中心开展了针对雾霾天气影响人们心理状态情况的调查，结果显示，雾霾天气对大部分人的心理状态都会造成影响。其中，48.65%的人会感到害怕和恐惧，62.36%的人会感到焦虑和烦躁，66.41%的人心情变得低落，65%～76%的人心里会感到不舒服、不快乐或不幸福，61.78%的人认为雾霾天气会使自杀率增高。雾霾带来的负面心理影响可能降低人们的工作效率和决策能力，甚至引起个人和企业的迁移，影响资源的优化配置。

本章小结

对于什么是风险，不同领域的学者有着各自的理解。但“不确定性”是几乎所有风险概念的核心。只有当特定事件的发展有不止一种可能结果，并且最终将出现何种结果无法百分之百准确地提前预测，才会产生风险问题。因此，本书采用“风险是损失的不确定性”这一定义。风险具有客观性、偶然性、损害性和可变性等基本特征，由风险因素、风险事故和损失三个基本要素构成。按照风险产生的原因、风险标的、风险的性质以及风险的影响范围，可以进一步将风险划分为不同的类别。由于风险事故的发生或风险的客观存在所引起的费用支出和预期经济利益的减少称为风险成本，包括了风险事故发生后可能导致的直接损失和间接损失，也包括风险的客观存在所引起的预防和控制风险的费用支出、资源非优化配置、恐惧和焦虑等成本。

重要概念

◆ 风险：损失的不确定性。

◆ 风险因素：可能引起风险事故发生、增加损失概率和损失程度的原因或条件。

◆ 物质风险因素：有形的、能够直接影响标的物的物理功能，从而增加损失发生的概率和损失程度的客观条件。

◆ 道德风险因素：由于个体的故意行为促使风险事故发生、增加损失概率和损失程度的原因或条件，是与个体的品德修养有关的无形因素。

◆ 心理风险因素：由于个体主观上的疏忽或过失致使风险事故发生的概率和损失程度增加的原因或条件。

◆ 风险事故：又称风险事件，是指引起人身伤亡或财产损失的直接原因。

◆ 损失：人身伤亡或非故意的、非计划的、非预期的经济价值的减少。

◆ 人身风险：人们因为衰老、死亡、疾病、意外伤害等引起人身伤亡和经济损失的风险。

◆ 财产风险：导致财产的物理损毁、灭失和贬值的风险。

◆ 责任风险：由于个人、家庭或企业的疏忽、过失、侵权行为造成他人财产损失或人身伤亡，依照法律、合同等须承担民事赔偿责任的风险。

◆ 信用风险：在经济合同行为中，权利人和义务人由于一方违约或违法给对方造成经济损失的风险。

◆ 纯粹风险：只有损失或没有损失两种可能结果，但无获利机会的风险。

◆ 投机风险：发生后可能引起损失、无损失或盈利三种结果的风险。

◆ 风险成本：由于风险事故的发生或风险的客观存在所引起的费用支出和预期经济利益的减少。

思　考　题

1. 请举例说明你对风险的理解。
2. 如何理解“风险是损失的不确定性”这一定义？它与其他风险的定义的区别是什么？
3. 什么是风险因素？请举例说明三类不同的风险因素。
4. 什么是风险事故？风险因素和风险事故的区别是什么？
5. 从风险管理和保险的角度理解，什么是损失？与人们通常理解的损失有什么不同？
6. 按照性质不同，风险可以划分为哪两类？举例说明二者的区别。
7. 什么是风险成本？举例说明风险成本包含哪些组成部分。

第二章　风险管理概述

风险的普遍存在使得人类管理风险的意识和实践活动自古即存。史前人类结成部落，共同承担风险、分享劳动成果的生活方式实质上就体现了最朴素的风险管理意识。而真正意义上的风险管理理论的产生和发展则是科学技术、生产力发展到一定阶段的产物。进入 20 世纪，工业革命促使企业规模和社会财富急剧扩大，与此同时，经营环境的复杂、社会矛盾的尖锐、国际局势的动荡等诸多因素又引发各类风险事件，巨大的财产损失和人身伤亡不断出现。人们开始思考，如何采取科学的方法和有效的措施来减少风险事故给人类带来的种种灾难性后果，最终促成风险管理理论的蓬勃发展。

20 世纪中后期，风险管理作为一门学科在美国正式建立起来，风险管理从经验走向科学，逐渐形成了独立的理论体系。理解风险管理的内涵和意义，掌握风险管理的基本原则和一般程序，对开展科学的风险管理实践活动具有重要的指导价值。

第一节　风险管理的概念和意义

一、风险管理的概念

风险管理是指经济单位通过对风险的识别和衡量，采用合理的方法和技术对风险实施有效的控制和妥善处理，并对风险管理效果进行评价，以最低的成本获得最大的安全保障的管理过程。这一概念的具体内涵体现在以下几个方面：

（一）风险管理的主体是经济单位

在第一章中本书将风险界定为“损失的不确定性”，损害性是风险的一个基本特征。因此，风险是与经济主体的利益密切相关的，风险可能引起的损害包括了人身伤亡、财产损毁以及相关的间接费用支出、收入减少、责任赔偿等。基于此，风险管理的主体自然是各个经济单位，可以是个人、家庭和企业，也可以是事业单位、社会团体和政府，既包括营利组织，也包括非营利机构。虽然不同的风险管理主体进行风险管理的侧重点可能有所不同，但其遵循的风险管理基本理念、核心目标和一般程序是相同的。

（二）风险管理的对象是风险

毫无疑问，风险管理的对象就是社会生产生活中经济单位面临的各类风险。个人和家庭的风险管理侧重的是对人身风险、家庭财产风险、责任风险等的管理；企业的风险管理侧重的是对企业财产风险、责任风险、信用风险等的管理；而政府的风险管理则是从维护社会稳定的角度出发，侧重对整个社会的生命和财产风险的管理。传统的风险管理理论认为，风险管理的主要对象是纯粹风险，投机风险不在其范畴之内。但是，随着风险的日益多样化，包括市场风险、金融风险、技术风险等在内的各类投机风险已经成为风险管理领域不可忽视的重要内容之一。因此，现代风险管理理论强调以经济单位可能面临的全部风险作为其管理对象。当然，理论上保险可以管理的风险仍然是纯粹风险。

（三）风险管理的目标是以最低的成本获得最大的安全保障

风险管理的核心是降低损失发生的概率和严重程度，包括风险事故发生之前采取的预防措施以及风险事故发生之后采取的损失控制措施等，而风险管理措施的具体实施是需要经济成本的。从成本－收益的角度来看，以最低的成本换取最大的安全保障是制定一个有效的风险管理方案的根本目标，也是影响风险管理决策的重要内容。风险管理的成本包括了实施风险管理活动所投入的人力、物力、财力，还包括因此放弃其他收益机会所造成的机会成本；安全保障则是指风险管理的效益，包括预期损失的减少、实际损失的补偿和更加合理的资源配置，不仅包括经济效益，还包括经济单位的社会公共责任等社会效益。有效的风险管理要处理好成本和效益之间的关系，从最经济合理的角度制定风险管理方案，做出最优决策。当然，由于风险管理的侧重点、风险态度和生产经营理念的不同，不同的经济单位制定的具体的风险管理目标必然有所差异，后文将予以进一步的讨论。

（四）风险管理是一个动态循环过程

风险管理是通过对经济单位可能面临的各种潜在风险的识别，分析其性质和特征，估测其发生的可能性和损害后果，进而选择合适的方法和技术对风险实施控制和处理，并对风险管理方案的适用性、收益性进行评价。由于风险具有可变性，经济单位自身的条件和外部环境也处在不断发展变化之中，因此，风险管理是一个动态循环过程，需要风险管理主体对风险管理方案的实施情况进行定期的检查，根据风险状态的变化，及时调整方案，对偏离风险管理目标的行为进行必要的修正。

二、风险管理的意义

基于风险的普遍性和损害性，人们必须对其进行管理。有效的风险管理能够保障经济单位的财产和人身安全，降低风险发生的概率和损失程度，对经济单位个体乃至整个社会都具有十分积极的作用和意义。

（一）风险管理对个人和家庭的意义

作为最基本的风险管理主体之一，个人和家庭面临着包括生、老、病、死、残、家庭财产、侵权责任等各个方面的潜在风险。而这些风险一旦发生，不仅会给个人和家庭带来直接的人身伤害和财产损失，还可能引发巨额的间接费用支出、收入减少、责任赔偿等一系列经济问题，并对家庭成员造成精神伤害和心理压力。通过科学有效的风险管理，一方面可以防范各类风险的发生，降低损失频率；另一方面可以在风险事故发生之后给予个人和家庭一定的经济补偿，帮助其尽快恢复原有的生活状态，维持正常的生活水平；还可以在一定程度上缓解家庭成员的心理压力，将风险的不利影响尽可能地降低，使家庭成员安心投入正常的生活和工作中。

（二）风险管理对企业的意义

伴随国际局势、市场机制、法律法规、技术革新等经营环境的不断变化，企业面临的风险也越来越复杂和多样。除了各种自然灾害和人为事故可能引发的企业财产的直接损毁，由于市场波动、政策调整、贸易摩擦等可能引起的生产成本上涨、营业收入减少、违约责任赔偿等经济损失往往更为巨大，甚至可能导致企业陷入破产危机。有效的风险管理可以帮助企业充分了解自身面临的各类风险的性质，预估风险发生的可能性和严重程度，及时采取相应的预防和控制措施，维持企业生产经营活动的稳定。此外，有效的风险管理可以降低企业的风险成本，提高资金运用效率，为企业生产经营提供安全保障，有利于管理层做出更加优化的决策，减少企业员工对风险的恐惧和忧虑，调动员工的积极性和创造性，促进企业发展。

（三）风险管理对社会的意义

个人、家庭和企业构成了整个社会的重要组成部分，风险管理为这些经济单位营造了安全稳定的生产、生活、工作和经营环境，对风险事故造成的经济损失提供了融资和补偿渠道，缓解了风险对经济单位个体所造成的心理负担。这不仅有利于帮助经济单位个体积极应对风险可能产生的负面影响，而且有利于整个社会的平稳运行，优化社会资源的整体配置，提高社会总产出和经济效益，促进经济增长。而针对影响范围较广的基本风险（如巨灾、经济危机等），由国家、政府参与实施的有效的风险管理具有更加重要的社会稳定意义，能够通过科学的运作机制，利用多种技术防灾减损，建立各种补偿机制实现灾后的重建计划，以最低的成本防止重大风险事故的发生，最大效率地分散和弥补风险损失，减少其对社会的冲击，维护正常的社会经济秩序，最终实现社会经济的健康可持续发展。

【阅读材料 2-1】风险管理理论的发展和演变①

风险是伴随着人类活动的产生而出现的，人类社会的发展历史可以说就是一部对抗风险、管理风险的历史。因此，人类很早就产生了各种朴素的风险管理意识。

工业文明的发展促进了社会生产力的提升和社会财富的急剧增加，也催生了企业风险管理思想的萌芽。1906 年，美国 US 钢铁公司董事长 B.H.凯里从长期接连不断的安全事故中总结经验教训，将公司原来的“质量第一，产量第二”的经营方针修改为“安全第一，质量第二，产量第三”，这一变革使 US 钢铁公司取得了巨大成功，震动了美国实业界。1912 年，美国在芝加哥创立的全美安全协会制定了有关企业安全管理的法律草案，将“安全第一”的口号运用到所有生产线上。1916 年，被称为“现代经营管理之父”的法国管理学家亨利·法约尔发表了其代表作《工业管理与一般管理》，提出了企业的 6 种职能，并认为安全职能是所有职能的基础，是控制企业所遭遇的风险、维护财产和人身安全的保证。1917 年，英国伦敦也成立了英国安全第一协会。

1929 年至 1933 年，资本主义国家陷入严重的经济危机，工厂倒闭、工人失业、社会财富遭受巨大损失，人们开始思考，如何采取科学的方法控制和处理风险。一些企业开始通过保险转移企业风险，相关行业协会也意识到保险在企业管理中的特殊地位。1931

① 资料来源：笔者整理。

年，美国管理协会（AMA）明确了对企业风险进行管理的重要意义，并设立保险部门作为其独立机构，除了从事保险管理外，还开展风险管理的研究和咨询事务。

1948 年，美国钢铁工人工会与厂方就养老退休金和团体人身保险进行谈判失败，导致钢铁工人罢工长达半年之久，给美国经济造成了严重影响；1953 年，美国通用汽车公司的一个汽车变速箱工厂发生火灾，直接经济损失达 3 000 万美元，间接经济损失达 1 亿美元。这两大事件推动了美国乃至全球的风险管理运动，最终促成了风险管理学科的诞生，形成了独立的风险管理理论体系。

20 世纪 70 年代以后，风险管理理论出现革命性的转变。一方面，布雷顿森林体系崩溃，世界各大经济实体面临空前的财务风险，企业开始意识到风险管理不仅需要应对传统的纯粹风险，还要重视财务风险等投机风险；另一方面，航空事故、核泄漏等科技灾难的相继发生，引发了人们对科学技术变革的重新认知，对风险管理的思维造成了极大的影响。风险管理理论从传统的以保险为核心的危害性风险管理向全方位风险管理转变。

20 世纪 90 年代以来，经济全球化迅猛发展，与此同时，因金融衍生工具的不当使用在世界范围引发了多次金融风暴，损失巨大。人们对金融领域的风险管理更加重视，危害性风险管理与金融风险管理进一步融合。随着风险管理实践的不断发展，近年来，全面风险管理、危机管理等概念的相继提出标志着风险管理理论又进入了一个全新的发展阶段。

第二节　风险管理的原则

要实现有效的风险管理，风险管理主体须遵循以下基本原则：目标导向原则、系统管理原则、量力而为原则及成本效益比较原则。

一、目标导向原则

风险管理的内涵决定了明确风险管理目标是实施有效风险管理的前提。以最低的成本获得最大的安全保障是风险管理的一般目标，而个人、家庭、企业、组织等不同的风险管理主体根据自身实际情况的不同，还需要进一步制定包括损前目标、损后目标等在内的各项具体目标（详见后文）。目标不同，风险管理的侧重点不同，各类风险的保障顺序不同，风险管理投入的资源配置不同，最终选择的风险管理技术和方法也不同。

显然，风险管理主体制定和实施什么样的风险管理方案，必然以事先确定的风险管理目标为导向。一方面，要让所有参与风险管理的个体清晰地掌握和理解风险管理目标，并将目标分解为可操作的参照指标或准则，用于指导其日常的生产、生活和经营行为，切实保障风险管理目标的实现；另一方面，目标导向要贯穿于整个风险管理活动的全过程，根据目标确定对不同风险进行管理的优先顺序，结合风险估测的结果，选择合适的风险管理技术和方法，制定科学的风险管理方案和实施计划，并对风险管理的效果进行评价，检验其是否达到预先设定的目标，对偏离目标的方案进行及时调整；此外，考虑到内外部环境以及风险的可变性，风险管理主体的管理目标也可能发生变化，在保障长期目标基本稳定的前提下，适时适度地调整风险管理的阶段性目标，进而相应地调整风险管理方案，体现了动态风险管理的基本要求。

二、系统管理原则

任何一个经济单位所面临的风险都不是单一的。从传统的自然灾害和人为事故引发的各种人身伤亡、财产损毁等危害性风险（纯粹风险），到现代社会中由于经济波动、金融创新、政治冲突、技术变革等带来的各类投机风险，个人、家庭和企业面临的潜在风险日益复杂和多样化。并且，不同风险之间的关联性也不断增强，甚至存在一定的交互效应。有些风险之间可能相互“叠加”，有些风险则可能相互“抵消”，这使得风险管理不是对单个风险的简单应对，而是一项综合的“系统工程”。

一个有效的风险管理方案应该全面系统地分析经济单位所面临的各类风险性质和特征，除了要估测不同风险发生的可能性和损失后果，还应将其视为一个有机整体，考量风险之间的相关性（正负方向和强弱程度）以及可能存在的交互效应，并利用上述分析结果，基于风险管理目标和资源条件，统筹规划，组合搭配最优的风险管理方法，系统地应对所有风险，避免将其作为独立的、割裂的对象进行处理。

三、量力而为原则

风险是由自然现象和社会现象引起的不以人的意志为转移的客观存在。这些自然现象和社会现象受其特定运动规律的支配，人们只能通过认识和掌握这些规律的特征，努力改变风险形成和发展的条件，降低风险发生的概率和损失程度，这正是风险管理的基本职能。但显然，任何一个风险管理方案都无法彻底消除经济单位面临的所有潜在风险，并且，不同的风险管理技术和方法都有各自的优缺点和适用条件。

因此，在制定和实施风险管理计划的过程中，风险管理主体应遵循量力而为的原则，科学衡量不同风险发生的概率和可能引起的损失后果，对最大预期损失进行充分评估，在此基础上切实考虑自身的经济状况和财务承受能力，确立合理的风险管理目标，选择恰当的风险管理方法。如果某些风险可以通过相对低成本的预防控制措施进行有效管理，最大预期损失不会对风险管理主体的正常生产、生活和经营活动产生破坏性影响，可以采取风险自留和损失控制相结合的方法进行管理；但如果某些风险一旦发生，将给个人、家庭、组织带来严重的人身伤害、经济困难甚至破产危机，其损失后果个体无法承受，就必须在损失控制的基础上，采取保险等风险转移的方式进行处理，如果风险转移的财务后果仍然有限，无法保障风险管理主体的最大预期损失得到充分补偿，则应考虑进行风险回避，彻底放弃相关风险活动。

四、成本效益比较原则

一般来说，随着风险管理投入的成本不断增加，经济单位获得的风险保障、损失补偿和可能的收益也会越高。然而，在有限的资源约束条件下，风险管理主体必然需要对不同管理方法的成本和效益进行对比分析，最大限度地优化资源配置，在获取相同安全保障的前提下选取成本最低的风险管理方案，或者在固定的成本预算基础上选取效益最高的风险管理方案。

如前所述，风险管理的成本包括了实施风险管理活动所投入的人力、物力、财力，还包括因此放弃其他收益机会所造成的机会成本；而风险管理的效益则包括预期损失的减少、实际损失的补偿和更加合理的资源配置，不仅包括经济效益，还包括经济单位的社会公共责任等社会效益。某些风险管理方法成本较低，但能够预防控制和补偿的风险损失有限，风险一旦发生，可能对经济单位的正常生产、生活和经营产生极大影响，安全保障不足，管理效率低下，显然不是最佳的风险管理选择。相反，某些风险管理方法或许可以将损失控制到最低，甚至将所有预期损失都转移给第三方，但需要投入的有形成本极高（如提存高额准备金或购买高额保险），并且严重影响资源的优化配置，机会成本高昂，这也不是最佳的风险管理选择。因此，有效的风险管理方案一定是基于成本效益对比的结果，为风险管理主体提供一套系统科学的应对风险的措施，并能对风险管理的效果进行客观评价，检验风险管理目标的实现程度。

第三节　风险管理的程序

风险管理的一般程序包括确立风险管理目标、风险识别、风险衡量、风险管理措施的选择和实施、风险管理效果的评价等基本步骤。

一、确立风险管理目标

确立风险管理目标是实现有效的风险管理的第一步。风险管理主体只有确立了明确的风险管理目标，才能对风险管理方案的实施效果进行客观评价，为风险管理过程的所有参与者提供行为指导准则，因此，确立风险管理目标具有“战略性”意义。

为保障风险管理方案的科学制定和顺利实施，风险管理主体在确立风险管理目标时，应遵循一定的原则。

首先，风险管理目标应切实反映个人、家庭、企业、组织等经济单位的实际需要，与经济单位的风险态度、自身状况和财务承受能力等相匹配，能够在一定程度上解决其真正面临的重要风险问题，提供现实的安全保障，这样才能使风险管理主体有足够的动力和意愿积极履行其风险管理职责，推动风险管理活动的有效开展。

其次，风险管理目标必须是明确的、具体的，清晰易懂，不能模糊不清。任何一套科学的风险管理方案都可能涉及多个个体的参与和实施，尤其对于企业、组织而言，每一个成员都担负一定的风险管理义务。因此，确立的风险管理目标必须能够被所有个体理解、接受，避免产生歧义或误导，能够用于规范其日常生产、生活和经营行为，约束甚至惩罚不安全行为，确保风险管理目标的实现。

此外，风险管理目标应该具有可行性。一方面，基于成本效益分析，对于经济单位而言，在人力、物力、财力等资源的现实约束条件下，风险管理目标理论上必须是可以实现的，过于宏大和理想的目标虽然十分“美好”，但如果不可能实现，将造成资源浪费，极大地影响个体的积极性，其最终可能放弃进行风险管理。另一方面，对于综合的风险管理方案，还应根据管理目标的重要程度不同，划分不同的层次，这样有利于风险管理方案的阶段性部署，便于对风险管理效果进行控制和对管理方案进行及时调整。

综上所述，以最低的成本获得最大的安全保障是风险管理的一般目标，而个人、家庭、企业、组织等不同的风险管理主体还要基于自身的实际情况，制定具体的风险管理目标，主要包括损前目标和损后目标两大类。

（一）损前目标

顾名思义，损前目标是在风险事故发生之前，风险管理应达到的目标。具体分为经济合理目标、安全系数目标、合法性目标和社会公众责任目标。

1. 经济合理目标

遵循成本效益比较的原则，风险管理主体需要对不同的风险管理计划进行成本效益分析，反映到损前目标中，就是要选择最经济合理的方案。任何一种风险管理方法都会产生成本，也会带来一定的效益，并且不同的风险管理方法之间还可能存在替代关系。经济合理目标就是要寻找风险管理的边际成本和边际效益的均衡点，以此确定风险管理方法的最佳组合，减少不必要的费用支出和损失，实现资源的优化配置。

2. 安全系数目标

安全系数目标是指将风险控制在经济单位可以承受的范围内。风险的成本不仅包括风险事故发生后所引起的直接损失和间接损失，还包括由于风险的不确定性可能引起的预防和控制风险的费用支出、恐惧和焦虑等成本。安全系数目标的确立就是要让风险管理活动的参与者重视风险的客观存在，强化风险管理意识，积极预防、降低风险事故发生的可能性，将预期损失后果控制在经济单位能够承受的范围内，给予经济单位足够的安全保障，进而减轻风险的不确定性对其造成的心理压力和负面影响，提高决策效率。

3. 合法性目标

任何经济单位的生产、生活和经营行为都会受到特定法律法规的约束。相较于传统的人身伤亡、财产损毁等风险，现代社会中由于违法行为所带来的责任风险越来越突出，其损失后果可能远远超过风险事故所造成的直接经济成本，甚至给经济单位带来毁灭性的打击。因此，风险管理应该明确合法性目标，重视经济单位的每一项风险行为，谨慎审查其合法性，并密切关注各项相关法律法规的变化，避免因法律诉讼而蒙受人力、财力、时间和名誉上的损失。

4. 社会责任目标

现代社会中，各个经济单位之间的关联越来越紧密且错综复杂，特定个体遭受的风险极易波及其他利益相关群体，甚至给整个社会带来损害。尤其对于企业而言，如果一个企业遭受损失，包括股东、员工、客户、消费者、债权人等在内的多方主体都可能受到不利影响，严重的还可能引发区域性甚至全球性的经济危机，风险的扩大效应显著。因此，除了关注经济目标，风险管理主体还应明确自身需要承担的基本社会责任，通过积极主动的风险管理降低风险发生的概率，最大限度地提供安全保障，为社会稳定、资源优化做出力所能及的贡献。

（二）损后目标

尽管通过采取一定的预防和控制措施，风险发生的概率可以被有效地降低，但一个经济单位面临的所有潜在风险不可能被完全消除，某些风险必然会发生。损后目标就是风险事故发生后，风险管理应达到的目标。具体分为生存目标、收益稳定目标、持续发展目标和社会公众责任目标。

1. 生存目标

生存目标是风险事故发生后风险管理的最低目标，也是首要目标。一个有效的风险管理方案要全面识别经济单位可能面临的各类风险，尽可能准确地估测各类风险发生的概率及损失后果，充分考量最大预期损失对经济单位的正常生产、生活和经营活动可能造成的影响，确保风险事故发生后经济单位能够获得及时必要的经济补偿，维持基本的生存状态。

2. 收益稳定目标

在保证生存目标的基础上，风险管理应帮助经济单位从风险事故的损害中尽快恢复，逐步实现稳定的经济收入，减少甚至消除风险事故发生前后所造成的经济落差，维持稳定的生活质量、生产效率，增强经济单位的信心和财务能力，避免被不断变化的社会和市场环境所“淘汰”，为长期的持续发展创造良好条件。

3. 持续发展目标

作为风险社会中非独立的个体，任何经济单位实际上都身处“不进则退”的困境。个人、企业、组织都必须不断寻求发展的机会和进步的空间，在社会的竞争中保持自身优势，以获得长期的持续生存。有效的风险管理方案应尽可能避免风险给经济单位造成“断层”式的冲击，通过完备充分的损后救援和补偿机制，及时处理各种损失后果，并为经济单位在最短的时间内重新适应新的环境、形成长期持续发展的实力提供支撑。

4. 社会责任目标

社会责任目标不仅是风险管理的损前目标，也是风险管理的重要损后目标。在风险事故发生后，经济单位有义务及时采取措施，防止损失的进一步扩大，缩小损失的波及范围。这不仅有利于降低风险对经济单位自身的损害，而且有利于保护其他相关人员和组织的利益，减轻风险对整个社会的负面影响，反过来则又可以为经济单位损后的恢复和发展提供一个稳定良好的外部环境，实现良性循环。

上述损前目标与损后目标之间存在一定的联系，并且，在资源约束条件下，损前目标之间、损后目标之间、损前目标与损后目标之间可能有着各种各样的冲突，要同时达成所有的目标显然是困难的。风险管理主体应结合实际情况，以风险管理的一般目标为核心，区分上述不同目标的重要程度和时间顺序，突出目标设置的层次性，合理利用它们之间的关系，妥善处理可能存在的资源分配冲突，统筹规划。

二、风险识别

（一）风险识别的内涵

风险识别是指对经济单位面临的各种潜在风险进行判断、归类，并对风险的性质、形成原因、发展趋势等进行分析的过程，通常包括感知风险和分析风险两个环节。

感知风险是基于感性认识、历史经验、资料信息等判断经济单位可能面临的各类风险，是风险识别的基础；而分析风险则是通过各种定性和定量的方法对风险的性质、产生的原因、条件以及损失后果等展开进一步的分析，掌握风险的一般规律。

可见，风险识别的主要工作包括：第一，全面了解经济单位的基本情况、各项活动和所处的外部环境；第二，发现风险源，分析人、物和各种活动中存在的风险因素，梳理风险的形成路径，判断风险事故发生的可能性；第三，鉴定各类风险的性质、特征，预见风险可能造成的损失形态，掌握风险发生的一般规律。

在风险事故发生之前，发现可能引发风险事故的风险源是风险识别的关键。一般来说，风险源大致可以分为以下几类：

1. 物质风险源

物质环境是经济单位最基本的风险源，包括自然环境，生产、生活、经营的场所，家庭、企业财产，土地、设备等。例如，恶劣的气候条件可能导致洪水、干旱、台风等自然灾害事故的发生；房屋、生产车间、办公场所和有形财产可能遭受火灾、盗窃等风险损失。

2. 社会风险源

文化背景、价值取向、道德信仰、社会制度等社会环境的变化成为经济单位重要的社会风险来源。例如，文化冲突容易引起示威游行、骚乱和罢工等风险事故；社会制度变迁可能引起不同行业的兴盛或衰落。

3. 政治风险源

在经济单位生存和发展的特定区域，政治因素可能成为另一个重要的风险来源。例如，两国政治冲突可能导致跨国企业生产经营的中断；政府政权的更替可能带来社会动荡和政策变化，影响原有的生产、生活方式。

4. 法律风险源

现代社会中，随着法律法规的日益完善，越来越多的风险来自司法环境。经济单位的日常行为、活动必然受到相关法律规章制度的约束，如果对此不予了解或疏忽大意，就可能因为侵权甚至犯罪引发诉讼风险。

5. 操作风险源

操作风险源主要是指不完善或有缺陷的内部操作流程、个体的行为失误、投机甚至欺诈、不忠诚等潜在风险来源。例如，司机因为侥幸心理酒后驾车可能引发交通事故；工人违规操作机器可能引发生产事故；公司员工图谋个人利益而泄露商业机密。

6. 经济风险源

随着经济全球化和一体化的不断发展深化，市场规模不断扩张，汇率波动、通货膨胀、经济衰退、金融危机已成为现代社会中经济单位面临的重要的宏观风险来源，该风险源往往是个体难以控制的。

风险管理主体不仅需要对上述风险源进行全面的识别，还应预见其可能产生的损失后果，主要包括以下六类损失：一是人身伤亡和财产的直接物质性损失；二是特定个体的人身伤亡可能给家庭、企业、组织带来的间接经济损失和精神伤害；三是因人身伤亡和财产损失进一步引起的额外费用支出、收入减少、营业中断等损失；四是因各项活动给第三方造成的人身伤亡和财产损失进而引发的责任赔偿损失；五是家庭、组织成员的疏忽过失、欺诈、犯罪、不忠诚等行为对经济单位造成的损失；六是市场、经济、政策、法律法规等外部环境因素的波动所带来的损失。

由于经济单位面临的风险处于不断发展演变的过程中，因此，风险识别实际上是一项复杂的、连续的、长期的工作。风险管理主体必须进行持续跟踪、调查，密切关注既有风险的变化，及时发现、分析新的风险。

（二）风险识别的主要方法

风险识别是整个风险管理过程实施的基础，风险管理主体可以通过多种渠道收集、归纳和整理有关的重要信息资料，并借助各种定性和定量的方法对其进行分析判断。常见的风险识别方法包括风险损失清单法、现场调查法、财务报表法、流程图法、因果图法和事故树法等。每一种方法都有各自的优缺点和适用条件，风险管理主体应根据自身情况选择最恰当的一种或多种方法对经济单位的潜在风险进行全面分析和识别。

1. 风险损失清单法

风险损失清单法是通过编制一份识别风险的清单，逐一列举经济单位可能面临的所有风险损失，并将其与经济单位的各项活动联系起来，细化风险来源。风险损失清单所列项目通常是人们已经识别的、最基本的风险损失，风险管理主体可以参照其他专业人士编制的清单表，逐一检查、核对，预见本经济单位在生产、生活和经营过程中可能面临的具体风险，并视风险事故可能造成损害的严重程度，确定风险管理的先后次序，最终制作符合本经济单位实际情况的风险损失清单，为下一步的风险管理活动提供“备忘录”。

显然，风险损失清单法对于风险管理主体识别具有一般共性的风险是普遍适用的，其优点是可以降低风险识别的成本，节约费用开支，经济方便，并且可以避免由于风险管理主体自身的历史经验、专业知识有限而遗漏重要风险源。但是，该方法也具有较为明显的局限性。首先，风险损失清单都是标准化的，缺乏针对性，很难涵盖特定经济单位可能面临的特殊风险；其次，传统的风险损失清单更加关注纯粹风险，对投机风险的分析不够全面甚至没有。因此，在运用该方法进行风险识别时，应根据经济单位自身的特点，逐一核对各项风险源，改进风险的排列顺序，补充缺失的特殊风险，加强对投机风险的识别与分析，并根据内外部环境的变化及时调整清单内容，形成一张“量身定制”的、动态的风险损失清单。

【阅读材料 2-2】风险损失清单[①]

1977 年，美国风险与保险管理协会（RIMS）针对纯粹风险和可保风险制定了一份较为全面的风险损失清单，列举了直接损失风险、间接的或者引致的风险暴露和第三方责任（补偿性和惩罚性损失）三大方面的风险源，为经济单位识别自身风险提供了重要参考。

① 资料来源：A. E. Pfaffle and Sal Nicosia. Risk Analysis Guide to insurance and Employee Benefits, revised edition. New York: AMA Membership Publications Division, American Management Association, 1986.

一、直接损失风险

（一）无法控制和无法预测的损失

1. 电力干扰：闪电、熄火、太阳黑子活动、电力波动、磁带去磁
2. 降落物体：飞行器、陨石、导弹、大树
3. 地质运动：地震、火山、山体滑坡、雪崩
4. 声音和震动波：声呐、震动、水的拍打声
5. 下陷：倒塌、沉降、腐蚀
6. 战争、暴动、反叛、武装反抗、阴谋破坏
7. 水灾：洪水、水平面上升、暴雨、泥石流、潮汐波（海啸）、间歇泉、地下水
8. 冰、雪
9. 风暴：台风、飓风、旋风、龙卷风、冰雹、降雨、灰尘、沙暴

（二）可控制或可预测的损失

1. 玻璃或其他易碎品破碎
2. 故障：部件或润滑油的故障等
3. 碰撞：水上交通工具、空中交通工具、陆上交通工具
4. 污染物：液体、固体、气体、放射性、污染
5. 锈蚀：磨损、撕裂、滥用、疏于保养
6. 员工疏忽
7. 爆炸和内破裂
8. 环境控制失败：温度、湿度、气压
9. 动物区系：哺乳动物、啮齿类动物、昆虫、害虫

……

（三）一般的财务风险

1. 雇员的欺诈行为：造假、挪用公款、盗窃
2. 征用：国有化、查封、充公
3. 欺诈、伪造、小偷、窃贼、抢劫
4. 契约、所有权、专利权或版权的失效
5. 存货短缺：神秘消失、财产遗失
6. 荒废

二、间接的或者引致的损失暴露

（一）所有直接损失暴露对下列各种人和物的影响

1. 供应商
2. 消费者
3. 公用设施
4. 运输：职员和财产
5. 雇员

（二）额外费用：租金、通信、产品

（三）资产集中

（四）风格、品味和期望的变化

（五）破产：雇员、管理人员、供应商、消费者、顾问

……

三、第三方责任（补偿性和惩罚性损失）

（一）飞行责任

1. 自己拥有的或者租赁的飞行器

2. 非所有者：官员和雇员

3. 地面责任和连带责任

（二）运动责任：运动队的赞助关系、娱乐设施

（三）广告商和出版商的责任

1. 作为代理人的责任

2. 对产品特征的诽谤、诬陷

3. 媒体应用：广播、电视、报纸、样品、展览

（四）机动车责任

1. 驾驶车辆：所有者和非所有者

2. 装货和卸货

3. 危险物品：易燃物品和易爆物品

（五）合同责任

1. 购货协议

2. 销售协议

3. 租赁协议：动产和不动产

4. 服务

5. 债务、抵押、票据

6. 无害条款

7. 保险协议

……

2. 现场调查法

现场调查法是指风险识别人员亲临现场，通过与调查对象直接接触并观察其行为特征、生产经营流程、各项活动等，调查其中存在的风险隐患，进而出具调查报告书。实施现场调查的通常是保险公司、企业风险管理部门、咨询机构、研究机构等相关工作人员。例如，企业风险管理部门人员亲临生产车间，对工人的生产流程进行观察，了解其行为特征和活动规律，判断可能存在的风险因素及损失后果；保险代理人与投保寿险业务的被保险人进行直接接触，观察其体态和行为特征，调查了解其职业、运动爱好、既往病史、收入水平等信息，判断是否符合承保标准。

现场调查法包括了调查前的准备工作、现场调查以及相关后续工作三大部分。

风险管理人员在进行现场调查之前，必须做好充分的准备工作。一是安排合适的调查开始时间和持续时间，明确调查对象和调查地点；二是编制调查表，预先确定需要调

查的项目和询问的问题，采取填写表格、做笔录等合理的方式识别风险，避免遗漏重要事项；三是选择重点调查项目，通过查阅、参考已有资料或过去的调查报告，确定需要再次检查的重点项目，以及是否存在仍未解决的问题，如果在过去的调查中没有发现问题或者第一次实施现场调查，则应事先准备一张风险清单，列明此次调查的重点；四是明确责任人，在对企业、组织等实施现场调查之前，必须熟悉其管理结构，明确风险事故的具体负责人。

现场调查的具体实施并没有一个固定的模式，专业技能、经验、创造力和灵活性对于一次成功的现场调查都十分重要。一般来说，现场调查的过程中应仔细观察调查对象的所有细节，注重与现场人员的交流和沟通，密切注意容易引发风险事故的生产、生活和经营方式及环境，避免遗漏可能存在的风险隐患，并在现场提出粗略的整改方案。

现场调查结束后，风险管理人员要及时完成相关后续工作。一方面要撰写调查报告，真实、准确、全面地描述调查对象的风险状况，指出具体标的物的风险等级和危险点，对调查对象的风险管理能力进行评价，并针对如何改善其风险状况、消除或减少风险隐患等提出整改措施；另一方面，风险管理负责人（如企业的风险管理部门经理）还需要持续跟进和关注风险管理的日常事务，例如，对需要续保的保险合同进行评估，将经营场所的重要变动等情况通知保险公司。

现场调查法的优点是可以帮助风险管理人员获得有关经济单位的第一手资料，切实了解其生产、生活、经营方式和行为特征，评估其风险等级、资信状况和风险管理能力，降低道德风险，并通过提出整改方案减少风险因素，预防风险事故的发生。但是，现场调查法需要耗费的时间、人力、财力等成本较高，这可能在一定程度上抵减现场调查的收益，此外，调查人员识别风险的能力和水平将直接决定风险管理的最终效果，而聘请具有风险管理经验的专业人员必然增加相应的风险管理成本。

3. 财务报表法

财务报表法是由 A.H.克里德尔于 1962 年提出的一种企业风险识别方法，目前也是使用最普遍和最为有效的风险识别方法之一。由于企业的经营活动最终会涉及货币或者财产，而货币或者财产的状况会反映在财务报表中，因此，克里德尔认为，分析企业的资产负债表、现金流量表和相关的支持性文件，就可以识别其财产风险、责任风险和人力资本风险等。

具体地，财务报表识别风险的方法又包括趋势分析法、比率分析法和因素分析法等三种不同方法。

趋势分析法是根据企业两期或连续多期的财务报表，将报表中的相同指标进行对比，分析其增减变动的方向、数额和幅度，从而揭示出企业财务状况和经营成果的变动趋势，发现可能存在的问题及风险，并对发展前景做出判断。

比率分析法是基于财务报表中相关项目的金额计算出相应的财务比率指标，并将该比率值与上期比率、计划比率或者同行业平均比率值进行比较，以说明企业的发展情况、计划完成情况或者与同行业平均水平可能存在的差距。该方法可以从项目结构比率、相关比率、效率比率等不同方面反映企业的生产经营活动情况，识别风险来源，从而为改善其经营管理、预防经营损失、提高盈利能力等指明具体方向。

因素分析法又称连锁替代法，是指按照一定的顺序分别测定各因素对企业某一财务指标的影响程度。其基本步骤是：首先，确定影响某一财务指标的各个因素；其次，确定各个因素与该财务指标之间的量化关系；最后，按一定的顺序假设其他因素都保持不变时，分析某个特定因素对该财务指标的影响。因素分析法可以量化反映不同因素的变动可能引起的目标财务指标的变化情况，从而可以非常直观地找到其中最重要的影响因素。

显然，财务报表法是基于企业通过审批的、公开的财务资料进行风险识别，理论上具有真实性、客观性和可靠性的优点，能够从不同角度综合反映企业的财务状况，发现可能存在的风险隐患，有助于预测风险管理投资后获得的安全保障水平，判断企业盈利能力和发展前景，从而为风险投资决策提供依据。此外，财务报表法也可以很方便地应用于包括公共管理部门等在内的其他非营利性部门或组织。但是，正是因为该方法识别风险的基础是财务信息，专业性强，所以对风险管理人员的专业要求较高，并且财务信息一定要真实全面，否则很难达到预期效果。

4. 流程图法

流程图法是按照生产经营的过程和日常活动内在的逻辑联系绘制经济单位的流程图，进而针对流程中的关键环节和薄弱环节调查、识别风险的方法。该方法可以用于描绘企业内部任何形式的流程，如生产流程、分配流程、营销流程、服务流程、财务流程等，是识别企业风险的另一种常用方法。

划分流程图的标准有很多。一是按照流程的内容不同，流程图可以分为内部流程图和外部流程图。内部流程图只包含经济单位内部的生产制造过程，外部流程图则包含原材料供应、产品销售运输等外部经营活动。二是按照具体表现形式不同，流程图可以分为实物流程图和价值流程图。实物流程图是以某种实物（如产品）的名称和数量连接形成反映生产经营流程的图形，价值流程图则是通过标注价值额度反映各生产经营环节内在联系的图形。图 2-1 和图 2-2 分别展示了某制衣公司的内部流程图和外部流程图。

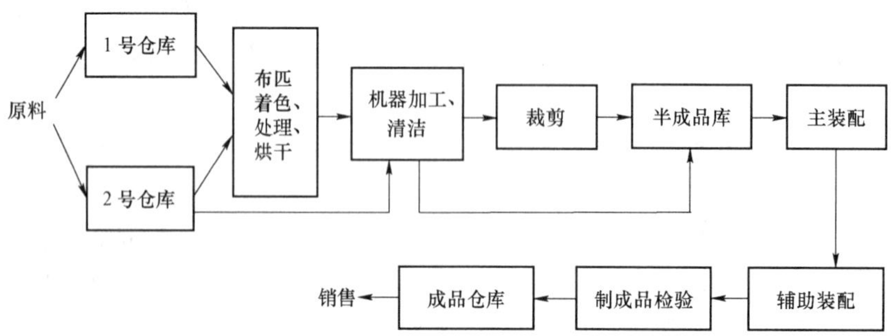

图 2-1 某制衣公司的内部流程图

流程图法的基本步骤是：第一，详细了解经济单位生产经营过程的各个环节，明确不同活动的先后顺序，绘制草图；第二，区分流程中的主要活动（必须绘制在流程图中）和次要活动（可以不绘制在流程图中），设计流程图的主体部分、分支和循环；第三，结合一系列的问题对流程图进行解释，例如，通过填写简单的表格，具体说明流程中可能

图 2-2　某制衣公司的外部流程图

发生的风险事故、损失及其原因；第四，将反映不同活动的流程图合并为一张综合流程图，用于系统描绘经济单位的整个生产经营和日常活动过程；第五，仔细研究流程图，识别各个环节可能存在的潜在风险，预见风险事故及其损失后果，制定相应的风险管理计划。

流程图法可以将复杂的生产经营和日常活动按照其发生顺序和内在联系分解为若干个组成部分，清晰地显示出活动流程，相较于冗长的文字资料更加简单易懂，便于风险管理人员对每一个环节可能产生的风险事故及损失后果进行识别和分析。但是，从详细了解特定活动的整个流程到绘制出图表，该方法的实施需要投入大量的时间和精力，对风险管理人员的专业要求也很高，如果所要分析的生产经营过程过于复杂，流程图的直观性还会受到很大影响，此时该方法不一定是最优选择。此外，流程图法强调的是活动流程，并不描述任何细节，只关注潜在的风险事故及其结果，但无法从流程图中寻求事故发生的原因，更不能对事故发生的概率进行量化评估。

5. 因果图法

因果图法是从风险事故出发，逐层分析导致风险事故发生的主次原因与风险事故之间的逻辑关系的风险识别方法。由于因果图的外形类似一条鱼刺，因此也称为鱼刺图，其绘制的基本步骤如下：

第一，根据风险管理目标确定重点关注的风险事故，将该风险事故绘制在图形的最右侧，并从左至右画一条带箭头的直线指向该风险事故，作为分析的“主骨”；第二，将可能导致风险事故发生的主要原因作为“大骨”，用带箭头的直线分别指向“主骨”，即为风险识别的第一层风险因素；第三，列出影响“大骨”的原因作为“中骨”，用带箭头的直线分别指向“大骨”，即为风险识别的第二层风险因素；第四，列出影响“中骨”的原因作为“小骨”，用带箭头的直线分别指向“中骨”，即为风险识别的第三层风险因素，依此类推；第五，根据影响风险事故的重要程度，把对结果产生显著影响的重要原因标记出来，并记录必要的相关信息。图 2-3 展示了因果图的一般形式。

因果图法是一种用于系统分析风险事故和风险因素之间因果关系的比较有效的方法。其中，“主骨”在引发风险事故的过程中起直接和决定性作用，“中骨”和“小骨”是间接因素。利用因果图可以清晰而全面地描述风险事故与各层风险因素之间的影响过程，帮助识别可能导致风险事故的关键原因，进而采取有效的、有针对性的风险管理措施。显然，在运用该方法识别风险时，需要尽可能充分调查、了解引发风险事故的各种原因，避免遗漏，否则将影响分析结论。而且，一张因果图通常只能用于分析一项风险事故，不同的风险事故需要绘制不同的因果图，如果将多项风险事故糅合到一张图中进

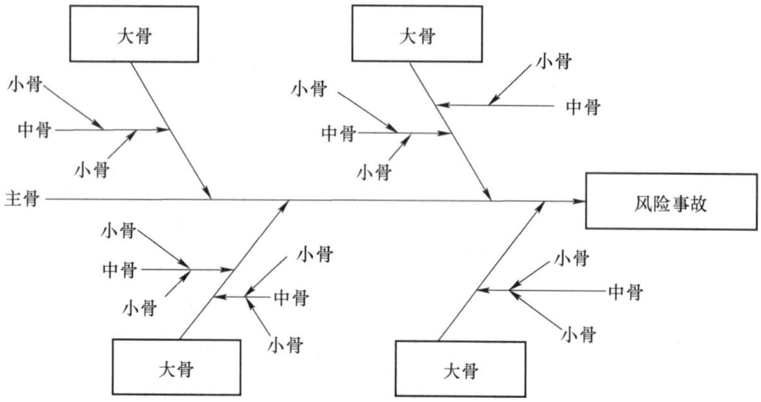

图 2–3　因果图的一般形式

行分析，可能导致图形过于庞杂，无法找到解决问题的关键因素，管理和实施的难度大。此外，确定的风险因素应尽可能具体和细化，如果基于绘制出来的因果图无法采取具体的风险管理措施，说明问题尚未解决，还需要进一步剖析原因，并在使用的过程中，对图形不断加以改进，构建真正有助于识别风险的因果图。

6. 事故树法

事故树法是另一类运用逻辑推理，基于风险事故的发生过程，寻找引起事故的原因的风险识别方法。事故树法起源于 20 世纪 60 年代，由美国贝尔电话实验室在从事空间项目研究时发明，之后被广泛应用。其理论基础是，任何一个风险事故的发生，必然是一系列事件按照时间先后顺序相继出现的结果，前一事件是随后发生的事件的条件，在风险的发展过程中，每一个事件都有两种可能的状态，即“成功”（出现）或“失败”（不出现）。基于此，事故树法按照如下步骤绘制图形：

首先，将需要分析的风险事故绘制在事故树的顶部，作为“顶上事件”；其次，从“顶上事件”出发，按照时间先后顺序逐步往前追溯引发该事件的各层原因（即事故树的分支），直到找出导致风险事故发生的根本原因，作为事故树的“底事件”，也称“基本事件”（通常用圆圈标记），而连接“顶上事件”和“底事件”的其他事件则称为“中间事件”（通常用方框标记）；再次，确定不同事件之间的逻辑关系，如果多个事件同时发生才可能导致后一事件的发生，用“与门”（符号为“∩”）连接，如果多个并列的事件中只要有一个事件发生，就会导致后一事件的发生，则用“或门”（符号为“⌒”）连接；最后，如果数据可获，在每一个事件下方标注该事件发生的概率。图 2–4 展示了某公司特定容器爆炸的事故树结构。

与因果图法类似，事故树法可以对引发风险事故的原因进行系统而深入的分析，直观明了地揭示事故的直接原因和间接原因，逻辑性强。但是，相较于因果图法，事故树法不仅能够进行定性分析，而且可以根据各个事件发生的概率量化测度风险事故对不同因素变化的敏感度，并基于事件之间的时间顺序和逻辑关系，确定可能导致风险事故发生的最小事件组合以及不同事件组合对风险事故的影响程度，从而有利于选择防范风险事故的最佳措施。当然，该方法也存在一些不足。一方面，绘制事故树需要掌握专门的技术，搜集大量的资料，这往往会花费大量的时间和精力，管理成本较高；另一方面，对于不同事件发生概率的估计如果不够准确，就会直接影响风险识别的结果，造成较大偏差，因此同样需要耗费大量成本保障数据的来源和质量。

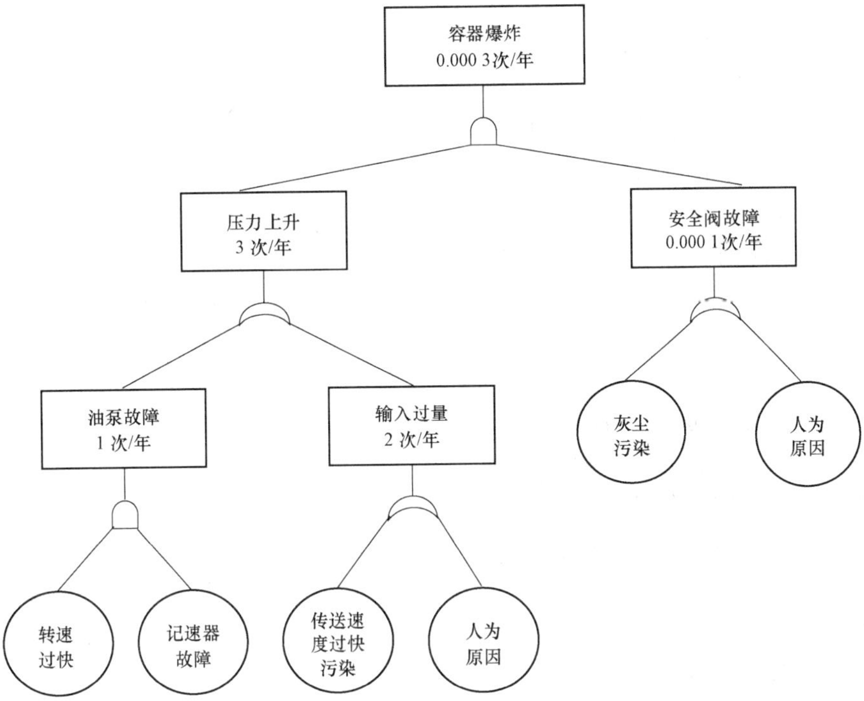

图 2-4　某公司特定容器爆炸的事故树

三、风险衡量

（一）风险衡量的内涵

风险衡量是在风险识别的基础上，通过收集过去的损失数据资料，对特定风险展开进一步的量化分析和描述。风险衡量的主要目的就是客观揭示风险事故发生的历史状况，测定风险的损失频率和损失程度，为选择有效的风险管理方法提供科学依据。

风险的本质是损失的不确定性，根据不确定性的程度不同，风险可以划分为 3 个级别，如表 2-1 所示。

表 2-1　　风险的等级划分

风险级别	不确定性程度	举例
第 1 级	所有可能的结果及每一种结果发生的概率都已知	抛硬币、投掷骰子、随机抽签
第 2 级	所有可能的结果都已知，但每一种结果发生的概率未知	地震、火山喷发、核泄漏
第 3 级	可能的结果及发生的概率都未知	太空探测、基因研究

由此可见，不确定性是存在于客观事物与人们的认识之间的一种差距，反映了人们受各种因素的限制，难以准确预测未来活动和事件的结果而产生的怀疑态度，最终影响

人们的决策行为。风险衡量的作用正是通过对大量相关数据资料的收集和积累，借助概率论和统计学方法，对特定风险的损失频率和损失程度进行估计预测，从而尽可能降低不确定性的程度，将风险控制在较低的水平。

（二）风险衡量的数理基础

如前所述，概率论和统计学是风险衡量的重要工具和技术，是保障整个风险管理科学性的重要理论基础，其内容十分庞杂，在此仅介绍一些基本概念与核心原理。

1. 随机变量和概率分布

变量是指某一特定研究对象可以取两个或更多个可能值的特征或属性。例如，一辆车每年发生的交通事故数、一个企业每年因火灾损失的财产价值、一个人每年遭遇意外伤害的次数等。由于这些变量的结果不止一种可能，因此也称为随机变量。进一步地，如果随机变量只能取离散的数值，其取值可以一一列举，该变量就是离散变量，例如上文提到的“交通事故数”“意外伤害的次数”；而“因火灾损失的财产价值”可以在一个或多个区间内取任何可能的值，其取值是连续不断的，不能一一列举，这就是连续变量。

风险的不确定性恰好符合随机变量的内涵，因此，可以用随机变量描述任一特定的风险事件。虽然风险事件的发生是随机的，无法百分之百准确地预测，但概率可以用于测度其发生的可能性大小，帮助我们分析随机事件，做出合理决策。概率分布描述的就是随机变量取任一可能值或在任一区间内取值的概率，掌握了随机变量的概率分布，就可以计算任一结果发生的概率，进而指导风险管理决策。

（1）离散变量的概率分布

用 $x_1, x_2, \cdots$ 表示离散变量 X 所有可能的取值，相应地，用 $p(x_i)$ $(i=1,2,\cdots)$ 表示该变量取值为 x_i 的概率。因此，将 X 的所有可能取值和对应的取值概率列在一张表格中，就是该离散变量的概率分布，如表 2－2 所示。

表 2－2　　离散变量的概率分布

取值	x_1	x_2	…
概率	$p(x_1)$	$p(x_2)$	…

显然，离散变量的概率分布应满足

$$\sum_i p(x_i)=1, \quad p(x_i)\geqslant 0, \quad i=1,2,\cdots \tag{2.1}$$

例如，某机构拟进行一项风险投资，根据充分的市场分析和项目评估，其投资结果有 3 种可能，分别为盈利 100 万元、盈利 200 万元、亏损 50 万元，3 种结果发生的概率分别是 40%、50%和 10%。该机构风险投资的收益 X 就是一个离散变量，其概率分布如表 2－3 所示。

表 2－3　　某机构风险投资收益的概率分布

取值	100 万元	200 万元	－50 万元
概率	0.4	0.5	0.1

（2）连续变量的概率分布

与离散变量不同，连续变量的概率分布是由概率密度函数描述的，简称密度函数或密度，通常记为 $f(x)$。图 2－5 展示了现实生活中最常见的正态分布随机变量的概率密度曲线，从理论上很容易理解，连续变量在某个区间内取值的概率就是其密度曲线在该区间上覆盖的面积，也就是概率密度函数在该区间上的积分。显然，概率密度函数在某个点的积分为 0。因此，连续变量恰好等于某个特定数值的概率都是 0，通常只有计算连续变量在某个（或多个）区间内取值的概率才有实际意义。

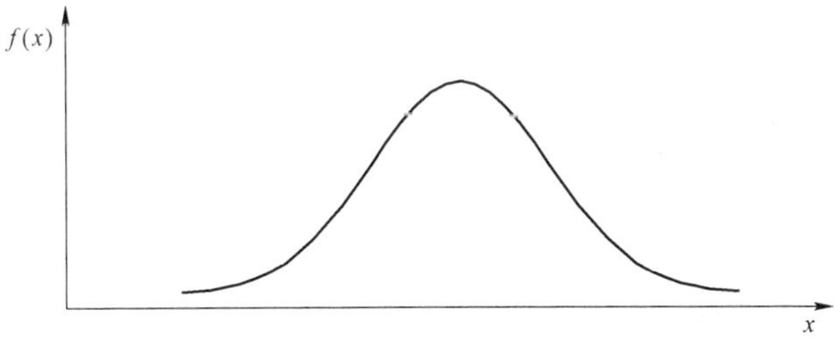

图 2－5 正态分布随机变量的概率密度曲线

与离散变量类似，连续变量的概率密度函数应满足

$$\int_{-\infty}^{\infty} f(x)\mathrm{d}x = 1, \quad f(x) \geqslant 0 \tag{2.2}$$

2. 随机变量的数字特征

概率分布可以详细描述风险事件所有可能结果发生的概率，但在风险管理决策中，人们往往还需要更加直观、清晰地反映风险事件的一些基本特征，包括其取值的平均水平、波动程度等，以便于分析和比较。

（1）均值

均值是用于度量随机变量取值的平均水平最常用的一个指标，也称期望值，通常用 μ 或 $E(X)$ 表示。对于离散变量和连续变量，其计算的具体形式稍有差异。

离散变量 X 的均值等于其所有可能取值与相应的取值概率的乘积之和，即

$$\mu = E(X) = \sum_i x_i p(x_i), \quad i = 1, 2, \cdots \tag{2.3}$$

以表 2－3 中的数据为例，可以很容易计算得到该机构风险投资的平均收益为：

$$\mu = 100\text{ 万元} \times 0.4 + 200\text{ 万元} \times 0.5 - 50\text{ 万元} \times 0.1 = 135\text{ 万元}$$

对于概率密度函数为 $f(x)$ 的连续变量 X，其均值为[①]

$$\mu = E(X) = \int_{-\infty}^{\infty} x f(x)\mathrm{d}x \tag{2.4}$$

（2）方差和标准差

均值反映的只是随机事件的平均结果（期望值），如果实际结果与期望值之间的偏差太大，显然不确定性程度更高，风险也更大。方差就是用于度量随机变量所有可能取值

① 严格意义上，连续变量均值的计算公式应为其合理取值区间上的积分，此处给出的是（－∞，∞）上的一般表达式。后文的方差计算公式同此。

在均值附近的波动程度，能够量化描述实际结果与期望值之间的偏离程度，通常用σ^2或$D(X)$表示。将方差开平方根得到的就是标准差。

离散变量X的方差等于每一个可能取值与均值的差值平方，再与相应的取值概率的乘积之和，即

$$\sigma^2 = D(X) = \sum_i (x_i - \mu)^2 p(x_i), \quad i = 1,2,\cdots \tag{2.5}$$

同样以表 2－3 中的数据为例，可以计算得到该机构风险投资收益的方差为：

$$\sigma^2 = (100-135)^2 \times 0.4 + (200-135)^2 \times 0.5 + (-50-135)^2 \times 0.1 = 6\ 025$$

因此，该风险投资收益的标准差$\sigma = 77.62$万元。

对于概率密度函数为$f(x)$的连续变量X，其方差为

$$\sigma^2 = D(X) = \int_{-\infty}^{\infty} (x-\mu)^2 f(x) \mathrm{d}x \tag{2.6}$$

（3）离散系数

如果要对比两个随机变量取值结果的波动程度，直接比较其方差和标准差往往是不客观的，因为从上述计算公式很容易看出，方差和标准差的大小与随机变量自身的取值水平和计量单位都有关系。当两个或多个随机变量的取值单位不同、平均水平相差较大时，就需要采用离散系数进行对比。离散系数也称变异系数，是用随机变量取值的标准差除以其均值得到的结果，通常用CV表示：

$$CV = \frac{\sigma}{\mu} \tag{2.7}$$

由于标准差与均值计量单位相同，而均值又代表了随机变量取值大小的一般水平，因此离散系数消除了二者对标准差的影响，反映了随机变量取值的相对波动程度，可用于不同随机变量的比较。

例如，某机构面临两项不同的风险投资计划，一项计划的期望收益为 100 万元，收益的标准差为 25 万元；另一项计划的期望收益为 150 万元，收益的标准差为 30 万元。如何比较这两项投资计划的风险大小？

我们发现，第二项投资计划的平均收益高于第一项计划，但如果直接对比其收益的标准差，第二项计划收益的波动性似乎也大于第一项计划，很难评价孰优孰劣。然而，按照式（2.7）容易计算得到，第一项投资计划收益的离散系数CV=25 万元/100 万元=0.25，第二项投资计划收益的离散系数CV=30 万元/150 万元=0.2。显然，消除了两项投资计划平均收益不同的影响后，第二项投资计划收益的波动程度实际上也小于第一项计划。因此，第二项投资计划不仅期望收益较高，而且风险较低，是比第一项投资计划更为理想的选择。

（三）损失频率和损失程度

从风险管理和保险的角度，人们更多关注的可能是特定风险事故导致不同损失后果的概率分布。然而，在实践中，受信息资料的限制，往往很难确定风险损失的精确分布，此时，人们可以通过收集样本数据来估计损失频率和损失程度。

1. 损失频率

用频率逼近概率是估计随机事件发生概率最常用的方法。理论上认为，相同条件下

重复的试验次数 n 趋于无穷时，特定结果 A 发生的次数 m 就会趋于稳定，据此计算得到的频率就会逼近结果 A 发生的真实概率，即有

$$P(A) = m / n \tag{2.8}$$

实践中我们通常不可能重复无穷多次试验，但基于上述理论可以得出，在不同试验次数 n 的情况下，特定结果出现的频率 m/n 将围绕该结果发生的真实概率波动，并且随着试验次数 n 的增加，其波动的幅度将逐渐减小，最终趋于稳定，这个稳定的频率就是真实的概率。

因此，损失频率就是利用一定时期内（如一年）大量同质[①]风险单位发生损失的次数除以风险单位的数量，即每个风险单位平均损失的次数。

例如，某城市过去 3 年每年的机动车保有量平均为 500 万辆，3 年共发生 1.5 万起交通事故，那么该城市每辆车每年发生交通事故的损失频率为 $\frac{1.5/3}{500}=0.001$。

同质风险单位的数量越多，历史经验数据积累得越多，用损失频率估计真实的损失概率的准确性就越高。对于某些发生频率较低的风险（如巨灾风险），由于可收集的样本数据量有限，使得损失概率的估计误差较大，因此风险管理的难度也较大。

2. 损失程度

损失程度是指在一定时期内特定风险事故每次发生可能造成的平均损失金额。

沿用前文的例子，某城市 3 年内共发生 1.5 万起交通事故，直接经济损失 9 000 万元，那么该城市每年每辆车的交通事故损失程度为 $\frac{9\,000\text{万元}/3}{1.5\text{万}}=2\,000$ 元。

当然，严格来说，在估计损失程度时，还需要考虑损失形态、损失范围和损失时间等多方面的因素。首先，特定风险事故导致的损失形态可能是多种多样的，既要考虑直接损失，也要考虑间接损失，而且后者往往比前者更为严重；其次，一次风险事故涉及的风险单位数越多，损失范围越广，其损失程度也可能越高，二者大多呈正相关关系，例如，一次风险事故造成 10 人受伤和造成 100 人受伤，其损失程度显然是不同的；最后，估计损失程度还需要考虑损失的时间价值，例如，一个风险单位连续 10 年每年损失 1 万元，或者 10 年中某一年一次损失 10 万元，二者的损失程度显然也是不同的。在某些情况下，人们能够估计的可能是特定风险事故损失程度的一个变化区间，即估计损失的最小值和最大值，而不是给出一个单独的损失程度估计值。

对于风险衡量，相较于损失频率，损失程度的重要性更为突出。例如，地震、核泄漏等风险事故发生的频率很低，然而一旦发生，损失程度非常高，经济单位自身往往很难承受，这类风险比其他发生频率较高但损失程度较低的风险更为严重。当然，如果两种风险导致的损失程度相同，损失频率较高的风险自然更为严重。

在特定风险事故的损失频率和损失程度不相关的情况下，损失频率与损失程度的乘积就是该风险事故的期望损失，即期望损失 = 损失频率 × 损失程度。在前面的例子中，该城市每年每辆车的期望损失为 $0.001 \times 2\,000 = 2$ 元。期望损失是风险管理主体进行风险管

① “同质”指的是各风险单位遭遇特定风险事故从而发生损失的概率大体相近。

理决策时参考的另一重要因素，风险管理主体通常会将期望损失和采取不同风险管理方法的成本进行比较，最终选择自身能够接受的风险管理方法。

四、风险管理措施的选择和实施

在对风险进行充分的识别、客观的衡量之后，就要基于风险管理原则和目标，考虑选择合适的风险管理方法，制定科学的风险管理方案。

实践中，风险管理的方法和技术有很多，依据目的不同，可以将其划分为风险控制方法和风险融资方法两大类。风险控制方法旨在通过改变和消除引起风险事故发生、损失扩大的各类风险因素，降低损失频率和减少损失程度；风险融资方法则是针对风险事故发生后可能造成的损失，做出合适的财务安排，以减轻风险事故对经济单位正常活动的不利影响。

（一）风险控制方法

常见的风险控制方法主要包括风险回避、损失控制、风险隔离和控制型风险转移等。

1. 风险回避

风险回避是指经济单位考虑到某项活动存在风险，通过主动放弃或改变该项活动的方式来避免风险损失的一种风险控制方法。

具体来说，风险回避的方式有两种：一是彻底放弃或终止某项风险活动的实施。例如，考虑到某些国家政局不稳，容易出现动乱甚至战争，企业放弃将产品出口到这些国家；考虑到滑雪、攀岩等户外活动发生意外伤害的风险较大，个人放弃从事这些户外活动。二是改变某项活动的性质或者采取替代措施。例如，为避免遭遇航空事故，个人选择乘坐高铁出行；为避免环境污染责任赔偿，企业改进生产流程，提高排放标准。

风险回避的主要优点是可以将特定风险的损失概率降为零，从某种意义上来说，是控制风险最彻底的方法，但其局限性也是非常明显的。首先，并非所有的风险都可以通过放弃或改变相关活动的方式来避免，例如，雷电、暴雨、干旱等自然灾害，偷盗、抢劫、纵火等人为事故都是无法彻底避免的。其次，大部分情况下，放弃某项活动仍然需要采取相应的替代措施，例如前文提到的乘坐高铁来替代飞机，或者选择其他交通工具出行，在避免了航空事故风险的同时，又会产生新的风险，除非经济单位终止一切出行活动（这显然是不现实的），否则要避免所有的风险是不可能的。此外，对于某些投机风险而言，放弃从事相关经济活动在避免损失的同时，也就放弃了获利的可能，或者选择替代措施的机会成本可能远高于原活动的损失成本。

因此，从本质上来说，风险回避是一种消极防御的风险控制方法，其适用的情形主要包括：特定风险的损失频率和损失程度都非常高；风险的损失频率不高，但一旦发生，损失后果非常严重，无法通过其他途径得到充分的补偿；采用其他风险管理方法的成本超出了从事相关活动所产生的效益。

2. 损失控制

损失控制是指经济单位在从事正常的活动过程中，通过有意识地采取行动，降低风险事故发生的概率，减少风险事故可能导致的损失。具体又可以分为损失预防和损失抑制两类措施。

顾名思义，损失预防是针对风险因素采取相应的积极措施，努力消除或减少引发风险事故的根源，防止风险事故发生，降低损失频率。例如，对汽车司机进行交通规则知识和驾驶技能的培训考核，在地铁、火车站、机场加强安检，大雾天气关闭高速公路，新生儿接种疫苗等，都属于损失预防措施，通常在风险事故发生之前实施。

损失抑制则是强调在风险事故发生之后，积极采取应对措施，努力减轻损失程度，降低风险事故对经济单位的不利影响。例如，重大传染性疾病传播时启动防控应急预案，地震发生后实施快速紧急救援，核污染后及时开展清污、掩埋和隔离工作等。这些通常都是在风险事故发生之后采取的损失抑制措施，但也有一些措施是在风险事故发生之前所采取的，其目的同样是减轻损失的严重程度。例如，组织居民开展消防联合疏散演习，加强地震安全逃生宣传教育，汽车安装安全气囊等。与损失预防不同的是，损失抑制措施并不能防止风险事故的发生，而是针对风险事故可能导致的损失，改变和减少其损失程度扩大的条件。

显然，相较于风险回避，损失控制是一类积极的风险管理方法，可以通过对风险因素的全面了解，基于风险因素、风险事故和损失之间的紧密联系，采取科学合理的措施将风险控制在经济单位能够接受的范围内，而不需要消极地放弃相关经济活动。当然，损失控制方法也会产生一定的经济成本，此外，对于风险因素的识别和控制无疑是决定该方法是否有效的关键环节，因此，该方法对专业知识和成本效益分析的要求相对更高。实践中，损失控制应该注意损失预防和损失抑制并重、人为因素和物质因素兼顾、加强系统安全意识等基本原则，综合采取多种损失控制措施，保障风险管理目标的实现。

随着现代社会中人为因素引起的风险事故越来越频发，其后果越来越严重，影响范围越来越广，“防患于未然”在风险管理中的重要性也越来越突出。通过宣传、教育、培训、演习等一系列损失控制工作，提高人们的安全意识和防灾防损知识，增强人们的责任感和警惕性，能够有效降低个体和整个社会的风险成本，充分发挥风险管理的积极作用。

【阅读材料 2-3】损失控制的重要性——汶川地震的教训[①]

我国地处世界上两个最大的地震集中发生地带——环太平洋地震带与欧亚地震带之间，加之人口密度大，我国是世界上多地震的国家，也是蒙受地震灾害最为深重的国家之一。2008 年 5 月 12 日，中国四川省汶川发生 8 级地震，造成重大人员伤亡和经济损失。

汶川地震的伤亡之所以这样惨重，除了地震强度大，还有一个原因是汶川一带的建筑质量和设计存在问题，震后救援难度极大。然而，同样是在这次地震中，与当时伤亡最为惨烈的北川县毗邻的安县桑枣中学，却创造了仅用 1 分 36 秒成功疏散转移 2 300 多名师生，且无一伤亡的奇迹，成为全球灾前预防教育的典范。该校校长叶志平任职以来，

① 资料来源：笔者整理。

花费 40 多万元将原本无人敢验收的实验教学楼进行了彻底改造和加固，并且从 2005 年开始，每学期在全校组织一次紧急疏散演习，每个班的疏散路线、楼梯的使用、不同楼层学生的撤离速度、疏散到操场上的站立位置等，都有详细规划并反复演练，每周二还有规定的安全教育时间。由于训练有素，汶川地震发生后，全校师生按照早已熟悉的路线和过程，在短短 1 分 36 秒的时间内全部冲到操场，无一伤亡！加固的实验教学楼巍然屹立，而地震时这座楼里就坐着 700 多名学生和他们的老师！

"桑枣奇迹"令无数人感动，也受到了社会各界的高度肯定。2008 年 5 月 29 日，教育部授予桑枣中学首批"抗震救灾先进集体"称号；2008 年 12 月 27 日，十一届全国人大常委会第六次会议表决通过修订后的《中华人民共和国防震减灾法》，充分吸纳桑枣中学抗震救灾经验，增加规定"学校应当进行地震应急知识教育，组织开展必要的地震应急救援演练，培养学生的安全意识和自救互救能力"；2009 年 3 月 30 日，全国紧急避险和救护培训示范基地在该校挂牌成立。经国务院批准，自 2009 年起，每年 5 月 12 日为全国"防灾减灾日"。

3. 风险隔离

风险隔离是指通过对风险单位的分割或者复制"化整为零"，从而降低一次风险事故可能对经济单位造成的最大损失，达到控制风险的目的。分割风险单位就是将风险单位拆分成若干个"价值"相对较低的独立单位，分散到不同的空间。例如，企业将价值昂贵的货物分批进行运送，同一家公司的高层管理人员同时出差乘坐不同的航班，建筑物内设置防火墙等。复制风险单位则是将原风险单位进行备份，增加风险单位的数量，从而在个别风险单位遭受损害之后，这些备份可以发挥替代作用。例如，企业对重要的数据信息实现实时的远程备份，足球队配备替补运动员，制造商储存生产设备的重要零部件等。

分割风险单位和复制风险单位都是针对风险事故发生后的损失所提前采取的预防措施，并不能改变每个风险单位发生事故的可能性，因此其本质都属于损失抑制方法的扩展。这两类措施最大的优点就是可以降低一次风险事故对经济单位造成的最大预期损失，所不同的是，分割风险单位降低的是直接损失，而复制风险单位通常降低的是间接损失。然而，由于风险隔离方法增加了风险单位的数量，一方面提高了管理成本，另一方面还可能导致损失频率上升，每一个分割或复制出来的新的风险单位都面临着潜在的风险。因此，该方法也有其应用的局限性。

4. 控制型风险转移

控制型风险转移是指借助合同或协议，将存在风险的财产、活动或损失的法律责任转移给他人（非保险公司）的一类风险控制方法。主要包括以下几种方式。

（1）出售财产

将存在风险的财产出售给其他个人或组织，从而将与之有关的一切风险都转移给新的所有者。例如，个人将位于地震频发地区的房屋出售，与该房屋损失相关的风险自然就转移给了新的房屋所有人；企业将海外的工厂出售，与工厂生产活动相关的风险也就转移给了新的所有者。大部分情况下，出售类似于风险回避，原所有人将风险单位出售出去，相当于放弃了与之相关的所有活动，不同的是，相关的特定风险并没有被彻底消除，只是随着所有权的转让一并转移给了他人。此外，某些情况下，出售并不能将所有与财产相关的风险都转移出去，例如，汽车生产商在出售汽车之后，仍然要承担由于产品缺陷可能给消费者造成损失的责任风险。

（2）分包

在大型的工程项目中，总承包商考虑到个别子项目风险较大，自身承受能力有限，通过签订分包合同，将该子项目转包给其他个人或组织（通常受让方承受特定风险的能力高于出让方），从而将与之相关的风险一并转移出去。例如，由于高空作业的人身意外伤害风险和第三者责任风险较大，小型建筑工程队将高空作业的项目分包给专业的高空作业工程队实施，上述风险也就自然地转移给了分包商。

（3）签订免除责任协议

实践中，很多存在风险的财产或活动无法直接转移给他人，或者转移成本较高，此时人们还可以通过签订免除责任协议的方式，将从事风险活动过程中可能产生的法律责任转移给他人。生活中一个典型的例子就是，医生在对病人实施手术之前要求病人家属在手术同意书上签字，从而由病人及其家属承担正常的手术失败风险。在这种情况下，医生实施手术这一带有风险的活动并没有转移出去，但通过签订手术同意书将医生的责任风险转移了出去，或者说免除了医生的责任风险。

由于控制型风险转移的对象不是保险公司，因此也被称为控制型非保险转移。综合来看，此类方法的优点是可以将财产或活动相关的部分甚至全部风险转移给他人，简单易行。但风险能否真正顺利地转移出去，需要具备一定的条件。首先，双方当事人必须签订合法、有效的合同，转移风险的合同及其条款不得与国家的一般法律法规相抵触，否则不具有法律效力；其次，基于转移责任条款转移出去的风险，其受让方必须具有充足的偿付能力，否则作为财产的所有者或总承包商仍然可能需要对第三方所遭受的损害承担一定的法律责任；最后，风险的转移方显然需要支付一定的成本，作为受让方承担风险的条件，成本的高低往往与转移的风险大小和范围成正比，因此，转移方同样需要进行成本效益分析。

（二）风险融资方法

尽管风险控制方法可以在一定程度上降低损失频率和损失程度，但风险的复杂性和多变性，以及人们对风险的认知能力的局限性，使得风险无法被彻底地避免或控制，某些风险最终仍然有可能发生并造成损失。风险融资方法就是通过提前做出财务安排，在风险事故发生后，提供一定的资金渠道以弥补损失，帮助经济单位尽快恢复正常的活动，减少风险可能对其造成的冲击和不利影响。与风险控制方法相比较，风险融资方法更多体现的是一种财务补偿，一般只在风险事故发生之后产生作用。

常见的风险融资方法主要包括融资型风险转移和风险自留两大类。

1. 融资型风险转移

融资型风险转移又称财务型风险转移，是指经济单位借助合同、协议或特定的技术，将风险可能引发的损失后果转移给他人的一类风险融资方法。值得说明的是，与控制型风险转移不同，融资型风险转移的实质是通过“损失转移”获得外来资金，以弥补风险事故发生后造成的损失，而风险本身实际上并没有真正转移给他人。

根据转移的对象不同，融资型风险转移可以分为保险和非保险转移两大类。

（1）保险

保险是投保人通过与保险公司签订保险合同并缴纳保险费，将合同约定的保险事故所引起的损失后果转移给保险公司的一种融资型风险转移方式①。投保人购买保险并没有真正将承保的风险转移给保险公司，也没有改变风险的性质，而是事先以小额的确定性成本（即保险费）替代未来大额的不确定性损失，在保险事故发生后，由保险公司按照合同约定提供资金（即保险赔付）弥补被保险人的损失（包括人身伤亡）。

保险是最典型的一种融资型风险转移方法，它利用大量投保人共同缴纳的保险费建立保险基金，用于分摊保险期间个别被保险人发生保险事故而遭受的损失，可以为经济单位的人身风险、财产风险、责任风险等多种风险提供外部融资渠道，适用于管理损失频率低但损失程度相对较高的纯粹风险。除了具备经济补偿、资金融通的功能以外，保险还具有防灾减损、社会管理的功能，因此，保险也是用于管理可保风险②最有效的方法之一。当然，并不是所有的风险都可以被保险公司所承保，大部分的投机风险、巨灾风险无法通过保险获得损失补偿。与此同时，投保人也需要权衡保险成本与收益的关系，对于损失程度较低的风险，往往可能选择其他成本更低的风险管理方法。

（2）非保险转移

如前所述，保险主要是用于管理纯粹风险的一种重要的风险融资工具。但从 20 世纪末开始，金融风险、市场风险等投机风险受到人们越来越多的关注，理论上不可保的巨灾风险（如地震、核泄漏等）也越来越频发。融资型非保险转移为这类风险提供了保险以外的损失补偿渠道，主要针对非人身风险，借助合同、金融衍生工具等将经济单位面临的损失后果转移给保险公司以外的其他个人或组织来承担。比较常见的融资型非保险转移方式包括免责约定、套期保值、巨灾风险证券化等。

①免责约定

免责约定是指通过合同中的免责条款，将合同一方当事人可能面临的损失后果转移给另一方当事人。例如，在财产（如房屋、场地、厂房、设备等）租赁过程中，出租人和承租人经常会因出租财产的损坏责任、维修保养责任以及对第三方造成损害而产生的赔偿责任等产生纠纷，为此，出租人可以通过与承租人签订租赁合同并注明相关免责条款，将上述损失后果转移给承租人来承担，也就是由承租人提供资金对上述损失进行补偿。大部分经济合同中都有免责约定，与控制型风险转移中的免除责任协议不同，融资型非保险转移并没有将一方当事人的财产风险、责任风险等真正转移出去，只是从另一方当事人获得外来资金对损失进行弥补，当后者偿付能力不足时，前者仍然需要自己承担损失。

---

① 实际上，关于保险的定义至今尚未统一，此处仅从作为风险融资手段的角度出发，给出保险的一般阐释。其他更多关于保险性质的说明详见第 3 章。

② 理论上，保险公司能够承保的风险需要具备一定的条件，满足这些条件的风险称为可保风险，详细内容请参见后续相关章节。

②套期保值

套期保值又称对冲交易，是指经营者通过在资本市场中买卖期货交易合同，来抵消其在现货交易市场中由于价格波动可能遭受的损失。在正常的市场条件下，现货和期货受同一供求关系的影响，二者价格同涨同跌，因此经营者可以通过在这两个市场上的相反操作，从资本市场中获得资金（盈利），用以弥补价格的不利波动所引起的现货交易损失。例如，某榨油厂加工大豆，卖出豆油，经营者根据目前的市场行情，预测未来的大豆原料价格将上涨，因此事先买入大豆期货看涨合约，一定时期后，如果大豆价格真的上涨了，大豆期货价格也会随之上涨，此时经营者卖出大豆期货，所得盈利就可以弥补现货市场上买入大豆的亏损，达到锁定成本、降低市场风险的目的。随着金融衍生工具的不断发展和创新，期权、期货、远期、互换等都成为套期保值的重要手段，套期保值既可以建立在实物资产上，也可以建立在金融资产上。完美的套期保值可以将现货市场中的损失在资本市场中完全抵消甚至盈利，或者用一种资产的盈利来冲销另一种资产的亏损。但套期保值对经营者的金融知识和专业性要求高，资本市场的交易也有很多限制，要实现不同资产的对冲需要对交易的数量、时间等进行较为精准的控制。

③巨灾风险证券化

由于巨灾风险一旦发生，大部分风险单位都可能在同一时间遭受损失，保险的分散风险、分摊损失的机制将失效，经济单位自身以及保险公司都很难独立承受巨灾风险所带来的严重损失。巨灾风险证券化就是通过创造和签发金融证券将保险公司承保的巨灾风险转移到资本市场，利用巨灾债券、巨灾期货、巨灾期权、巨灾互换等金融工具从更为广阔的资本市场中筹集资金，为巨灾风险提供新的融资渠道。巨灾风险证券化打破了传统保险在投保人、原保险公司和再保险公司之间分摊损失的偿付能力约束，且不存在违约风险（在发售巨灾证券时，投资者的资金已经进入证券发行者的账户，一旦巨灾风险发生，即可用于补偿损失）。但巨灾风险证券化需要保险公司、证券机构、投资银行、政府等的多方合作，需要建立完善的法律法规和制度保障体系，编制地区性乃至全国性的巨灾数据库，才能促进其规模发展。

可以说，保险是融资型风险转移的核心部分，而非保险转移是保险的重要补充形式，二者为不同类型的风险提供了多样化的、灵活的损失融资渠道，同一个经济单位往往也需要搭配选择保险和非保险转移方法来管理不同的风险。

2. 风险自留

顾名思义，风险自留是指经济单位选择自己承担风险事故造成的损失，通过自身内部的资金融通（包括向他人的借款）来弥补损失的一种风险管理方法。根据性质不同，风险自留可以分为主动风险自留和被动风险自留。

主动风险自留是经济单位在识别和衡量风险的基础上，对不同风险管理方法进行了比较、权衡之后，最终主动将风险可能造成的损失保留在内部由自己承担，并做好事先的财务安排。当然，经济单位可能基于自身的风险承受能力，结合成本效益分析，选择保留部分或全部的损失后果。在主动风险自留的情况下，经济单位用于弥补损失的资金融通渠道主要包括以下几种。

（1）将损失摊入日常活动成本

对于发生较为频繁的小额损失，个人或者组织不需要进行专门的资金准备，可以在一个较短的时期内直接将其摊入日常的生产生活成本中，用当期的收入弥补损失。例如，家里的小孩体质较弱，经常感冒，由此引起的较为频繁的小额医疗费用支出往往通过上述形式进行弥补。

（2）设立专用损失基金

对于那些预测难度较大且较为严重的损失，通过日常活动成本的摊销无法有效进行管理，一旦发生，甚至可能对经济单位造成毁灭性的冲击。针对这类损失，经济单位可以从日常现金流中定期提取一定的金额，逐期累积，或者一次性提取一笔大额资金，设立专用的损失基金。例如，医院根据每年的利润提存专用的准备金，用于支付医疗责任事故所引起的大额责任赔偿损失。

（3）成立自保公司

规模较大的企业由于业务范围广，风险单位数量和风险种类多，会选择成立自保公司，为母公司及其子公司提供包括财产保险、运输保险、责任保险等在内的保险业务，有的自保公司还可以接受外来业务。通过建立自保公司，企业一方面可以享受一定的税收优惠政策，降低风险融资成本，还可以与再保险相结合，将风险损失在更大的市场进行转移和分散；另一方面，自保公司的承保弹性大，经营灵活，可以尽量满足企业自身的风险管理需求，公司的专业人才和管理技术还可以为企业开展各种风险预防工作，更加有效地控制损失。当然，受业务量、财务基础等因素的约束，相对于普通的商业保险公司，自保公司的规模和保障范围始终有限，经营难度也较大。

（4）借款

当某些概率极小的风险“意外”发生时，经济单位的自有资金暂时无法弥补损失，可以采用借入资金的方式来帮助自身度过财务危机。由于这些借款最终仍然是要偿还的，因此实际上还是由经济单位自身承担损失。例如，企业在风险事故发生前，预先和银行进行谈判，约定在一定时期内企业可以按照协商好的利率和数额向银行借支贷款，用于弥补该时期内发生的意外损失，这笔贷款也称为应急贷款。

被动风险自留则是因为经济单位没有充分认识到风险的存在，或低估了风险的损失程度，从而在没有采取有效的风险管理措施的情况下，导致风险事故发生后不得不被动承担损失。显然，被动风险自留是十分危险的，如果损失程度非常严重，很容易造成经济单位财务状况的较大波动，甚至影响经济单位正常的活动，危及其生存和发展。此时，如果经济单位自有资金无法弥补突发的特大损失时，借款也是最为常用的一种融资渠道。但相比主动风险自留下有计划的应急贷款，被动风险自留时的临时性贷款（如特别贷款）利率可能更高，条件可能更苛刻。因此，经济单位应该尽量将被动风险自留控制在一个较小的范围内。

综上所述，风险自留主要适用于以下几种情形：一是经济单位能够充分地识别潜在风险，较为准确地预测损失程度，并且最大预期损失在经济单位自身财务能力承受范围内；二是采用其他风险管理方法的成本均大于风险自留可能付出的代价；三是其他风险融资方法均不适用。

（三）风险管理措施的最优选择

从前文的梳理我们可以看出，不同的风险管理方法都有各自的出发点和优劣势，适用于管理不同性质、不同特征的风险。下面的风险管理矩阵图2-6简要归纳了对于不同损失频率和损失程度的风险，通常适宜采取的风险管理措施。

损失程度 \ 损失频率	低	高
低	**风险自留** 也可： 在成本允许的条件下进行损失控制	**风险自留** **损失控制**
高	**保险** 也可： 部分风险自留， 损失控制	**风险回避** 也可： 在条件允许的情况下转移风险

图2-6 风险管理矩阵图

实践中，由于经济单位面临的风险并不单一，风险承受能力和财务状况不尽相同，风险管理的具体目标也存在差异，因此，需要根据具体情况，以风险管理目标为核心标准，搭配组合不同的风险管理措施，在多种备选方案中确定最优的风险管理方案。这一过程无疑是十分复杂和专业的，在此仅以案例2-1给出一个简要的演示说明。

【案例2-1】家庭财产风险的最优管理措施①

小明工作后购买了自己的住房，其房屋和住宅内的财产可能面临火灾风险。假设在不采取任何风险管理措施的情况下，小明的住房发生火灾的概率是3%（为简便起见，此处仅考虑发生火灾和不发生火灾两种情形，而不考虑不同损失金额的概率分布），损失程度是100 000元；而采取损失控制措施后（如安装火灾报警器等），发生火灾的概率降为1%，但需要支出1 000元的损失控制费用；如果小明选择购买一年期的家庭财产保险（保险金额为100 000元），则需要支付2 500元的保险费，损失概率不变，但发生的损失由保险公司弥补。表2-4列示了针对小明的家庭财产风险提供的不同风险管理措施备选方案及相关信息。

① 资料来源：笔者整理设计。

表 2–4　　小明家庭财产风险管理的相关信息

风险管理措施备选方案	损失情况	风险结果	
		发生火灾	不发生火灾
（1）风险自留，且不采取任何风险控制措施	损失概率	3%	97%
	损失程度（元）	100 000	0
	损失成本合计（元）	100 000	0
（2）风险自留，并采取损失控制措施	损失概率	1%	99%
	损失程度（元）	100 000	0
	损失控制费用（元）	1 000	1 000
	损失成本合计（元）	101 000	1 000
（3）购买保险	损失概率	3%	97%
	保险费（元）	2 500	2 500
	损失成本合计（元）	2 500	2 500

从表 2–4 可以看到，小明管理家庭财产风险的备选方案有三种：（1）风险自留，且不采取任何风险控制措施；（2）风险自留，并采取损失控制措施；（3）购买保险。对于小明而言，哪一个方案是最优选择与小明的风险管理目标直接相关。下面我们分别针对三种常见的风险管理决策目标来确定小明的最优风险管理措施。

1. 将最大预期损失降到最低

最大预期损失是风险事故发生后经济单位可能面临的最严重的损失后果。如果小明的风险管理目标是将最大预期损失控制在最低的水平，那么，参照表 2–4 中的信息，三种备选方案的最大预期损失分别为 100 000 元、101 000 元和 2 500 元。显然，在这一决策目标下，购买保险是最优的风险管理措施。这也恰恰体现了保险通过损失分摊的机制，帮助经济单位用小额的保费支出替代大额的不确定性损失的重要功能。

2. 将最小预期损失降到最低

理论上，最小预期损失就是风险事故没有发生时经济单位需要支付的成本。参照表 2–4 中的信息，三种备选方案的最小预期损失分别为 0 元、1 000 元和 2 500 元。显然，在这一决策目标下，风险自留并不采取任何风险控制措施是最优的选择。如果小明对发生火灾的预计比较乐观，并且即使发生火灾，损失程度仍然在自身的风险承受能力范围内，可以通过内部资金进行弥补，小明将选择该风险管理措施。

3. 将期望损失降到最低

通常情况下，如果能够掌握不同损失后果对应的损失概率，人们往往会以控制期望损失水平作为风险管理目标。参照表 2–4 中的信息，三种备选方案的期望损失分别为：（1）$0.03\times100\ 000+0.97\times0=3\ 000$ 元；（2）$0.01\times101\ 000+0.99\times1\ 000=2\ 000$ 元；（3）$0.03\times2\ 500+0.97\times2\ 500=2\ 500$ 元。如果小明的风险管理目标是将期望损失降到最低，那么风险自留并采取适当的损失控制措施是最优的风险管理选择。

当然，实践中的风险损失后果可能更为复杂，风险管理措施的备选方案也更多样化。经济单位还可以考虑将部分风险自留和保险相结合，例如在保险合同中设置免赔额、责任限额、分担比例等，以降低保费，同样可以按照上述计算方法与其他风险管理措施进行比较，确定最优选择。此外，经济单位的风险态度也是决定风险管理措施选择的关键因素，除了要估计风险事故发生后的经济损失、预防和控制风险的费用支出，还可能考虑风险的不确定性所带来的忧虑成本。一般来说，决策者的忧虑程度越高，越倾向于选择保守方案；反之，忧虑程度越低，越倾向于选择激进方案。由于保险能够用小额的保费支出换取大额的损失补偿，相当于用较低的确定性成本替代了不确定性的损失，因此通常被认为是最能减轻决策者忧虑程度的风险管理措施。

（四）风险管理措施的实施

确定了最优风险管理措施之后，就要将其付诸实施。对于个人而言，做出了风险管理决策之后，个人对该决策具有直接的执行和管理权力。例如，选择了保险作为最优风险管理措施，个人就可以进一步选择合适的保险公司；如果选择风险自留，就需要做好事先的财务安排；如果选择进行损失控制，则要制定相应的防灾减损计划并执行。对于企业而言，风险管理措施的实施则是一个更为复杂的过程，需要不同部门的相关人员通力合作，在各自的职权范围内协调统一，保证风险管理措施的贯彻和落实。

由于企业的一般员工往往不太了解风险管理的内涵和原则，更不具备相关领域的专业知识，对风险管理的态度非常主观，很容易低估其重要性，从而成为风险管理措施实施的障碍，影响风险管理效果。因此，在这一过程中，信息管理就显得尤为重要，主要通过风险交流和风险管理报告来实现。

1. 风险交流

风险交流是指企业内部传递有关风险、不确定性结果及其管理方法等信息的过程，包括对企业的风险管理目标、风险识别、风险衡量、风险管理决策等内容的解释和双向交流。一方面，风险管理负责人应该向企业所有员工宣传普及风险管理的概念和背景、企业的风险管理目标，向各相关部门阐释风险管理措施选择的依据，明确各部门在风险管理方案实施过程中需要承担的责任。另一方面，风险管理人员还应认真听取其他部门和员工的反馈意见，切实了解他们的主观风险意识、风险管理能力以及实施风险管理措施的过程中存在的问题，并开展必要的宣导和风险管理技能培训。通过有效的双向信息交流，促进员工真正理解风险管理与实现企业、个人发展目标之间的紧密联系，将风险管理的理念贯彻融入员工的日常行为活动中。

2. 风险管理报告

风险管理报告是指风险管理人员提供的关于企业风险状况和风险管理计划的书面材料。为了便于进行风险交流和信息共享，风险管理人员需要在风险管理报告中介绍企业的财务状况，详细分析企业经营活动中存在的各种潜在风险、风险的性质和特征、可能引发的损失后果等，进而说明制定风险管理计划的程序、管理的策略和目标、管理的成本费用、资金安排、预期的损失控制效果等。在日常的财务年度内，风险管理人员还需要定期或不定期地提供年度财务报告、损失分析报告、风险管理项目和资金申请报告等。

五、风险管理效果的评价

风险管理效果的评价是指对风险管理措施的适用性和收益性进行分析、检查、评估，并根据实际情况对风险管理方案进行必要的调整和改进。

之所以要对风险管理效果进行评价，主要有两方面的原因。一是风险管理决策者所确定的最优风险管理方案是否能够实现预期的风险管理目标，必须在方案执行一段时期后予以客观的评价，受决策者风险认知能力的限制以及其他主客观因素的影响，有时候选择的风险管理措施可能并不是最优的，无法达到预期目标，这就需要通过对风险管理效果的评价来发现问题，及时改进方案；二是如前文所述，风险具有可变性，同时经济单位自身的条件和外部环境也处在不断发展变化之中，因此，风险管理是一个动态循环过程，需要对风险管理方案的实施情况进行定期的检查，根据风险状态的变化，及时调整方案，对偏离风险管理目标的行为进行必要的修正，并不断总结经验教训，提高风险管理工作的效率。

风险管理效果的评价大致包括制定风险管理效果评价计划、收集并分析相关资料、编制风险管理绩效评价报告三个步骤。

（一）制定风险管理效果评价计划

风险管理效果评价的主体可以是个人、家庭，也可以是企业、组织的风险管理部门、保险公司、咨询机构等。评价主体首先要基于风险管理单位的具体情况，明确风险管理效果评价的对象、范围、目标和评价方法等，并据此制定详细的评价计划。一个合理的风险管理效果评价计划应该能够全面、完整地反映风险管理方案的实施效果，包括评价风险管理措施是否降低了风险的损失频率和损失程度、是否达到了资源的优化配置、是否有利于稳定并促进经济单位的正常活动与发展。如果发现风险管理方案的执行存在偏差，风险管理效果评价计划还应提供分析问题的途径和方法。

（二）收集并分析相关资料

风险的特点决定了人们通常很难在短期内衡量风险管理措施的效果，需要经过较长时期的考察和大量风险管理资料的支持，才能对其进行客观的评价。因此，风险管理效果的评价主体要依据制定好的评价计划，收集包括风险管理报告、风险管理的相关合同文件（如保单）、风险管理方案实施的成本预算及运行状况、风险交流反馈意见书、与风险管理措施相关的国家政策法规等在内的各项资料，借助科学有效的方法，对其进行深入系统的分析，为风险管理效果的评价提供客观依据。除了整理上述既有的书面材料，评价主体还可以通过实地调查法、抽样调查法等多种途径获取更充足的一手信息，力争真实、全面地反映风险管理方案的执行状况。而具体的分析评价方法则包括了过程评价法、指标对比法、因素分析法和专家意见法等，评价主体可基于收集整理的资料，选择一种或几种方法对其进行分析、检查，从定性和定量两个方面综合评价风险管理效果。

（三）编制风险管理绩效评价报告

风险管理绩效评价报告是风险管理效果评价的最终结论。评价主体应当参照国家有关部门制定的基本格式，将上述风险管理效果的分析结果进行汇总提炼，编制出风险管理绩效评价报告，提交给相关管理部门或委托方。风险管理绩效评价报告的编制必须遵循客观、公正、科学的原则，真实、全面地反映评价对象的风险管理效果。既要提供量化评价的指标数据，也要给出风险管理效果的整体等级评判（如优、良、中、低、差等不同水平）；既要揭示风险管理方案可能存在的偏差甚至错误，也要剖析问题产生的原因，为方案的调整和改进提供可操作性的意见与建议。

本章小结

风险管理是经济单位通过对风险的识别和衡量，采用合理的方法和技术对风险实施有效的控制和妥善处理，并对风险管理效果进行评价，以最低的成本获得最大的安全保障的管理过程。风险管理对于个人、家庭、企业乃至整个社会都具有十分重要的意义。要实现有效的风险管理，风险管理主体须遵循目标导向、系统管理、量力而为和成本效益比较等基本原则。风险管理的一般程序包括确立风险管理目标、风险识别、风险衡量、风险管理措施的选择和实施、风险管理效果的评价等基本步骤。由于风险具有可变性，经济单位自身的条件和外部环境也处在不断发展变化之中，因此，风险管理是一个动态循环过程，需要定期检查风险管理方案的实施情况，并进行必要的调整和修正。

重要概念

◆ 风险管理：经济单位通过对风险的识别和衡量，采用合理的方法和技术对风险实施有效的控制和妥善处理，并对风险管理效果进行评价，以最低的成本获得最大的安全保障的管理过程。

◆ 损前目标：风险事故发生前，风险管理应达到的目标。

◆ 损后目标：风险事故发生后，风险管理应达到的目标。

◆ 风险识别：对经济单位面临的各种潜在风险进行判断、归类，并对风险的性质、形成原因、发展趋势等进行分析的过程。

◆ 感知风险：基于感性认识、历史经验、资料信息等判断经济单位可能面临的各类风险，是风险识别的基础。

◆ 分析风险：通过各种定性和定量的方法对风险的性质、产生的原因、条件以及损失后果等展开进一步的分析，掌握风险的一般规律。

◆ 风险损失清单法：通过编制一份识别风险的清单，逐一列举经济单位可能面临的所有风险损失，并将其与经济单位的各项活动联系起来，细化风险来源。

◆ 现场调查法：风险识别人员亲临现场，通过与调查对象直接接触并观察其行为特征、生产经营流程、各项活动等，调查其中存在的风险隐患，进而出具调查报告书。

◆ 流程图法：按照生产经营的过程和日常活动内在的逻辑联系绘制经济单位的流程图，进而针对流程中的关键环节和薄弱环节调查、识别风险的方法。

◆ 因果图法：从风险事故出发，逐层分析导致风险事故发生的主次原因与风险事故之间的逻辑关系的风险识别方法。

◆ 事故树法：基于风险事故的发生过程，运用逻辑推理寻找引起事故的原因的风险识别方法。

◆ 风险衡量：在风险识别的基础上，通过收集过去的损失数据资料，对特定风险展开进一步的量化分析和描述。

◆ 损失频率：利用一定时期内大量同质风险单位发生损失的次数除以风险单位的数量，即每个风险单位平均损失的次数。

◆ 损失程度：一定时期内特定风险事故每次发生可能造成的平均损失金额。

◆ 风险回避：经济单位考虑到某项活动存在风险，通过主动放弃或改变该项活动的方式来避免风险损失的一种风险控制方法。

◆ 损失控制：经济单位在从事正常的活动过程中，通过有意识地采取行动，降低风险事故发生的概率，减少风险事故可能导致的损失。

◆ 风险隔离：通过对风险单位的分割或者复制“化整为零”，从而降低一次风险事故可能对经济单位造成的最大损失，达到控制风险的目的。

◆ 控制型风险转移：借助合同或协议，将存在风险的财产、活动或损失的法律责任转移给他人（非保险公司）的一类风险控制方法。

◆ 融资型风险转移：经济单位借助合同、协议或特定的技术，将风险可能引发的损失后果转移给他人的一类风险融资方法。

◆ 风险自留：经济单位选择自己承担风险事故造成的损失，通过自身内部的资金融通（包括向他人的借款）来弥补损失的一种风险管理方法。

◆ 风险管理效果的评价：对风险管理措施的适用性和收益性进行分析、检查、评估，并根据实际情况对风险管理方案进行必要的调整和改进。

思 考 题

1. 如何理解风险管理的内涵？包括它的主体、对象和目标。
2. 举例说明风险管理的意义。
3. 风险管理的基本原则有哪些？
4. 如何理解风险管理的成本和效益？
5. 风险管理的一般程序是什么？
6. 风险控制方法和风险融资方法的本质区别是什么？
7. 举例说明什么是风险回避。它的优点和局限性是什么？
8. 举例说明生活中常见的损失控制措施有哪些。损失预防和损失抑制的区别是什么？
9. 举例说明控制型非保险转移和融资型非保险转移的区别是什么。
10. 作为融资型风险转移的核心方法，保险的实质是什么？相对于其他风险转移方法，保险具有哪些优势？存在哪些局限性？
11. 哪些情形下适合采取风险自留的管理方法？具体的融资措施有哪些？
12. 举例说明如何选择最优的风险管理措施。应该考虑哪些因素？

第三章 保险概述

风险客观存在于人类社会发展的每一个阶段，人们对风险管理也始终进行着各种尝试，从最初的保险思想萌芽逐渐转变为现代保险制度。保险是现代社会中最有效的风险管理方法之一，在漫长的保险市场发展过程中，曾经出现过非常多的学者试图从不同角度定义保险，形成了多种保险学说。正确认识保险的性质，熟悉保险的职能，并区分保险与其他经济行为的异同，了解可保风险的条件，掌握保险的种类，对于合理利用保险进行有效的风险管理十分重要。

第一节 保险的概念与职能

一、保险的概念

综观有关保险性质的研究学说和保险业界的各种文件，至今并未形成对保险概念的统一认识。从保险诞生初期，普遍的观点认为保险的本质是补偿损失。随着保险市场的不断丰富发展，很多学者和机构尝试从各个角度对保险进行定义。例如，从经济学角度看，保险是分摊意外事故损失的一种财务安排，注重风险分摊；从法律角度看，保险是一种合同行为，是一方同意补偿另一方损失的一种合同安排；从社会学角度看，保险是社会经济保障制度的重要组成部分，是润滑社会生产和活动的“稳定器”；从风险管理角度看，保险是风险管理的一种方法，注重风险转嫁。

近现代保险学理论则将保险学说分为三个流派：损失说、非损失说和二元说。

（一）损失说流派

损失说流派的代表学说有三个：损失补偿说、损失分担说和风险转嫁说。总体来看这三个学说都是围绕损失展开的，故而被归为损失说流派。

1. 损失补偿说

损失补偿说认为，保险的目的是补偿人们在日常生活中由于偶然事件（包括自然灾害和意外事故）的发生而造成的经济损失。代表学者包括德国学者马修斯（E.A.Masius）和英国学者马歇尔（S.Marshall）。该学说侧重保险的损失补偿机制，强调投保人或被保险人在损失发生后，能够依据保险合同得到保险人的经济补偿。该学说的直接影响是，英国《1906 年海上保险法》将海上保险合同定义为“约定当事人的一方根据等价支付或商定，承保某标的物发生的危险，当该项危险发生时，负责赔偿对方损失的合同。”[①]

① 英国《1906 年海上保险法》原文：A contract of marine insurance is a contract whereby the insurer undertakes to indemnify the assured, in manner and to the extent thereby agreed, against marine losses, that is to say, the losses incident to marine adventure.

损失补偿说比较适合解释财产保险的本质，但是并不适合18世纪后期出现的人身保险。因为人的生命和健康是无法用金钱衡量的，无法具体计算损失了多少。

2. 损失分担说

损失分担说认为，保险作为损失补偿的经济机制，形成了多数人的相互合作，把少数不幸者的损失由处于同样风险中的多数人来分摊。损失分担说的代表人物是德国的华格纳（A.Wagner）。该学说不仅将保险看成是合同当事人双方之间的经济补偿关系，而且更重要的是强调多数人聚集进行损失分担，是非常大的进步。该学说更加接近于从经济学角度阐释保险的本质。然而，华格纳同时将自保也纳入保险范畴，这与损失分担说是相矛盾的。

3. 风险转嫁说

风险转嫁说认为，保险是一种风险转嫁机制，个人或企业以支付一定的代价为条件将日常生活和经济活动中可能遭遇到的各种风险转嫁出去。风险转嫁说的代表学者是美国的魏兰脱（A.H.Willet）和克劳斯塔（B.Krosta）。该学说试图从风险处理的角度阐释保险本质，认识到保险是风险管理的一种方式。风险转嫁说可以被广泛运用于风险管理领域，但是没有揭示出保险特有的本质，并且风险转嫁说也不适用于人身保险。

（二）非损失说流派

随着人身保险的发展，越来越多的学者认为损失说很难同时涵盖财产保险和人身保险，因而尝试从其他的角度寻求能够针对两大类保险的性质给出统一阐释的学说。由此产生了非损失说流派，代表性学说包括技术说、欲望满足说和相互交融机构说。

1. 技术说

技术说认为，保险的实质是依据概率论求得保险费与保险补偿金额平衡。该学说的代表人物是意大利学者费芳德（C.Vivante）。技术说认识到财产保险和人身保险在核算保费中都使用了类似的数学方法，因而尝试从保险的数理基础对两大类保险内涵给出统一的定义。该学说指出，保险通过概率论计算保险基金，使得保险人的实际支出总额等于全部被保险人缴纳的净保险费总额。该学说具有显著的精算特征，虽然可以弥补损失说不能解释人身保险的缺陷，但是用概率论来解释保险这一经济现象，还是比较牵强，因为毕竟概率论是研究普遍存在的随机现象的基础学科。

2. 欲望满足说

欲望满足说认为，保险是满足在保险责任范围内的风险事故而引发的金钱欲望的机制。这种欲望包括对直接损失、利益损失、储蓄能力停止等一切损失予以弥补。该学说的代表人物是意大利学者戈比（Gobbi）和德国学者玛纳斯（A.Manes）。欲望满足说从满足人们的经济需要或金钱欲望来解释保险，认为保险不仅能够对因意外事故造成的实际经济损失进行补偿，而且能够通过互助的方式将储蓄能力停止等人身风险也纳入补偿范围。因而，欲望满足说可以被认为是损失补偿说的一种补充，不仅适用于财产保险，也适用于人身保险。但是该学说也体现出一些功利主义而有所欠缺。

3. 相互交融机构说

相互交融机构说认为，保险作为应对经济不安定的善后措施，需要以调整货币的收支为目的，所以保险是以发生偶然性事实为条件的相互金融机构。该学说的代表人物是日本学者米谷隆三。该学说尝试从金融机构角度为财产保险和人身保险给出统一的解释。但保险是经济范畴的一种经济机制，仅从金融机构的角度认识保险是有局限性的。

（三）二元说流派

非损失说流派尝试从不同角度为财产保险和人身保险给出统一的内涵解释。二元说流派则放弃了这种努力，主张突出这两类保险的不同特点。二元说流派的代表学说包括否定人身保险说和择一说。

1. 否定人身保险说

否定人身保险说认为，如果一定坚持以损失概念认识保险，那么人身保险就不是保险。该学说否定人身保险为保险，认为人身保险是和保险不同的另外一种合同，是一种单纯货币支付合同。代表学者是经济学家科恩（G.Cohn）、埃斯特（L.Elster）和威特（J.D.Witt）。三位经济学家注意到人身保险中占比最大的人寿保险具有较强的储蓄职能，因而否定其保险特质。实际上，人寿保险是保险和储蓄的结合，并且大多数的人寿保险还是更加突出保障职能。因而该学说被认为并不全面。

2. 择一说

择一说认为，人身保险也是真正的保险，但是因为财产保险和人身保险具有较为鲜明的差异，所以主张分别定义财产保险和人身保险。代表人物是德国法学家爱伦贝堡（N.Ehrenberg）。该学说注意到保险合同大致分为两类，一是损失补偿性合同，二是给付性合同。财产保险属于损失补偿性合同，大部分人身保险都是给付性合同，因而在保险定义中应当予以区分。

我国《保险法》对保险的定义是，“投保人根据合同约定，向保险人支付保险费，保险人对于合同约定的可能发生的事故因其发生所造成的财产损失承担赔偿保险金责任，或者当被保险人死亡、伤残、疾病或者达到合同约定的年龄、期限等条件时承担给付保险金责任的商业保险行为。”显然，为了确保法律条文的明确性，我国保险法采用择一说的观点对保险进行定义。

二、保险的基本职能

保险的基本职能是保险机制所固有的职能，是不会随社会形态和社会变迁而改变的最初始的职能。一般来说，我们认为保险的基本职能有两个，一个是分散风险职能，另一个是经济补偿职能。对于单个被保险人来说，保险机制通过分散风险职能实现了对其在保险事故发生后的损失补偿，即经济补偿职能。因此，我们可以认为分散风险职能是实现经济补偿职能的手段，而经济补偿职能又是分散风险职能的最终结果。二者是保险本质的最基本反映。

（一）分散风险职能

保险机制将众多同质风险汇聚起来，实现了将集中在某个人或企业的偶发财产风险或人身风险带来的经济损失，在所有被保险人中进行分散。在保险产生和发展的过程中，风险分散职能一直存在。对于单个被保险人来说，实现了时间上的风险分散；对于整个保险市场来说，通过保险人预提准备金的方式，不仅实现了时间上的风险分散，也实现了空间上的风险分散。

（二）经济补偿职能

投保人购买保险的最初原因，就是为了被保险人（或受益人）在保险合同约定的保险事故发生并遭受损失后，可以从保险人处获得约定的经济补偿。经济补偿职能是引发保险需求的根本原因。投保人依据保险合同约定向保险人支付保险费，在财产保险中，保险人对于保险合同约定的事故发生后所造成的财产及其相关利益的损失承担赔偿保险金的责任；在人身保险中，保险人对于合同约定的事故造成的人身伤害或满足合同约定的年龄、年限及条件而承担的保险金给付责任。不管是财产保险，还是人身保险，保险人都应当依照保险合同给予经济补偿。

三、保险的派生职能

保险的派生职能是随着保险业的发展和客观环境的变化，在基本职能的基础上派生出来的职能。一般认为，保险的派生职能有融通资金职能、防灾防损职能和社会管理职能等。

（一）融通资金职能

保险的融通资金职能是指保险人将保险资金中的暂时闲置部分，以有偿返还的方式重新投入社会再生产过程，以扩大社会再生产规模的职能。保险具有“事前收费，事后补偿”的特点，收取保费和赔偿、给付经常在时间上不一致，从而使得保险人从收取保险费到赔付保险金之间存在着时间差和规模差，保险资金中始终有一部分资金处于暂时闲置状态，为保险人融通资金提供了可能。保险的资金融通功能主要体现在两方面：第一，资金的积聚。保险公司通过销售保险产品，吸引、积聚社会资金（即保险费），促使社会资金从个人及企业流向保险公司，对社会储蓄具有一定的分流作用，有利于实现储蓄向投资的转化。第二，资金的运用。保险人为了使保险经营稳定，通过收取保费聚集起规模庞大的保险基金，并对保险基金进行保值增值的投资安排，以便在保险事故发生时履行经济补偿及给付的义务。保险融资的来源主要包括：资本金、总准备金或公积金、各项保险准备金以及未分配的盈余。保险融资的内容主要包括：银行存款、购买有价证券、购买不动产、各种贷款、委托信托公司投资、经管理机构批准的项目投资及公共投资、各种票据贴现等。

（二）防灾防损职能

保险的防灾防损职能也是保险的派生职能之一。防灾防损是风险管理的重要内容，由于保险的经营对象就是风险，因此，保险本身也是风险管理的一项重要措施。保险人为了稳定经营，要对风险进行分析、预测和评估，看哪些风险可作为承保风险，哪些风险可以进行时空上的分散等。并且，保险人还可能要求投保人提高防灾防损投入和加强基础设施建设等措施来确定承保条件。通过积极的事前预防，可以在一定程度上减少损失。尤其对于财产保险人来说，防灾防损已经成为其保险业务操作的重要环节之一，始终贯穿在整个保险工作中。

（三）社会管理职能

保险的社会管理职能是随着保险险种的不断丰富而逐渐凸显出来的，保险机制因而逐渐成为维护社会安全稳定的制度安排，对整个社会产生积极作用。保险的社会管理职能体现在四个方面：首先，商业保险是社会保障体系的重要组成部分。保险机制对社会生产、人民生活提供了必要的保障，发挥着社会保障管理职能。其次，保险机制有利于社会风险管理。保险公司具有识别、衡量和分析风险的专业知识，积累了大量风险损失数据，能够解除社会生产者的后顾之忧，减轻国家财政支出压力，保障企业稳定生产。再次，保险机制有助于社会关系管理。依照保险合同处理风险事故，能够减少当事人可能出现的各种纠纷，缓解社会矛盾。最后，保险为社会信用体系的建立和管理提供重要的信息支持，有助于实现社会信用管理。

四、保险与类似经济活动的比较

（一）保险与储蓄

保险与储蓄具有一个共同之处，即依赖于积累剩余资金而实现对未来意外事故发生所造成的经济损失的弥补。但保险与储蓄也存在很多不同之处。

第一，需求动机不同。保险的需求动机是应对未来的不确定性，而储蓄除了应对不确定性之外，还有消费和支付的需求。

第二，运行机制不同。保险依据大数定律，集合多数面临同质风险的单位和个人来分摊少数单位和个人的损失，需要有精算技术来支撑保费计算、准备金提取等。储蓄则基本上是使用本金加利息的方式，其中，利息的决定往往依赖于国家宏观经济政策，无须特殊的精算计算技术。

第三，权利主张不同。保险金额不能够任意支取，在保险合同有效期内发生保险事故，被保险人可以依据合同在保险金额限额内得到经济补偿。并且如果在犹豫期外发生退保，退保金一般小于所缴纳的保险费总和。储蓄以本息返还的形式存在，消费者对储蓄的本金拥有完全支配权，如果实现了事先约定的储蓄期限，消费者能够获得全部本金及约定利息；如果储蓄期限未到期，提前支取本金，只会损失部分利息而不会损失本金。

第四，行为后果不同。保险用全部投保人缴纳的保险费建立的保险基金对少数遭受损失的被保险人提供补偿或给付，是一种互助行为。对于消费性保险来说，保险期限内如果发生保险事故则得到保险赔付，如果没有发生保险事故，则无赔付且不退还保费，其结果不确定，取决于保险事故是否发生。储蓄是个人留出一部分财产做准备，以应对将来的需要，无须求助他人，完全是一种自助行为。并且储蓄期满后，能够得到确定的本利和。

此外，保险的消费者（即投保人和被保险人）必须对保险标的具有可保利益[①]，并符合保险人的承保条件，经过核保可能会有一些人或企业被拒保或有条件地承保。储蓄的消费者则可以是任何单位或个人，一般没有特殊条件的限制。

（二）保险与赌博

保险与赌博有一个相似之处，即都是基于偶然事件导致的不确定性的支出，且都有可能获得大大超过支出的收入。但保险与赌博有着显著的区别，主要体现为以下几点。

第一，目的不同。投保人参加保险是为了转嫁风险、排忧解难，获得保险保障；而

① 可保利益是指法律上承认的某种经济利益，具体成立条件详见后文相关内容。

赌博的目的大多是为了谋求侥幸利益，为了投机赢取更多的金钱。

第二，风险产生机制不同。保险面临的风险是客观存在的，并不是由于购买保险行为本身所引发的风险，保险的目的恰好是管理客观存在的风险；而赌博面临的风险则是其行为本身创造出来的风险，如果不参与赌博，则不会产生相应的风险。

第三，风险种类不同。保险要求投保人对保险标的具有可保利益，并且投保人和被保险人不能从保险赔付中获得额外收益。而赌博行为有可能失去钱财，也有可能获得额外收益。也就是说保险关注的是纯粹风险，而赌博产生的则是投机风险。

第四，后果不同。保险作为一种风险分散机制，对于单个保险消费者来说能够实现转移、减少甚至排除风险；而赌博则增加了风险。此外，赌博行为中赢家的收益是以输家的损失为代价的，而保险能够实现被保险人和保险人双赢。

（三）保险与对冲

保险和对冲都是财务性风险管理方式。对冲是同时进行两笔行情相关、方向相反、数量相当、盈亏大致相抵的交易，从而实现一项投资抵减另一项投资风险。保险与对冲的区别主要体现以下两点：

第一，风险种类不同。理论上，可保风险要求必须是纯粹风险；而对冲是以套期保值为目的，可以处理那些有可能带来收益的投机风险。例如，为了避免农产品等原材料价格下跌，而在期货市场进行对冲交易。此外，保险主要关注固定资产和生产过程中的突发性非预知风险事故，包括自然灾害等，然而对冲则更关注原材料和产成品的价格波动。

第二，风险程度不同。与期货合约等对冲交易相比，保险市场的道德风险和逆向选择问题更加严重。保险所关注的风险虽然在整体范围内是可测的，但是对于个体来说具有很强的不确定性。保险市场中的隐瞒重要信息、欺诈性索赔和夸大索赔等会直接影响保险交易的风险水平，从而影响保险人的盈利水平。相比之下，在用于对冲潜在价格下跌的期货交易中，个别生产商通常无法直接影响整体交易的财务结果，对冲交易一般来说是被可预知性趋势的事件所影响。

（四）保险与众筹

众筹即大众筹资或群众筹资，是一种向群众筹募资金以支持发起众筹活动的个人或组织的行为。现代众筹大多由网络平台连接活动发起者和资金赞助方，目前被用来支持包括灾害重建、创业募资、设计发明和大病募资等各种活动。其中，大病募资经常被拿来与保险进行比较。

保险与众筹的相似之处在于都聚集了社会资金。但是二者又有着明显区别，主要体现为以下几点：

第一，目的不同。投保人参加保险是为了自己或者利益相关者能够获得保险保障。大病众筹的资金赞助方是为了帮助活动发起方安然度过危机，是为了他人的利益；创业和设计发明募资等是活动发起方融资的一种手段，资金赞助方的目的是为了提前购买新产品或从中获得投资收益。

第二，获得资金机制不同。被保险人当发生合同约定的保险事故后，能够获得保险赔款或保险金给付，且所获资金的金额能够依据保险合同确定。但是大病众筹的发起方只需要满足平台要求的资信证明，通过发布求助信息来筹集善款，具有一定公益性质，并且所获得资金的具体金额具有不确定性。

第三，运行机构信用机制不同。保险作为成熟的金融体系组成部分，有着较为严格的法律法规管控机制。保险公司作为保险的运行机构，从产品设计、销售、理赔到纠纷处理甚至破产等都必须遵守相关法律法规，以确保投保人、被保险人和受益人等合法利益不受损失。而现阶段的众筹平台大多依靠企业自有资本金进行信用担保，并单纯依靠平台自身对筹资人相关信息进行审核，缺少有效手段确保筹资信息真实可靠，从而有可能会损害出资人利益。

【阅读材料 3-1】保险的社会管理功能：环境治理①

从保险业视角看，保险是一种典型的具有约束力的经济机制，如果运用得当，这种制度能够在很大程度上抑制环境污染事件的发生。发达国家的保险产品系列中有环境责任保险这一项。人们称环境责任保险为“绿色保险”，因为它是以被保险人因污染水、土地或空气，依法应承担的经济赔偿责任作为保险标的的保险。当然，这种污染是有严格限制的。保险公司只对突然的、意外的污染事故承担保险责任，而将故意的、恶意的污染列为除外责任。

环境责任保险的初衷是利用保险机制对遭受环境污染的受害者给予补偿，以缓和社会矛盾、降低污染损失。因为环境污染受害者的范围广泛、污染的损失巨大，影响深远。致害人独立承担损失的能力限制及冗长的行政、司法程序经常会导致环境污染事件错失救助良机，而保险制度恰可通过保费的收取形成规模庞大的基金，在污染事故发生后迅速启动补救机制。

综观发达国家环境责任保险制度可以发现，无论是以德国为代表的强制责任保险与财务保证相结合的环境责任保险制度；还是以美国为代表的强制责任保险制度；抑或以法国为代表的自愿责任保险为主、强制责任保险为辅的环境责任保险制度，保险公司全程参与管理被保险人污染环境的风险，已经是一个国际化的潮流，也体现了环境责任保险防止环境污染、改善环境的重要作用。

保险公司是专业的风险管理机构。在风险管理方面，它比任何机构都具有相对的优势。在发挥保险公司风险管理优势方面，发达国家的一些保险公司走在了前列。比如，为了降低客户发生损失的风险，消除半导体生产过程中的火灾隐患，法特瑞互助保险公司（FM Global）下属的法特瑞研究所（FM Global Research）和法特瑞认证机构（FM Global Approvals）用了十年的时间，通过与设备制造商、终端用户和近百位行业专家协同作战，来寻找有效的风险管理手段，成功化解了半导体生产过程中洁净室发生火灾的风险。在半导体生产过程的火灾风险管理中，FM 认证（FM Approvals）已经成为行业的主导，目前已有 17 家制造商是按照该认证标准来生产近 150 种洁净室阻燃材料的，使洁净室的火灾隐患降到一个令人满意的低点。

---

① 资料来源：王国军. 将保险机制引入环境治理[J]. 中国金融家, 2013(05): 133－134.

具有影响力的保险公司可以制定严格的污染物排放标准，同时利用费率差异化的方法抑制环境污染，根据被保险人环保设备是否完备及其使用情况，设定不同级别的保费标准，以促进企业环境方面的投入。基于我国环境责任保险发展水平较低、承保率低的国情，政府还可以考虑仿效发达国家以强制保险的方式推动环境责任保险，把环境责任保险纳入规范发展的轨道。

第二节　可保风险的条件

保险为人们在遭受保险合同约定的事故损失时提供经济补偿，是风险管理的一种方式。但是并不是所有带来财产损失和人身伤亡的风险，都是保险人可以承保的风险。可保风险是指可以用保险方式来处理的风险，换言之，就是保险人愿意并能够承保的风险。一般来说，可保风险应当具备以下五个条件：

（一）必须是纯粹风险

保险人能够承保的风险一般都是纯粹风险，即只有损失的可能而没有获利的可能。例如火灾风险、汽车碰撞风险等，只会给人们带来财产损失和人身伤害的可能，而不会带来任何获得收益的可能。投机风险则不同，既有损失的可能，也有收益的可能。例如买彩票风险、股市风险等，此类投资风险对于保险人来说是不能承保的。

（二）风险必须是偶然的

保险人承保的风险必须是有发生可能性的，同时又必须是偶然的。像自然损耗、折旧等必然发生的现象，保险人一般不承保。风险的偶然性是对个体标的而言的，包含两层意思：一是风险是否发生具有偶然性。如果风险肯定不会发生，保险也就没有必要。二是风险发生的具体情况具有不确定性，即发生的对象、时间、地点、原因和损失程度等，都是不确定的。对每一个具体的保险标的来说，事先无法知道风险是否会发生，以及风险发生之后具体的损失程度。

（三）风险必须是非故意且不可预知的

风险必须是非故意且不可预知的，包含两层意思：一是从主观来讲，风险的发生以及损失的程度都不是由被保险人故意行为所引起的。投保人故意行为或不采取合理预防措施而引发的风险事故所造成的损失，保险人一般不予赔偿。二是从客观来说，风险的发生具有不可预知性，可预知的风险往往存在一定必然性，不属于可保风险，例如机器的自然损耗、折扣等。

（四）风险必须是大量标的均有遭受损失的可能性

大数定律是保险机制运转的基础，因此可保风险必须满足大量标的均有遭受损失的可能性。从整体上看，风险是可以计算的，存在确定性；然而从个体上看风险又是偶然的。只有具备足够多的保险标的，借助大数定律才能准确衡量出个人风险发生的概率和损失程度，从而科学地确定保险费率。保险人科学地定价，保费既不能过高也不能过低，才能确保投保人付得起保费，并且保险人能够建立起相应的保险基金，保障偿付能力，从而实现保险市场的健康正常运转。

（五）风险应有发生较大损失的可能性

保险人承保的风险应当有可能导致重大的或比较大的损失。只有这样的风险，投保人才会有购买保险的需求。如果风险可能的损失程度是轻微的，出于成本收益的考虑，往往就不需要通过保险来获取经济保障。因为这样在经济上是不合算的，同时也与保险的本质相悖。

【阅读材料 3-2】金融科技突破传统可保风险①

大数据、可穿戴设备、驾驶行为数据读取分析、智能计算和认知分析等互联网科技的兴起，使得互联网科技的影响开始渗透到保险产品设计、保费计算、理赔服务甚至保险公司模式中。

2011 年成立于英国伦敦的保险经纪公司 Bought By Many 尝试通过社交媒体以团购的模式来帮助有相同保险需求的保险客户与保险公司达成交易。如图 3－1 所示，保险客户通过社交网站认识有相同保险需求的人，再通过 Bought By Many 公司网站参加已经存在的共保小组或新开一个共保小组。当小组人数达到一定数量时，Bought By Many 公司会充当经纪人的角色，代表这个群体和保险公司谈判。Bought By Many 公司将群体的保险需求告诉保险公司，保险公司会根据公司内部的精算定价，或者出台相应的新保险产品，或者提供比个体投保更低廉的保费。然后，小组成员只需要通过正常程序购买保险即可。Bought By Many 公司作为经纪人，在帮助保险客户和保险人达成了交易后，就退出他们之间的交易，事后再与保险公司结算佣金。

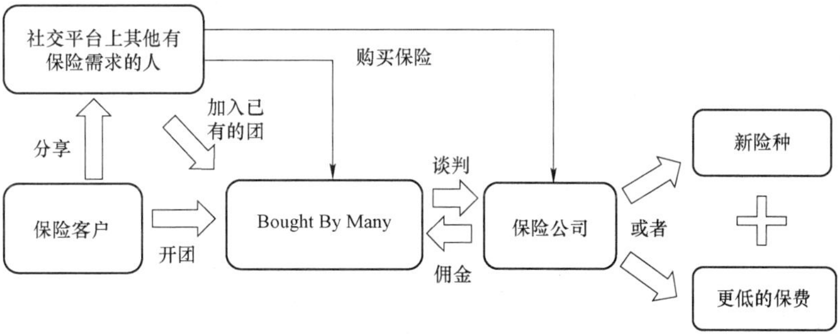

图 3－1 Bought By Many 平台运营模式

Bought By Many 平台最初以巴哥犬宠物保险和糖尿病人旅游险为主打产品，其目标客户是有特殊保险需求的客户。大数定律是保险业的基石，在社交软件兴起之前，基于特殊风险的保险需求是分散而不成规模的，保险定价必须基于历史损失数据估算未来损失率。对于传统保险公司，设计此类保险产品既缺少数据支持，又缺少市场前景，因此传统保险公司倾向于忽略此类保险需求。社交软件的发展普及促使 Bought By Many 平台能够汇聚起具有特殊保险需求的保险客户，为保险公司提供了数据，有利于保险公司建立合理的精算模型，从而使得此类保险产品的整体风险在可控范围内。例如，

① 资料来源：郭锐欣. 国外 P2P 保险平台经营模式比较研究[J]. 保险理论与实践, 2018(08): 60－75.

Bought By Many 公司提供的旅游保险中包括糖尿病人群旅游险、慢性阻塞性肺病人群旅游险、心脏病人群旅游险等。此类人群一般情况下在传统保险公司很难买到合适的保险产品。

金融科技正在改变保险市场，保险公司能够分析以前无法掌握的海量数据，使得一些原本不可保的风险转化为可保风险。当然，尽管技术变革不断促使新的风险成为可保风险，但是必须肯定的是，“可保风险”始终是保险业确定经营范围的重要约束条件。

第三节　保险的分类

按照不同的标准，保险可以被分为不同的种类。按照不同标准对保险进行分类的最终目的，是帮助人们更加清楚地认识保险的具体内涵，了解不同保险形态之间的内在联系和规律。

一、按实施形式分类

按实施形式的不同，保险可以分为自愿保险和强制保险。

（一）自愿保险

自愿保险也称任意保险，是指保险双方当事人自愿签订保险合同，或是需要保险保障的人自愿组合、实施的一种保险。自愿保险的保险关系，是签订合同的当事人之间自由决定、彼此合意后所成立的合同关系。

投保人可以自行决定是否投保、向谁投保、是否中途退保等，也可以自由选择保障范围、保障程度和保险期限等。保险人也可以根据情况自愿决定是否承保、确定保险费率，并且能够自由选择承保比例、承保条件等。

（二）强制保险

强制保险又称法定保险，是指由国家出台相关法律规定必须参加的保险。国家对一定的对象，尤其是某些危害范围较广、影响人民利益较大的保险标的，凡符合法律规定范围的，无论投保人是否愿意，都必须将该项标的按规定向保险人投保，保险人也不得拒绝承保。法定保险的范围可以是全国性的，也可以是地方性的。实施强制保险通常是为了满足政府某些社会政策、经济政策和公共安全等方面的需要。例如，我国的机动车交通事故责任强制保险（简称“交强险”）是首个由国家法律规定实行的强制保险制度，要求消费者在买车时必须投保该险种。强制保险除了具有强制性特点外，保障标准一般具有统一性，并且对于未按照规定缴纳保险费的情形将采取罚款等处罚。

二、按性质分类

按性质不同，保险一般分为商业保险、社会保险和政策性保险。

（一）商业保险

商业保险是指通过订立保险合同，以营利为目的的保险形式，由专门的保险人经营。商业保险关系是由当事人自愿缔结的合同关系，投保人根据合同约定，向保险人支付保险费，保险人根据合同约定的、可能发生的事故因其发生所造成的财产损失承担赔偿保险金责任，或者当被保险人死亡、伤残、疾病或达到约定的年龄、期限时承担给付保险金责任。商业保险一般是自愿保险。

（二）社会保险

社会保险是指国家通过立法对社会劳动者暂时或永久丧失劳动能力或失业时提供一定的物质帮助以保障其基本生活的一种社会保障制度。社会保险由政府举办，一般是强制保险且不以营利为目的，强制某一群体缴纳社会保险税（费）形成社会保险基金，用来对其中因年老、疾病、生育、伤残、死亡和失业而导致丧失劳动能力或失去工作机会的成员提供基本生活保障。我国的社会保险在整个社会保障体系中居于核心地位，主要包括养老保险、医疗保险、失业保险、工伤保险、生育保险等，是一种再分配制度，其目标是保证物质及劳动力的再生产和社会的稳定。

（三）政策性保险

政策性保险是指政府出于某项特定政策的目的以商业保险的一般做法而举办的保险。某些特殊风险既不便并入社会保险体系，也无法完全按照商业保险方式来经营，但是又关系国计民生，因此需要在国家有关政策的具体支持下才能获得长足发展。例如，为辅助农牧、渔业增产增收的种植业保险，为促进出口贸易的出口信用保险等。

政策性保险通常由国家设立专门机构或委托官方或半官方的保险人具体承办。政策性保险是国家为实现某种政策目的而举办的，体现了公共利益性和公共政策性，这决定了政策性保险在经营目标上与一般的商业保险有所不同，即一般具有非营利性特征。政府会为其提供补贴、税收优惠以及立法保护等，其中，政府补助政策性保险保险费是重要的推动方式之一。

三、按承保方式分类

按承保方式不同，保险可以分为原保险与再保险。

（一）原保险

原保险是保险人与投保人之间直接签订保险合同而建立的保险关系。在原保险关系中，保险需求者将其风险转嫁给保险人，当保险标的遭受保险责任范围内的损失时，或者被保险人死亡、伤残、疾病或者达到合同约定的年龄、期限时，保险人承担赔付责任或给付保险金责任。原保险是相对于再保险而提出的概念。

（二）再保险

再保险也称分保，是保险人在原保险合同的基础上，通过签订分保合同，将其所承保的部分风险和责任向其他保险人进行保险的行为。因这种办理保险业务的方法有再一次进行保险的性质，故称再保险。再保险业务是国际保险市场上通行的业务。

在再保险交易中，分出业务的公司称为原保险人或分出公司，接受业务的公司称为再保险人，或称分保接受人或分入公司。再保险可以使作为风险分出方的原保险人避免风险过于集中，不致因一次巨大事故的发生而无法履行支付赔款义务，对经营保险业务起到了稳定作用。

分出公司通过再保险转嫁风险责任支付的保费叫作分保费或再保险费。如果分保接受人又将其接受的业务再分给其他保险人，这种业务活动称为转分保或再再保险，双方分别称为转分保分出人和转分保接受人。

再保险与原保险的联系表现在：原保险是再保险的基础，是再保险存在的前提，再保险合同不能离开原保险合同而单独存在。同时，原保险承担的风险与责任也要依赖再保险才能进一步分散。再保险人的责任、再保险金额和有效期限均以原保险合同的责任、保险金额和有效期限为限。再保险人和原保险人是利益共享、损失共担的合作关系。保险的基本原则，如保险利益原则、最大诚信原则和损失补偿原则等，同样适用于再保险，二者都是一种以法律为依据的经济合同行为，都是以大数定律为依据实现风险分散的。

四、按风险转嫁方式分类

按风险转嫁方式不同，保险可以分为复合保险、重复保险和共同保险。

（一）复合保险

复合保险是指投保人以保险利益的全部或部分，分别向数个保险人投保相同种类保险，签订数个保险合同，其保险金额总和不超过保险标的价值的保险。因保险业务性质的不同，对于不同保险种类出现复合保险情况的，会有不同的处理方式。

（二）重复保险

重复保险是指投保人对同一保险标的、同一保险利益，对于同一保险事故分别与两个以上保险人订立保险合同，保险期限相同或重合，且保险金额总和超过保险标的价值的保险。在保险实务中，重复保险容易诱发道德风险，使得被保险人有可能获得超额收益。这和保险的损失补偿原则（详见后文）存在矛盾，因此各国保险业相关法律都对重复保险赔偿分摊进行了特别规定。

（三）共同保险

共同保险是指投保人就同一保险标的，同时与两个或两个以上的保险公司签订一份保险合同。在发生赔偿责任时，其赔款按各保险公司承担的份额比例分保。一般来说，共保人承保的保险标的、保险责任期限、承保责任范围都必须相同。

五、按承保内容分类

按承保内容不同，保险一般分为人身保险和财产保险两大类。

（一）人身保险

人身保险是以人的寿命和身体为保险标的的保险。当人们遭受不幸事故或因疾病、年老以致丧失工作能力、伤残、死亡或年老退休时，根据保险合同条款的规定，保险人对被保险人或受益人给付约定的保险金或年金，以解决病、残、老、死所造成的经济困难，是对社会保障不足的一种补充。按照具体的保障范围，人身保险一般又分为人寿保险、年金保险、意外伤害保险和健康保险。

1. 人寿保险

人寿保险也称生命保险，是以人的寿命为保险对象的保险。投保人向保险人缴纳约定的保险费后，当被保险人于保险期内死亡或生存至一定年龄时，保险人按照约定给付保险金。人寿保险是人身保险的主要组成部分，可分为定期寿险、终身寿险和生死两全保险三大类。

定期寿险是一种以被保险人在规定期限内发生死亡事故为给付保险金条件的人寿保险；终身寿险则是投保人按照约定缴纳保险费，无论被保险人何时死亡，保险人都将按照约定给付保险金的人寿保险；生死两全保险是生存保险和死亡保险的混合，若被保险人在约定的保险期限内死亡，保险人给付死亡保险金，而当被保险人在保险期限届满时仍然存活时，保险人则给付生存保险金。

2. 年金保险

年金保险是指在被保险人生存期间，保险人按照合同约定的金额、方式，在约定的期限内，定期向被保险人给付保险金的保险。显然，年金保险是以被保险人的生存为给付条件的，其实质属于人寿保险中的纯粹生存保险。随着长寿风险越来越受到人们的关注，2011 年原中国保监会出台的《人身保险公司保险条款和保险费率管理办法》中首次将年金保险从人寿保险中分离出来，使其成为一个单独的产品类别。

只要在约定的时期内生存，被保险人就能定期领取保险金，以弥补因长寿所带来的收入损失，达到以年金保险养老的目的。因此，年金保险又称为养老金保险。年金保险的保费可以选择趸缴或期缴，保险金给付周期可以选择按年、季度或者月支付。年金保险有助于解决老年人养老问题，是非常重要的人身保险种类。

3. 意外伤害保险

意外伤害保险是指被保险人在保险有效期间，因遭遇非本意的、外来的、突然的意外事故，致使其身体蒙受伤害而残废或死亡时，保险人依照合同规定给付保险金的保险。这里有三层含义：首先，事故原因应当是意外的、偶然的、不可预见的或违背被保险人意愿的；其次，被保险人因意外事故造成了死亡或伤残后果；最后，事故的发生和被保险人的死亡或伤残之间存在内在的必然联系。

4. 健康保险

健康保险是以被保险人的身体为保险标的，保证被保险人在疾病或意外事故所致伤害时的直接费用或间接损失获得补偿的一种人身保险。健康保险所指的“疾病”需要满足三个条件：（1）必须是由于明显非外来原因所造成的；（2）必须是非先天性的原因所造成的；（3）必须是由于非长期存在的原因所造成的。

按照保险责任的不同，健康保险可以分为疾病保险、医疗保险、失能收入损失保险和长期护理保险。疾病保险是指以保险合同约定的疾病的发生为给付保险金条件的保险；医疗保险是指以保险合同约定的医疗行为的发生为给付保险金条件，为被保险人接受诊疗期间的医疗费用支出提供保障的保险；失能收入损失保险是指以因保险合同约定的疾病或者意外伤害导致工作能力丧失为给付保险金条件，为被保险人在一定时期内收入减少或者中断提供保障的保险；长期护理保险是指以因保险合同约定的日常生活能力障碍引发护理需求为给付保险金条件，为被保险人的护理支出提供保障的保险。

（二）财产保险

财产保险是指以财产及其有关利益为保险标的的保险。具体地说，投保人向保险人支付保险费，保险人对于合同约定的事故发生所造成的财产损失承担赔偿保险金责任。一般情况下，财产保险合同约定的保险事故包括自然灾害和意外事故。目前通常将财产保险进一步分为财产损失保险、责任保险、信用和保证保险。

1. 财产损失保险

财产损失保险是狭义的财产保险，特指以各种有形财产及其相关利益为保险标的的财产保险。财产损失保险的保险标的须是以物质形式存在、可以用货币价值衡量的财产。财产损失是指某一财产的毁损、灭失所导致的财产价值的减少或丧失，包括直接物质损失以及因采取施救措施等引起的必要、合理的费用支出。财产损失保险具体又包括家财险、企财险、货物运输保险、运输工具保险、工程保险、农业保险等。

2. 责任保险

责任保险是指以被保险人对第三者依法应负的赔偿责任为保险标的的保险。责任保险本质是损害责任保险，以被保险人致人损害依法应当承担的损害赔偿责任为标的。责任保险应当满足两个条件：一是被保险人对第三者依法负有赔偿责任；二是受害的第三者必须向被保险人请求赔偿。责任保险可以分为公众责任保险、产品责任保险、职业责任保险、雇主责任保险等。

3. 信用和保证保险

信用和保证保险是以信用风险为保险标的的保险，它实际上是由保险人（保证人）为信用关系中的义务人（被保证人）提供信用担保的一类保险业务。在业务习惯上，因投保人在信用关系中的身份不同，而将其分为信用保险和保证保险两类。通常将权利人投保义务人信用的保险业务称为信用保险。例如，货物出口方担心进口方拖欠货款而向保险人购买保险，保证其在遇到上述情况遭受经济损失时，由保险人赔偿。义务人投保自己信用的保险业务则称为保证保险。例如，某工程承包合同规定，承包人应在签订合同后一年半内交工，业主（权利人）为能按时接收工程，要求承包人购买履约保证保险，假如在约定条件下承包人不能按时交付工程项目，给权利人造成经济损失，由保险人负责赔偿。信用和保证保险的主要险种有雇员忠诚保证保险、履约保证保险、出口信用保险等。

五、按保险金支付方式分类

按保险金支付方式不同，保险可以分为给付型保险和补偿型保险。

（一）给付型保险

给付型保险是指在保险合同订立时，由保险双方当事人协商确定保险金额，当保险事故发生且满足合同规定的条件时，保险人依照预先确定的保险金额给付保险金的保险。大部分的人身保险合同都是给付型的。

（二）补偿型保险

补偿型保险是指在保险事故发生后，由保险人按照合同约定对保险标的遭受的实际损失在限额内进行赔付的保险。财产保险合同和费用补偿型（即报销型）的医疗保险都是补偿型的。

【阅读材料 3-3】商业保险与社会保险的比较

从职能上看，商业保险与社会保险都是社会风险化解机制。社会保险是多层次社会保障体系中的主体，商业保险可以作为社会保险的有益补充，是多层次社会保障体系中的一个重要组成部分。商业保险和社会保险存在很大的区别。

1. 性质不同。商业保险是一种经营行为，商业保险经营者（即保险公司）以追求利润为目的，独立核算、自主经营、自负盈亏；社会保险是国家社会保障制度的重要组成部分，目的是为人民群众提供基本的生活保障，以国家财政支持为后盾。

2. 实施方式不同。商业保险依照平等自愿的原则，是否建立保险关系完全由投保人自主决定；而社会保险往往具有强制性，凡是符合法定条件的公民或劳动者，都需要缴纳相关费用，接受保障。

3. 保障范围不同。商业保险的保障范围由投保人或被保险人与保险人协商确定，不同险种或不同的保险合同下，被保险人获得的保障范围和保障水平是不同的；而社会保险的保障范围一般由国家事先规定，风险保障范围比较窄，保障的水平也比较低，这是由社会保障性质所决定的。与此同时，社会保险一般是国家强制实行的社会保障制度，被保险人有永久获得保障的权利，政府对保险财务承担最后的责任，发生亏损由国家财政拨款弥补。

4. 权利与义务对等关系不同。商业保险主要表现为“多投多保，少投少保”的等价交换关系；社会保险则强调劳动者必须履行为社会贡献劳动的义务，并由此获得社会保险待遇的权利，实现权利义务基本对等。

5. 保障水平和立法范畴不同。商业保险以投保所缴保费为标准，看重“偿还”，属于经济立法范畴；社会保险是以保障劳动者的基本生活需要为标准，看重保障，属于劳动立法范畴。

第四节　保险的数理基础

保险学的发展与概率论密不可分。通过运用数理统计方法对于需要理赔的种种事故的发生概率进行精确的计算，以此为依据来拟定保险费率，在此基础上才能保证实际损失在保险公司的预期范围内，降低其所承担的风险。因此，数理统计知识的运用对保险学来说至关重要。其中，大数定律和中心极限定理是保险经营过程中最重要的两大数理基础，本节予以简要介绍。

一、大数定律

概率论有助于分析那些看似无规律的随机现象，运用数学方法找出其满足的概率分布或近似满足的概率分布，从而把现实生活中的实际问题抽象为简单的数学问题。在概率论中，大数定律（又称大数法则）揭示了数目非常多的一系列相互独立的随机变量的平均值几乎恒等于一个常数。由此，尽管这些随机变量的具体取值是随机的，但是其平均值几乎不变。例如，对于某个或某些家庭来说，婴儿出生的性别没有可以遵循的规律性，但是通过观察大量家庭（即样本）会发现，随着家庭数量（即样本量）的增多，男孩和女孩占婴儿总数的比例将分别接近于 50%；抛掷硬币的次数达到一定数量后，正面朝上和反面朝上的次数占抛掷总数的比例将大致等于 50%；投掷骰子的次数越多，每个面出现的概率将越接近 1/6。

大数定律有若干个具体的表达形式，这里仅介绍最为常见的切比雪夫大数定律：

设 X_1，X_2…，X_i…是由相互独立（两两不相关）的随机变量构成的序列，且期望 $E(X_i)=\mu_i$ 存在，方差存在且有共同有限上界，即 $D(X_i)=\sigma_i^2 < M$，则对任意小的正数 $\varepsilon > 0$，均有：

$$\lim_{n\to\infty} P\left\{\left|\frac{1}{n}\sum_{i=1}^{n} X_i - \frac{1}{n}\sum_{i=1}^{n}\mu_i\right| < \varepsilon\right\} = 1$$

特别地，若随机变量序列 $\{X_i\}$ 有相同的期望 μ，则有：

$$\lim_{n\to\infty} P\left\{\left|\frac{1}{n}\sum_{i=1}^{n} X_i - \mu\right| < \varepsilon\right\} = 1$$

以上公式的具体含义是：当样本容量 n 增加并且足够多时，样本的平均值将接近于总体的平均值，从而为统计推断中那些依据样本平均值估计总体均值的实验提供了理论依据。

大数定律阐述了大量随机现象平均结果的稳定性，即在随机现象大量重复出现时，偶然性的相互抵消几乎成为必然，随着试验次数的增多，事件发生的频率逐渐稳定于某个常数。大数定律是保险人计算保险费率的基础。保险领域的大数定律的基本含义是，当同质的风险单位数量越多，实际损失的结果会越接近从无限风险单位数量中得出的预期损失。保险中的风险单位是指保险标的发生一次灾害事故可能造成的最大损失范围。因此，保险中的风险单位可以被看作是保险实际问题中抽象而来的随机变量，风险单位的大小同样也是随机的。保险人通过了解特定风险的总体特征，计算期望、方差对风险预期损失进行评估，从而确定保险费。依据大数定律，随着观测样本的增加，对均值的相对偏差就会越小，即样本数量越大，对预期损失的估计波动就越小。也就是说，同质风险单位的数量逐渐增多时，从整体来看，由于相互抵消作用扩大，发生风险损失的波动幅度会逐渐减小而趋于稳定。

二、中心极限定理

如前所述，大数定律揭示了大量随机变量的平均结果的稳定性，但没有涉及随机变量的分布。而中心极限定理则进一步揭示出大量相互独立的随机变量之和近似服从正态分布的一般规律，可以用于计算任一随机结果发生的具体概率。中心极限定理的一般形式为：

设 n 个随机变量 X_1，X_2，…，X_n，独立同分布，且具有相同的数学期望和方差，分别记为$E(X_i)=\mu$，$D(X_i)=\sigma^2$，则对任意实数x，这n个随机变量之和的分布函数为：

$$F_n(x)=p\left\{\frac{\sum_{i=1}^{n}X_i-n\mu}{\sigma\sqrt{n}}\leqslant x\right\}$$

当n趋于无穷时，可以得到：

$$\lim_{n\to\infty}F_n(x)=\lim_{n\to\infty}\left\{\frac{\sum_{i=1}^{n}X_i-n\mu}{\sigma\sqrt{n}}\leqslant x\right\}-\frac{1}{\sqrt{2\pi}}\int_{-\infty}^{x}\mathrm{e}^{-\frac{t^2}{2}}\mathrm{d}t=\phi(x)$$

该定理说明，当样本量n足够大时，随机变量$Y_n=\frac{\sum_{i=1}^{n}X_i-n\mu}{\sigma\sqrt{n}}$近似于服从标准正态分布$N(0,1)$，也就是说，$n$个随机变量之和近似服从正态分布$N(n\mu,n\sigma^2)$。由此很容易得到，$n$个随机变量的平均值近似服从正态分布$N(\mu,\sigma^2/n)$。

中心极限定理以严格的数学形式阐明了在大样本条件下，不论总体的分布如何，样本的均值总是近似地服从正态分布。这使得正态分布在数理统计中具有很重要的地位，并得到了广泛应用。对于保险人来说，同质的可保风险都是满足独立同分布假设的，风险的汇聚虽然不能改变每个人的期望损失，但却能将平均损失的标准差减小，使事故损失变得更容易预测，因此降低了每个人的风险。当风险汇聚的加入者增多，平均损失的标准差会进一步减小，出现极端损失（非常高的损失和非常低的损失）的概率不断降低，风险变得更易预测。而且随着加入者数量的增加，平均损失的概率分布逐渐接近于钟形曲线，也就是正态分布。当参加风险汇聚的人足够多，每个参加者成本的标准差将变得接近于零。因此，尽管在保险经营中，相互独立的风险单位的损失概率不尽相同，但只要有足够多的标的，仍可以求出平均的损失概率。保险人把同质标的集中在一起，求出一个整体费率，再加以调整，就可以保持整体的收支平衡。

本章小结

保险是现代社会中最有效的风险管理方法之一，但到目前为止，尚未形成有关保险的统一定义。在漫长的发展历程中，先后产生了多种保险学说，包括损失说、非损失说和二元说。我国《保险法》将保险定义为“投保人根据合同约定，向保险人支付保险费，保险人对于合同约定的可能发生的事故因其发生所造成的财产损失承担赔偿保险金责任，或者当被保险人死亡、伤残、疾病或者达到合同约定的年龄、期限等条件时承担给付保险金责任的商业保险行为”。保险的基本职能是分散风险和经济补偿，并在此基础上派生出融通资金职能、防灾防损职能和社会管理职能。并非所有的风险都是保险人愿意并且能够承保的风险，理论上的可保风险需要满足一定的条件。随着金融科技的发展，一些在过去不可保的风险，也逐渐成为可保的风险。按照不同的分类标准，保险可以划分为不同的类型。大数定律和中心极限定理是保险经营过程中最重要的两大数理基础。

重 要 概 念

◆ 自愿保险：也称任意保险，是指保险双方当事人自愿签订保险合同，或是需要保险保障的人自愿组合、实施的一种保险。

◆ 强制保险：又称法定保险，是指由国家出台相关法律规定必须参加的保险。

◆ 商业保险：通过订立保险合同，以营利为目的保险形式，由专门的保险人经营。

◆ 社会保险：国家通过立法对社会劳动者暂时或永久丧失劳动能力或失业时提供一定的物质帮助以保障其基本生活的一种社会保障制度。

◆ 政策性保险：政府出于某项特定政策的目的以商业保险的一般做法而举办的保险。

◆ 原保险：保险人与投保人之间直接签订保险合同而建立的保险关系。

◆ 再保险：也称分保，是保险人在原保险合同的基础上，通过签订分保合同，将其所承保的部分风险和责任向其他保险人进行保险的行为。

◆ 复合保险：投保人以保险利益的全部或部分，分别向数个保险人投保相同种类保险，签订数个保险合同，其保险金额总和不超过保险标的价值的一种保险。

◆ 重复保险：投保人对同一保险标的、同一保险利益，对于同一保险事故分别与两个以上保险人订立保险合同，保险期限相同或重合，且保险金额总和超过保险标的价值的保险。

◆ 共同保险：投保人就同一保险标的，同时与两个或两个以上的保险公司签订一份保险合同。

◆ 人身保险：以人的寿命和身体为保险标的的保险。

◆ 人寿保险：也称生命保险，是以人的寿命为保险对象的保险。

◆ 年金保险：在被保险人生存期间，保险人按照合同约定的金额、方式，在约定的期限内，定期向被保险人给付保险金的保险。

◆ 意外伤害保险：被保险人在保险有效期间，因遭遇非本意的、外来、突然的意外事故，致使其身体蒙受伤害而残废或死亡时，保险人依照合同规定给付保险金的保险。

◆ 健康保险：以被保险人的身体为保险标的，保证被保险人在疾病或意外事故所致伤害时的直接费用或间接损失获得补偿的一种人身保险。

◆ 财产保险：以财产及其有关利益为保险标的的保险。

◆ 财产损失保险：是狭义的财产保险，特指以各种有形财产及其相关利益为保险标的的财产保险。

◆ 责任保险：以被保险人对第三者依法应负的赔偿责任为保险标的的保险。

◆ 信用和保证保险：以信用风险为保险标的的保险，它实际上是由保险人（保证人）

为信用关系中的义务人（被保证人）提供信用担保的一类保险业务。

◆ 给付型保险：在保险合同订立时，由保险双方当事人协商确定保险金额，当保险事故发生且满足合同规定的条件时，保险人依照预先确定的保险金额给付保险金的保险。

◆ 补偿型保险：在保险事故发生后，由保险人按照合同约定对保险标的遭受的实际损失在限额内进行赔付的保险。

思　考　题

1. 请尝试列举损失说流派的代表性观点。
2. 请尝试列举非损失说流派的代表性观点。
3. 请比较保险与储蓄的异同。
4. 请比较保险与赌博的异同。
5. 请比较保险与对冲的异同。
6. 请比较保险与众筹的异同。
7. 可保风险应当具备哪些条件？并请举例说明商业保险为什么要强调风险的可保性。
8. 什么是强制保险？你能说出我国常见的几种强制保险吗？
9. 请比较社会保险和政策性保险的区别。
10. 请比较复合保险、重复保险和共同保险的异同。
11. 简要阐释大数定律和中心极限定理在保险机制中的意义。

第四章　保险的基本原则

保险作为一种独特的经济机制，在漫长的发展演变中，逐渐形成了一系列行业技术规范和业务处理的基本原则，这些规范和原则中的大部分逐渐被广泛采用。其中，最大诚信原则、保险利益原则、近因原则和损失补偿原则已经成为国内外成熟保险市场的通用原则，对于维持保险市场健康运转、维护保险主体的基本权益、处理保险纠纷和协调各主体之间关系等都起着非常关键的作用。本章将集中探讨这四个基本原则的含义和主要内容。

第一节　最大诚信原则

一、最大诚信原则的含义

一般来说，任何合同都要求当事人信守承诺。我国《民法典》第七条规定："民事主体从事民事活动，应当遵循诚信原则，秉持诚实，恪守承诺。"与其他合同类型相比，保险合同对签订合同的双方当事人的诚信水平提出了更高的要求。最大诚信原则的基本含义是，保险合同当事人订立及履行保险合同期间，应依法向对方提供影响对方做出订约与履约决定的全部实质性重要事实，同时信守合同订立的约定和承诺。否则，受到损害的一方可以以此为由宣布合同无效或不履行合同的约定义务或责任，甚至可以对因此而受到的损害要求对方予以赔偿。

最大诚信原则最早起源于海上保险。大约在十四世纪，海上保险开始在西欧各地的商人中间流行，逐渐形成了保险的商业化和专业化。由于当时通信工具落后，签订海上保险合同的当事人往往距离港口比较远，很难实现对保险标的进行详细勘察，只能依靠投保人的个人陈述来确定保险标的的所有重要事实。为了防止投保人虚报、瞒报，并确保保险人有能力按合同理赔，当时的海上保险业逐渐形成了最大诚信原则，要求签订保险合同的双方必须具有超过一般合同的诚实信用，以确保双方的利益。英国《1906 年海上保险法》（Marine Insurance Act 1906）首次以法律条文的形式将此原则确定下来，该法案规定："海上保险合同是建立在最大诚信原则基础上的契约，如果任何一方不遵守最大诚信原则，他方可以宣告契约无效。"①

现代保险市场强调最大诚信原则的原因有三点：第一，由于信息不对称，投保人或

① 原文为：A contract of marine insurance is a contract based upon the utmost good faith and, if the utmost good faith be not observed by either party, the contract may be avoided by the other party.

被保险人对保险标的的真实情况最为了解，即使保险人积极地对被保险人进行体检、对保险标的进行现场查勘等，仍然无法完全掌握诸如被保险人生活习惯、对车辆等保险标的使用习惯等私人信息。保险人只有通过投保人最大程度地诚信如实告知，才能掌握影响其做出是否承保以及确定承保条件的重要事实。第二，保险合同具有附和性，投保人要么接受合同、要么拒绝签约，一般没有修改合同条款的权利。保险合同专业性比较强，必须通过保险公司基于最大诚信地充分告知，才能确保投保人充分理解保险合同的保障范围和所有除外责任。第三，保险合同约定的保险人的赔偿或给付保险金责任是有一定前提条件的，只有当投保人或被保险人信守保险合同的约定和承诺，保险人才会履行赔偿或给付保险金的责任。

因此，最大诚信原则对签订保险合同的双方当事人都提出了要求，即当事人自愿向对方充分而准确地告知有关保险的所有重要事实，不允许存在任何虚伪、欺骗、隐瞒的行为，并且同时信守合同订立的约定和承诺。这里的重要事实是指能够影响对方当事人是否签约、以何种条件签约、是否履约、以何种条件履约的每一项事实。

最大诚信原则作为保障保险当事人权益的基本原则，主要通过保险合同双方所承担的诚信义务体现，其主要内容包括告知、保证、弃权和禁止反言。

二、最大诚信原则的主要内容

（一）告知

1. 告知的含义

告知又称如实告知，要求签订保险合同的当事人在保险合同订立前、订立时及在合同有效期内，将所有影响对方是否缔约以及缔约条件的重要事实如实地通过口头或书面的形式告知对方。投保人应当将一切足以影响保险人决定是否承保、保险人是否提高费率或增加特别条款的重要事实，向保险人陈述或申报，例如，在人身险中，被保险人的年龄、职业、健康状况；在商业车险中，车辆的型号和新旧程度等。保险人也应就保险合同条款，将与投保人密切相关的重要事实如实告知，具体包括保险条款、保险费率、除外责任以及其他可能会影响投保人作出投保决定的条款。

2. 告知的内容

对应保险双方的权利与义务，可将告知内容分为两个维度。

（1）投保人的告知

投保人的告知内容有五个：第一，保险合同订立时，面对保险人的询问，投保人应依据其已知或应知的，就保险标的或被保险人相关的重要事实作如实回答。第二，保险合同订立后，在保险合同有效期内，就保险标的危险程度的增加，投保人应及时通知保险人。第三，保险标的转移或保险合同有关事项变动时，投保人或被保险人应及时通知保险人，经保险人确认后，方可变更合同并保证合同的效力。第四，当保险事故发生后，投保人应及时通知保险人。第五，当出现重复保险的情况时，保险人应将关于重复保险的情况通知保险人。

（2）保险人的告知

保险人向投保人明确告知的内容即保险合同条款的内容，尤其是合同中的免责条款。

因为保险合同往往是格式条款，并且部分条款专业性较强，需要保险人详细说明才能使投保人理解其真实意思。只有保险人充分告知包括免责条款在内的保险合同条款内容，才能确保投保人是在充分了解合同的基础上达成的签订意愿。我国《保险法》第十七条第一款规定："订立保险合同，采用保险人提供的格式条款的，保险人向投保人提供的投保单应当附格式条款，保险人应当向投保人说明合同的内容。"

3. 告知的形式

（1）投保人告知的形式

投保人告知的形式有两种：无限告知和询问告知。无限告知又称客观告知，法律对告知内容没有明确规定，只要事实上与保险标的的危险状况有关，并且被认为是投保人知道或应当知道的所有重要事实，投保人都应该主动全面地告知保险人。询问告知也称主观告知，投保人的告知范围以保险人提出的询问为限，凡是保险人询问的内容，投保人必须如实告知，对保险人没有询问的，投保人不承担告知义务。

相比之下，无限告知形式要求没有专业知识的投保人需要区分什么是重要事实，对投保人的要求较为严格。除了法国、比利时及英美法系国家外，包括中国在内的大多数国家的保险立法对投保人采用询问告知形式。我国《保险法》第十六条第一款规定："订立保险合同，保险人就保险标的或者被保险人的有关情况提出询问的，投保人应当如实告知。"在询问告知模式下，对于保险人没有询问的内容，投保人可以保持缄默。

（2）保险人告知的形式

保险人告知的形式有两种：明确列示和明确说明。明确列示是指保险人只需将保险的主要内容列明于保险合同之中，即视为已告知投保人。明确说明是指保险人不仅应将保险的主要内容明确写入保险合同，还必须对投保人进行正确的解释。我国要求保险人的告知形式采用明确说明的方式，即保险人不仅要在保险合同中清楚明确地列示保险条款内容，而且要对主要条款、除外责任等进行明确说明。

我国《保险法》第十七条规定："订立保险合同，采用保险人提供的格式条款的，保险人向投保人提供的投保单应当附格式条款，保险人应当向投保人说明合同的内容。对保险合同中免除保险人责任的条款，保险人在订立合同时应当在投保单、保险单或者其他保险凭证上作出足以引起投保人注意的提示，并对该条款的内容以书面或者口头形式向投保人作出明确说明；未作提示或者明确说明的，该条款不产生效力。"

（二）保证

1. 保证的含义

最大诚信原则中的保证是指，投保人或被保险人在保险期限内对某种特定事项的作为或不作为，或某种事态的真实性向保险人所作的担保或承诺。保险合同保证义务的履行主体是投保人或被保险人。保证条款有助于明确承保风险，是保险人接受是否承保以及确定保费的前提条件。如果投保人和被保险人不能信守承诺，违背了保证条款，未经保险人同意而进行风险较大的活动，必然会影响保险合同双方事先确定的公平保险定价。例如，某仓库在投保企业财产保险时，在合同中承诺不放置易燃易爆品，此项承诺即保证。保险人在此承诺的基础上制定了相应的保险费，如果没有此项保证，保险人有可能不会承保或者提高保险费。因此，保证义务是影响保险合同效力的重要因素，是保险合同的重要组成部分。

2. 保证的形式

保证通常分为明示保证与默示保证。

（1）明示保证

明示保证是以条款形式在保险合同中载明的保证。明示保证作为一种保证条款，必须写入保险合同或批单等文件中。被保险人必须遵守明示保证，否则保险人可以宣告保险合同无效。根据具体内容不同，明示保证又可分为确认保证和承诺保证。

确认保证涉及过去与现在，是投保人或被保险人对过去或现在某一特定事实存在或不存在的保证。例如，某人保证他从未患过某种疾病，是指他认定以前以及现在都没有患过该疾病，但不涉及今后是否会患此病。

承诺保证指投保人对将来某一特定事项的作为或不作为的保证。该保证事项涉及现在与未来，不涉及过去。例如，某人承诺今后不再吸烟，是指他保证从现在开始再不吸烟，对于此前是否吸烟无须保证。

（2）默示保证

默示保证是依据相关法律、行业惯例认为被保险人应保证的某一事项的作为或不作为。默示保证通常在海上保险中运用较多。海上保险合同有三项常用的默示保证：船舶的适航保证、不改变航道的保证以及航行合法的保证。默示保证虽然通常不以文字形式列明，但是与明示保证有同等的法律效力，对被保险人具有同等的约束力。

（三）弃权和禁止反言

伴随商业保险的发展，为了平衡保险合同双方当事人的权利与义务，最大诚信原则除了告知和保证之外，还增加了重要内容，即弃权与禁止反言。18 世纪末到 19 世纪上叶，英国的寿险市场还普遍实行严格的如实告知和保证制度。当被保险人索赔时，只要保险公司发现有任何不如实告知或不遵守保证条款的行为，即使这个行为对于保险风险没有实质性的影响，保险公司都会以此为由拒赔。甚至出现了某些保险公司明知道被保险人存在欺骗行为，仍然接受承保，但是在索赔时却拒赔的情况。在这一背景下，保险合同纠纷层出不穷，保险公司也因此被称为“伟大的拒付者”，保险行业由此陷入了信任危机。随着时间的推移，保险公司、立法机关和法院对保险条款、保险法规等逐渐进行修改，最终形成了“弃权与禁止反言”的共识。

1. 弃权

弃权是指保险合同一方当事人放弃在保险合同中可以主张的某项法律权利，通常指保险合同的解除权或抗辩权等。一般情况下，弃权是针对保险人而言的，即保险人放弃原本因投保人违反如实告知或保证义务而能够行使的抗辩权利。

构成保险人弃权必须满足两个条件：一是保险人知道有违背约定义务的情况及因此享有抗辩权或解约权。原则上以保险人的确知情为准，但如保险人已知悉有关事实并从该事实中可以推知投保人违背约定义务的，也应视为知道。二是保险人须有弃权的意思表示，明示或者默示的均可。明示弃权是指保险人以法律或惯例所确认的方式明确表示弃权，如采取口头或书面的形式。默示弃权是指保险人的行为（包括作为与不作为）间接地表示其弃权，他人可从其行为中推知其意思。

在保险实务中，可能存在的保险人弃权行为主要有以下六类情况：一是明知投保人不按期缴纳保费却仍收受补缴的保费；二是明知有拒绝赔付的抗辩权，但是仍然要求投保人或被保险人提供损失证明，因而增加其时间和金钱负担；三是明知投保人或被保险人的损失证明有纰漏或不实之处，仍无条件予以接受；四是保险事故发生后，被保险人或受益人逾期通知保险人，但仍表示接受的；五是明知投保人违背约定义务后，保险人仍保持沉默；六是人身保险中不可抗辩条款（详见后文）的特殊时间约定，超过二年视为弃权。

2. 禁止反言

禁止反言也称禁止抗辩，是指如果保险合同一方当事人放弃了其在合同中可以主张的权利，日后就不得再向对方重新主张这种权利。与弃权相对应，禁止反言主要是用来约束保险人的，防止保险人改变主意而损害被保险人利益。如果保险人存在前文所述的弃权行为，日后就不能再重新主张其已经放弃的抗辩权。不可抗辩条款是1848年首次由英国伦敦寿险公司应用于其人身保险产品中，规定当保险合同生效一定时期之后，保险公司就不得以投保人误告、漏告等为理由拒绝赔付。当时保险行业正处于一场前所未有的信任危机中，不可抗辩条款受到了投保人、被保险人的欢迎和肯定，因此逐渐成为寿险公司所公认的保险条款。1930年，不可抗辩条款正式成为法定条款，由美国纽约州保险监督管理部门写入该州保险法规。目前，不可抗辩条款成为绝大多数成熟保险市场中人身保险合同的一条固定条款。

我国《保险法》第十六条第二款和第三款规定："投保人故意或者因重大过失未履行前款规定的如实告知义务，足以影响保险人决定是否同意承保或者提高保险费率的，保险人有权解除合同。""前款规定的合同解除权，自保险人知道有解除事由之日起，超过三十日不行使而消灭。自合同成立之日起超过二年的，保险人不得解除合同；发生保险事故的，保险人应当承担赔偿或者给付保险金的责任。"

如果投保人申报的被保险人年龄不真实，并且其真实年龄不符合合同约定的年龄限制的，保险人可以解除合同，并按照合同约定退还保险单的现金价值。但是，保险人行使合同解除权自其知道有解除事由之日起，超过三十日不行使而消灭，自合同成立之日起超过二年的，保险人不得解除合同。

三、违反最大诚信原则的法律后果

（一）投保人违反告知义务的法律后果

投保人或被保险人违反告知的表现形式主要为不告知、误告、隐瞒、欺骗。各国法律通常规定，投保人未履行如实告知义务，足以影响保险人决定是否同意承保或者提高费率的，不论投保人的失实行为源于故意还是无意，保险人都有权解除合同。保险人在此种情况下获得的解除权受不可抗辩条款约束。

依据我国《保险法》，投保人未如实告知的原因不同，会有不同的处理后果。当投保人故意不履行如实告知义务的，保险人对于合同解除前发生的保险事故，不承担赔偿或者给付保险金的责任，并不退还保险费；当投保人因重大过失未履行如实告知义务，对保险事故的发生有严重影响的，保险人对于合同解除前发生的保险事故，不承担赔偿或者给付保险金的责任，但应当退还保险费。根据弃权与禁止反言，保险人在合同订立时已经知道投保人未如实告知的情况的，保险人不得解除合同；发生保险事故的，保险人应当承担赔偿或者给付保险金的责任。

此外，我国《保险法》第二十一条规定："投保人、被保险人或者受益人知道保险事故发生后，应当及时通知保险人。故意或者因重大过失未及时通知，致使保险事故的性质、原因、损失程度等难以确定的，保险人对无法确定的部分，不承担赔偿或者给付保险金的责任，但保险人通过其他途径已经及时知道或者应当及时知道保险事故发生的除外。"当然，如果被保险人或受益人在未发生保险事故时谎报事故，向保险人提出赔偿或者给付保险金请求的，保险人有权解除合同，并不退还保险费。保险事故发生后，投保人、被保险人或者受益人以伪造、编造的有关证明、资料或者其他证据，编造虚假的事故原因或者夸大损失程度的，保险人对其虚报的部分不承担赔偿或者给付保险金的责任。

（二）保险人违反告知义务的法律后果

保险人违反如实告知义务的表现形式主要集中在不告知、误告或隐瞒某项条款或除外责任。如前所述，保险人应当向投保人说明保险合同内容，对保险合同中免除保险人责任的条款，保险人在订立合同时应当在投保单、保险单或者其他保险凭证上作出足以引起投保人注意的提示，并对该条款的内容以书面或者口头形式向投保人作出明确说明。如果保险人未作提示或者明确说明的，该条款不产生效力，但是其他条款仍然有效，这在法律上被称为"合同部分无效"。在此种情况下，如果发生免责条款范围内的事故，保险公司要承担赔付责任。

此外，保险公司及其工作人员在保险业务活动中不得欺骗投保人、被保险人或者受益人，不得对投保人隐瞒与保险合同有关的重要情况，不得阻碍投保人履行如实告知义务，或者诱导其不履行如实告知义务。并且，保险代理人根据保险人的授权代为办理保险业务的行为，由保险人承担责任。如果保险代理人没有代理权、超越代理权或者代理权终止后以保险人名义订立合同，使投保人有理由相信其有代理权的，该代理行为有效。保险人在保险代理人有违规行为时，不能够以此为由推卸赔偿或给付保险金责任。当然，保险人可以依法追究越权的保险代理人的责任。

【阅读材料 4-1】年龄误告案例[①]

2016年1月12日，某单位为全体职工投保了某团体人寿保险附加意外伤害保险。2017年5月，该单位职工A因交通事故不幸死亡，A的家人带着单位开出的介绍信及相关的证明资料，到保险公司申请死亡保险金。保险公司在查验单证时，发现被保险人A在投保时所填写的年龄与其户口簿上所登记的不一致。投保单上所填写的64岁是不真实的。实际上，投保时A已有67岁，超出了团体简易人身险条款规定的最高投保年龄（65岁）。

在此案例中，A作为一名精神正常的职工，为了投保而谎报自己的年龄时，已经违背了如实告知的义务。我国根据《保险法》的规定，保险公司随后以投保时申报的被保

① 资料来源：笔者整理。

险人的年龄已超出了保险合同约定的年龄限制为理由，拒付该笔保险金，并准备在扣除手续费后，向该单位退还 A 部分保险费。

如果职工 A 在 2018 年 1 月 12 日之后因交通事故身故，在事故发生之前的两年里，该单位按期缴纳保险费，那么情况会有不同吗？如前所述，人身保险对于保险人弃权有一项特殊的时间约定，即不可抗辩条款。我国《保险法》第三十二条第一款明确规定："投保人申报的被保险人年龄不真实，并且其真实年龄不符合合同约定的年龄限制的，保险人可以解除合同，并按照合同约定退还保险单的现金价值。保险人行使合同解除权，适用本法第十六条第三款、第六款的规定。"也就是说，自保险合同成立两年后，相当于保险人放弃了年龄不真实带来的抗辩权，不得以此解除合同。如果发生保险事故的，保险人应当按照合同约定进行赔付或给付保险金。

【阅读材料 4-2】弃权与禁止反言案例①

2017 年 3 月，某保险公司保险代理人 A 向某保洁公司介绍某意外伤害保险：如被保险人在保险期间发生意外，保险人将视情况赔付最高达 20 万元的保险金。该意外伤害保险还可以附加承保意外伤害医疗保险，如被保险人在保险期间发生意外，该意外导致的医疗费用，保险人可按保险合同的约定给予赔付。保洁公司随即为 20 名员工购买了该保险公司的意外伤害保险，并附加投保意外伤害医疗保险。保险期限为一年，保洁公司一次性交清了全部保费。

2017 年 6 月，保洁公司的一名员工 B 在对一座大厦外墙做例行清洁的过程中，因安全绳突然断裂而摔落在地。B 因多处骨折而住院，治疗一个半月后出院。B 向保险公司提出索赔，要求根据保险合同赔付意外伤害保险金 8 万元、住院医疗费用保险金 1.6 万元。

保险公司在对该案件进行研究后发现，该保洁公司员工从事的保洁工作危险程度较高，属于保险公司规定的职业分类表中的第四类职业。保洁公司所购买的意外伤害保险条款规定，只承保第一、第二、第三类职业，从事第四类职业的人员是不予承保的。保险公司以此拒绝赔偿保险金。

然而，保洁公司和员工 B 认为，保险公司代理人 A 在介绍产品时，并未提及职业分类的事项，也未告知保洁公司的员工属于第四类职业从业人员而不能投保。双方争执不下诉至法院。法院审理后支持了保洁公司员工 B 的诉讼请求，判决保险公司依据合同向 B 支付相应的意外伤害保险金及住院医疗费用保险金。

对于本案，第四类职业的从业人员不能投保该意外伤害保险及其附加险，没有任何异议。问题在于保洁公司在投保前，没有被告知其员工属于第四类从业人员且不能投保。保洁公司并没有恶意隐瞒员工的职业危险性，不存在过错。

我国《保险法》第一百二十七条明确规定："保险代理人根据保险人的授权代为办理保险业务的行为，由保险人承担责任。保险代理人没有代理权、超越代理权或者代理权终止后以保险人名义订立合同，使投保人有理由相信其有代理权的，该代理行为有效。

① 资料来源：笔者整理。

保险人可以依法追究越权的保险代理人的责任。”

本案中，保险公司代理人没有履行明确说明义务且对保险标的未严格审核，以保险人的名义向投保人做出承诺并收取保险费，视同于保险公司未履行明确说明义务。根据“弃权与禁止反言”原则，一方放弃其在保险合同中可以主张的某种权利，将来不得再向他方主张这种权利。因此本案中保险人不能解除保险单，仍须按照保险合同的约定进行赔偿。

第二节　保险利益原则

一、保险利益原则的含义

（一）保险利益

保险利益又称可保利益，是指投保人或被保险人对保险标的具有的法律上承认的利益。保险标的即保险合同承保的对象，对人身保险来说，保险标的是被保险人的寿命、身体和健康等；对财产保险而言，保险标的是财产及其相关利益。衡量投保人或被保险人对保险标的是否具有保险利益的依据，是看投保人或被保险人是否会因为该保险标的的损毁或灭失而遭受经济上的损失，即投保人或被保险人与保险标的之间是否存在经济上的利害关系。

总体来看，投保人或被保险人对保险标的具有保险利益，应该符合以下三个基本条件：

第一，保险利益必须是合法的利益。投保人或被保险人对保险标的的保险利益必须是得到法律认可、符合法律规定并且受到法律保护的利益。具体而言，投保人对保险标的的所有权、占有权、使用权等必须合法取得或合法享有。凡是违法或损害社会公共利益而产生的非法利益，都不能作为保险利益。保险人不应承保非法所得。保险公司因不知晓实情而签订了合同，保险合同无效。

第二，保险利益必须是可以确定的利益。投保人或被保险人对保险标的所具有的经济上的利害关系，必须是已经确定或者可以确定的，才能构成保险利益。如果现在及将来都不能确定的经济上的利害关系，就不能成为保险利益。保险利益的确定性存在两种情形：一是确定的现有利益或直接利益，二是基于现有利益而产生的确定的预期利益。例如，在海上保险中，由于国际贸易中风险责任划分时点不同，投保人在签订保险合同时有可能对货物并不具有保险利益，但是基于货物买卖关系的预期利益是确定的，因此保险合同仍然成立。

第三，保险利益必须是可计算的经济利益。投保人或保险人对保险标的可保利益必须是可以计算经济价值的利益。对于那些不能用货币衡量和计算的利害关系，保险人的赔付责任也无法合理计算，因此不能成为保险公司承保的保险利益。例如，虽然对于个人来说，名誉是合法且确定的利益，但是由于名誉损害无法用货币合理衡量，因此不能成为保险利益。

（二）保险利益原则

保险利益原则，是指在签订和履行保险合同的过程中，投保人或被保险人对保险标的必须具有保险利益。我国《保险法》第十二条规定："人身保险的投保人在保险合同订立时，对被保险人应当具有保险利益。财产保险的被保险人在保险事故发生时，对保险标的应当具有保险利益。"

保险利益原则是保险机制运行的基本原则之一，强调投保人或被保险人对保险标的应当具有保险利益。并且对于财产保险，当发生保险合同约定的风险事故后，被保险人不能获得超过保险利益额度之外的额外收益。保险市场强调保险利益原则具有重要意义。

第一，从根本上将保险与赌博划清界限。18 世纪中叶，海上保险人通常不要求被保险人证明他们对投保的船舶或货物拥有所有权及其他法律认可的利益关系，导致很多人以船舶是否能完成航程为赌注进行投保，海上保险欺诈现象层出不穷。英国《1746 年海上保险法》（Marine Insurance Act 1746）规定了被保险人对保险财产应当具有保险利益是海上保险合同受到法律保护的前提条件。此后，为了遏制人身保险市场出现类似赌博行为，英国《1774 年人身保险法案》（The Life Assurance Act 1774）对人身保险的保险利益也做了规定。保险利益原则要求投保人或被保险人对保险标的具有法律认可的经济利益，由此完全杜绝了以他人损失为基础的投机获益行为，从而将保险与赌博从根本上划清了界限。

第二，一定程度遏制道德风险。保险市场中的道德风险，是指被保险人或受益人因知道有保险合同约定的赔偿或给付利益而故意违反合理的行为规范，甚至不惜犯罪，以促使保险事故发生或扩大事故损失程度的行为。如果没有保险利益原则约束，投保人或被保险人不受保险合同中可保利益的限制，将很有可能诱发其为牟取保险金额而故意破坏保险标的的情况。因此，保险利益原则在一定程度上有效遏制了道德风险。

第三，界定保险人承担赔偿的最高限额。在财产保险中，被保险人因发生保险事故而遭受经济损失时，能够获得赔付。保险利益原则要求被保险人获得的赔付金额不能超过其保险利益。保险利益成为保险人承担赔偿的最高限额，既能保证被保险人获得充足的经济补偿，又能防止被保险人通过保险获得超过损失的额外收益。

二、保险利益的种类

（一）财产保险的保险利益

投保人或被保险人对其受到法律承认和保护的所有权、占有权和债权等权利的财产及有关经济利益具有保险利益。财产保险的保险利益可以分为现有利益、预期利益、责任利益和或然利益。

现有利益是指投保人或被保险人对财产已经享有且可继续享有的权利。投保人对财产具有的合法所有权、共有权、抵押权、质权、留置权、典权等关系均构成保险利益。现有利益随物权的存在而产生。例如，财产所有权包括个人所有或与他人共有两种情况。对于与他人共有财产所有权的，每一财产所有人的保险利益仅限于其对共同财产所占有的份额。抵押权人对于抵押物、质权人对于质押物具有实际债权利益，因此也具有保险利益。财产的受托人、代管人、承运人、承包人、承租人等由于对所托、管、运、租的财物安全负有法律责任，当财物发生损坏时承担对客户赔偿责任，因此也对相应的财物具有保险利益。

预期利益是指依据法律规定或合同约定，因财产的现有利益而存在，依法律或合同产生的未来一定时期可以确定的经济利益。如企业未来的利润收入、出租人的租金收入、承运人的运费收入等。只要存在确定的客观依据，经营者对其合法的期待利益均有保险利益。

责任利益是指被保险人因其对第三者的民事损害行为依法应承担的赔偿责任。被保险人在生产经营、业务活动或日常生活中，因疏忽或过失造成他人人身伤害或财产损失，按照法律规定或合同约定应对受害人承担经济赔偿责任，这种责任客观上会给被保险人带来经济上的损失，因此被保险人对此具备保险利益。责任利益是基于法律上的民事赔偿责任而产生的保险利益，常见的有职业责任、产品责任、公众责任、雇主责任等。例如，雇主对其所雇佣的员工在受雇期间因从事与职业相关的工作而患职业病或造成伤残、死亡等，依照法律规定或合同约定需对雇员承担医药费、工商补贴、死亡丧葬及家属抚恤等费用的赔偿，此情况下可投保雇主责任保险。

或然利益是指投保人或被保险人对特定保险标的所具有的不确定的利害关系，只有当符合某种假设条件时，才会产生确定利益。例如，当债务人没有按期偿还借款时，债权人受到损失，因此债权人对债务人的信用具有可保利益；当债务人按期偿还借款，债权人没有任何损失，债权人对债务人的信用没有可保利益。

（二）人身保险的保险利益

人身保险以人的寿命、身体或健康为保险标的，其保险利益体现了投保人与被保险人之间的利益关系，大致有两种情况：一是投保人以自己的寿命、身体或健康等为保险标的投保；二是投保人以他人的寿命、身体或健康等为保险标的投保。

任何个人对自己的寿命或身体具有最直接的利益关系，因此在符合法律规定的条件下，投保人能够以自己的寿命或身体为保险标的进行投保。各国法律对投保人以他人寿命或身体为保险标的投保的情况均有严格的法律规定。英美法系国家基本采用“利益主义原则”，即以投保人与被保险人之间是否存在经济利益关系为判断依据。大陆法系的国家通常采用“同意主义原则”，只要经过被保险人的同意，不论投保人与被保险人之间是否存在利害关系，都认为投保人对被保险人具有保险利益。

我国采用的是利益主义与同意主义相结合的原则。依据我国《保险法》对人身保险的保险利益的相关规定，投保人对下列人员具有保险利益：一是自己；二是配偶、子女、父母；三是与投保人有抚养、赡养或者扶养关系的家庭其他成员、近亲属；四是与投保人有劳动关系的劳动者；五是被保险人同意投保人为其订立合同的，视为投保人对被保险人具有保险利益，这里通常要求投保人与被保险人之间存在经济利益关系，才能适用同意主义原则。此外，我国《保险法》对以他人的寿命投保死亡保险有明确规定，除了父母为未成年子女投保外，保险合同必须经过被保险人同意并认可保险金额。

部分英美法系国家保险立法还会承认债权人对债务人的生命具有保险利益，签订合伙合同的一方对于他方的生命具有保险利益，遗产继承人对遗嘱执行人或遗产管理人的生命具有保险利益等。

三、保险利益的时效与转移

（一）保险利益的时效

依据保险利益原则，在某时点是否存在保险利益，是评判保险合同是否具有效力的重要因素，即为保险利益的时效。人身保险和财产保险对保险利益时效的规定有所不同。如前所述，我国《保险法》明确规定，人身保险的投保人在保险合同订立时，对被保险人应当具有保险利益；财产保险的被保险人在保险事故发生时，对保险标的应当具有保险利益。

1. 人身保险的保险利益时效

人身保险的保险利益时效，强调在保险合同订立时投保人对被保险人应当具有保险利益，当合同约定的保险事故发生时投保人对被保险人是否具有保险利益并不重要。订立合同时，投保人对被保险人不具有保险利益的，合同无效。而人身保险在发生索赔时，如果投保人已经对被保险人失去保险利益，并不影响保险合同的效力。例如，丈夫作为投保人给妻子购买长期人寿保险，夫妻两人离婚后，原投保人对被保险人不再具有保险利益，这并不影响保险合同的效力，保险实务中往往会通过变更投保人的方式确保该保险合同能够按时续交保费。

一方面，人身保险强调必须在保险合同订立时投保人对被保险人存在保险利益，是为了防止诱发道德风险，确保被保险人的利益；另一方面，人身保险具有长期性，人身保险在理赔或给付保险金时不再要求投保人对被保险人的保险利益，是为了确保被保险人的利益不因人与人之间的关系的改变而受损。人身保险中的被保险人不会因与投保人离异、解除雇佣关系等而丧失合同约定的保障，保险合同仍然有效。

2. 财产保险的保险利益时效

与人身保险恰好相反，财产保险的保险利益时效，强调在保险事故发生时被保险人对保险标的应当具有保险利益。保险事故发生时，被保险人对保险标的不具有保险利益的，不能向保险人请求赔偿保险金。而财产保险在订立保险合同时不强调保险利益。

财产保险的保险利益之所以强调在保险事故发生时存在，是因为财产保险往往只有在保险事故发生时才能确定被保险人是否实质上遭受到损失。假设投保人或被保险人在投保财产保险时，对保险标的具有保险利益，但当损失发生时该保险利益已经不存在，按照财产保险的保险利益时效要求，被保险人因未遭受损失而无法顺利获得保险赔付。例如，被保险人在车辆因交通事故受损前就转让了该车所有权，被保险人没有遭受经济损失，该车险合同因保险利益不存在而无效。再如，海洋货物运输保险中因货物所有权可以转移，所以允许在保险利益尚未确定时投保，但保险事故发生时被保险人对保险标的必须具有保险利益。

（二）保险利益转移

保险利益转移一般是指财产保险中保险利益随着保险标的的转让而转移给新的权利人。在法律规定的情况下保险标的发生移转时，如继承、公司破产和合并等，除合同另有规定外，保险利益应当随之转让给相应的继承人、受让人或债权人。当被保险人基于合同转让保险标的时，除在损失发生前已经征得保险人同意并在保单上批注外，保险利益不随之当然移转，保险合同失效。财产保险中保险利益转移的三种常见情形有继承、破产和转让。

第一种情形，保险利益因继承而转移。依据大多数国家的保险法规，除了保险合同另有约定的，财产保险中的被保险人死亡，其继承人可以自动获得保险利益。保险合同因继承人的保险利益继续存在而仍然有效。我国《保险法》和《继承法》都没有对此进行明确规定，在保险实务中，财产损失保险可以通过变更被保险人的做法，使继承人获得原保单的保险利益；如果在被保险人变更之前发生了保险事故，该财产损失保险的保险赔偿金将作为被保险人的遗产，由法定继承人领取。

第二种情形，保险利益因破产而转移。大多数国家的保险法规规定，财产保险中被保险人破产，保险标的被破产清算的，保险利益随保险标的转移给破产财产管理人或债权人。保险合同因财产管理人或债权人的保险利益而继续存在。一般情况下，各国相关法律对破产情况下的保险利益转移会规定一个期限，在此期限内保险合同继续有效，如果发生保险事故，破产财产管理人或债权人享有保险金请求权。我国《保险法》对保险标的破产清算也没有明确规定，在保险实务中，财产损失保险可以通过变更被保险人的做法，使保险标的财产管理人或债权人获得原保单的保险利益。

第三种情形，保险利益因保险标的转让而转移。包括我国在内的部分国家的相关法规规定，当保险标的因转卖等事宜发生转让的，被保险人或者受让人应当及时通知保险人，保险人可以选择继续承保，也可以按照合同约定增加保费或者解除合同；如果被保险人或受让人未及时告知保险人，因转让导致保险标的危险程度显著增加而发生的保险事故，保险人不承担赔偿保险金的责任。需要特别指出，货物运输保险合同中的保险利益可以随着保险标的转让而自动转移，无须保险人同意。包括日本在内的部分国家则侧重对受让人利益的保护，承认保险利益随保险标的转让而转移，无须保险人同意，保险合同继续有效，但是如果保险标的转让导致风险增加的情况除外。

人身保险的保险标的是自然人的寿命、身体或健康，不存在保险标的转让的情况。并且人身保险只要求投保人在投保时对被保险人具有保险利益，因而一般来说人身保险不存在保险利益转移。比较特殊的有，基于债权关系而产生的保险利益可以随着债权的转让而转移。

【阅读材料 4-3】人身保险的保险利益时效①

A 是建筑工人，在某工地从事建筑劳务。甲公司是该建筑工地的施工单位。2015 年 10 月 20 日，甲公司作为投保人，为包括 A 在内的所有建筑工人投保了建筑施工人员团体意外伤害保险。保险期限自保险费到账次日零时起生效，至竣工验收合格后顺延 3 个月。

2016 年 2 月，甲公司将其承揽的该工程转包给乙公司。包括 A 在内的建筑工人继续在乙公司名下从事建筑劳务。2016 年 3 月某天，在施工过程中，A 因意外受伤（保险事

① 资料来源：笔者整理。

故）并住院治疗。A 知道甲公司曾经为其投保过团体意外伤害保险，但是由于工程已经转包，A 认为因为自己与甲公司不再有雇佣关系，保险公司不会理赔。A 抱着试试看的态度向保险公司提出理赔申请。保险公司经过审核，认为 A 符合保险合同约定的理赔条件，依据合同向 A 给付保险金 3 万元。

本案例中，意外伤害保险（团体或个人）属于人身保险范畴。人身保险，投保人在投保时必须对被保险人具有保险利益，投保后就不再追究。甲公司在投保时，作为雇佣方对包括 A 在内的建筑工人具有保险利益，尽管 A 发生保险事故时，甲公司和 A 的关系已经发生了转变，原团体意外伤害保险仍然有效。

第三节　近因原则

一、近因原则的含义

近因是指导致损失发生的最直接、最有效、起决定作用的原因，不一定是在时间上或空间上与损失结果最为接近的原因。近因原则的含义是，保险人只对造成损失的近因属于承保范围的保险事故承担保险责任，而对于承保范围以外的原因造成的损失，不负赔偿责任。简单来说，当保险标的遭受损失时，被保险人或受益人是否有资格按照保险合同获得补偿或者领取保险金，取决于引起该事故的近因是否属于保险责任。保险人对那些事故损失近因是除外责任或未保风险的，不承担赔偿责任。

近因原则最早起源于海上保险。英国《1906 年海上保险法》第五十五条规定："除本法或保险契约另有规定的，保险人对于因承保海难所致之损害，均负赔偿责任，对于非因承保之海难所致之损害，均不负赔偿责任。"①一战期间，英国利兰船运公司（Leyland Shipping Co.Ltd.）与诺里奇联合火灾保险公司（Norwich Union Fire Insurance Society td）的纠纷案是近因原则较早的经典案例。当时，利兰船运公司的一艘货船被德国潜艇的鱼雷击中后严重受损，被拖到法国勒哈佛尔港。港口当局担心该船沉没后会阻碍码头正常使用，于是下令该船停靠在港口防波堤外。在风浪的作用下，该船最后沉没。利兰船运公司向保险公司提出索赔却遭到拒绝，因此向法院起诉。当时审理此案的大法官认为，导致船舶沉没的原因包括鱼雷击中和海浪冲击，但船舶在鱼雷击中后始终没有脱离危险，因此，船舶沉没的近因是鱼雷击中而不是海浪冲击。由于战争是除外责任，利兰船运公司的主张没有得到法院的支持。

近因原则是保险理赔中调查事件发生近因、确定事故责任归属时必须遵循的重要原则，有利于维护保险交易双方的合法权益。遵循近因原则能够划清事故损失是否属于保险责任，既有助于被保险人或受益人申请赔偿或保险金给付，又有利于保险人避免不合

① 原文为：The insurer is not liable for any loss attributable to the wilful misconduct of the assured, but, unless the policy otherwise provides, he is liable for any loss proximately caused by a peril insured against, even though the loss would not have happened but for the misconduct or negligence of the master or crew.

理的索赔请求。

在保险实务中，造成保险标的损失的原因经常是错综复杂的。运用近因原则有两个要点：一是找到损失的近因，二是判断损失的近因是否属于保险责任范围内。对于损失的近因属于保险责任的，保险人依照合同承担赔偿或给付保险金责任；对于损失的近因不属于保险责任的，保险公司不予理赔。

二、近因原则的应用

在实践中应用近因原则，大致可以分为四种情形：单一原因致损情形、多种原因同时致损情形、多种原因连续发生致损情形以及多种原因间断发生致损情形。其中，多种原因连续致损和多种原因间断致损比较容易混淆，在实践中的争议最为集中。简单来说，从最初的事件出发，如果按照逻辑推理能够导致损失发生，那么最初事件可以被认为是事故的近因，此种情形属于多种原因连续致损；如果逻辑推理的过程中存在间断，无法导致损失发生，那么逻辑间断处新插入的原因就是事故的近因，此种情形属于多种原因间断致损。

（一）单一原因致损情形

当造成损失的原因只有一个时，这个原因就是损失的近因。如果这个近因属于保险合同约定的承保风险，保险人应当对损失负赔偿责任；如果这个近因不属于承保风险，保险人不负赔偿责任。例如，海上运输保险中，水渍险只承保由咸水浸泡造成的损失，淡水雨淋附加险则承担由淡水造成的损失。当海上货物运输过程中遭遇了雨淋，货物受损，此次损失的近因是淡水雨淋，如果被保险人只投保了水渍险，则保险人不予赔偿；如果被保险人投保水渍险的基础上附加了淡水雨淋险，则保险人予以赔偿。再如，被保险人的汽车遭遇偷窃，若被保险人在车损险的基础上购买了附加盗抢险，则其车遭偷窃属于承保责任范围，可以获得保险人的赔偿；若没有购买附加盗抢险，则保险人不予理赔。

（二）多种原因同时致损情形

当造成保险标的损失的原因有多个，且各原因发生没有先后顺序的，属于多种原因同时致损。如果多种原因同时发生且对损害结果的形成都有直接和实质影响，则原则上都是近因。大致有三种不同情形：一是如果各原因都属于保险责任，保险人对损失承担赔偿责任。二是如果各原因都是除外责任或不保风险，保险人不担负赔偿责任。三是多种原因中既有保险责任，又有除外责任或可保风险，当损失结果可以依据是否属于保险责任被分解时，保险人只对属于保险责任的损失承担赔偿责任；当损失结果不能被分解时，有两种可能的处理意见，一种意见认为保险人和被保险人应平均分摊损失，另一种意见认为保险人可以完全不承担赔偿责任。例如，某小汽车因设备故障发生自燃，同时又遭受了冰雹袭击。假设该车辆投保了车损险，自燃是除外责任，冰雹是自然灾害，属于承保范围。由于自燃所造成的损失和冰雹所造成的损失能够分解，保险公司只对由冰雹所造成的损失承担赔偿责任。

另一个经典案例是 1973 年英国韦恩罐泵公司（Wayne Tank & Pump Co.）对某保险公司的起诉案。韦恩罐泵公司在生产塑料制品的工厂设计并安装了用于储藏和运输化工原料的设备，该化工原料为易燃物品。韦恩罐泵公司投保了公众责任险，承保意外事故造成的财产损失。保单的除外条款中规定，保险人对因被保险人装运的货物的性质引起的损失不负赔偿责任。在保险期内，该设备试车前夜在无人看管的状态下运行。随后，火灾发生并烧毁了工厂。韦恩罐泵公司赔偿了塑料工厂的损失后，向保险公司索赔。本案中损失的近因有两个：人工操作不当和货物易燃的自身性质。前一个是可保近因，后一个是明确除外责任、不可保近因。法院最后支持了保险公司的主张，由于除外条款属于保险单的特别约定，法律效力要优于普通条款，从而认定保险公司不负赔偿责任。

（三）多种原因连续发生致损情形

当多种原因连续发生导致损失，且前因与后因之间存在未中断的因果关系，则最先发生并造成一连串事故的原因是近因。如果近因属于保险责任范围内，保险人应当对损失承担赔偿责任。比较容易混淆的情况是，前因作为近因是保险责任，但是后因不在承保责任范围内，如果认定后因是前因的必然结果，保险公司应当负赔偿责任。

例如，某批包装食品在海上运输中因遭受海水浸泡而导致包装食品受潮。海水浸泡是前因，受潮是后因，后因是前因的必然结果。则海水浸泡是近因，属于海上货物运输险的承保范围内，保险人应当按照合同进行理赔。如果包装食品并没有遭受海水浸泡，受潮是由于当初包装时没有控制好水分，那么包装操作失误就是近因，不属于海上货物运输险的承保范围，保险人不予理赔。

比较经典的案例是英国人艾思宁顿对某保险公司的起诉案。艾思宁顿投保了某保险公司的意外伤害保险。在保险期间，他外出打猎时不慎从树上摔下，腿受了重伤。他只能爬到公路边等待救援。打猎地点较为偏远，直到第二天傍晚才被人发现获救。由于在路边待了一个晚上，夜间天冷，被保险人感染了严重肺炎。获救就医之后，被保险人死于肺炎。保险公司以被保险人死于疾病而拒绝赔付。法院认为被保险人患肺炎是意外摔下且天寒地冻的必然结果，从而认定被保险人死亡近因是意外事故，保险公司应当理赔。

（四）多种原因间断发生致损情形

当有先后顺序的多种原因导致损失发生，但是各原因之间不存在因果关系，也就是说一定有新的独立原因介入，这属于多种原因间断发生导致损失的情形。如果各原因都是保险责任，保险人对各原因所导致的损失均承担赔偿责任。如果各原因中存在除外责任，对于损失近因属于保险责任的，保险人承担赔偿责任；损失近因不属于保险责任的，保险人不予赔付。

如果新加入的独立原因导致事故损失，新原因就是近因。例如，投保意外伤害保险的被保险人因车祸伤到了腿，但住院期间突发心脏病死亡。心脏病突发是新介入导致死亡的独立原因，不属于意外伤害保险的责任范围。保险人应依照合同对被保险人因车祸伤残或就医进行赔偿，而不用支付被保险人死亡保险金。

如果新加入的独立原因不是导致事故损失的最直接、最有效、起决定作用的原因，新原因就不是近因。例如，在本节之前介绍的一战期间英国利兰船运公司对某保险公司诉讼案中，风浪是新插入的独立原因，风浪对于货船沉没的作用有限，鱼雷击中是货船沉没的近因，法院支持保险公司拒赔的决定。

【阅读材料 4-4】近因是意外还是自身健康问题？[1]

2013 年 3 月 1 日，上海某工程技术公司为包括 A 在内的所有员工向某保险公司投保团体意外伤害保险。2013 年 5 月 8 日，A 在工作中被重物砸伤左脚，导致左脚踇趾骨折（即左脚大拇指）。当天下午 5 点，A 在医院接受脚部手术治疗，手术很成功。当天晚上，A 突然死亡。A 的亲属随即向该保险公司申请理赔，要求给付意外身故保险金。

保险公司的理赔人员通过调查发现，临床诊断 A 系猝死，尸检报告显示 A 死亡的主要原因是“脑出血”。由于无法证明 A 脑出血与因意外导致的左脚踇趾骨折之间存在直接必然的因果关系，保险公司判定被保险人身故的近因是自身疾病因素，并非保险合同约定的意外伤害，因此拒绝给付意外身故保险金。

如果诱因发生在健康者身上可引起同样后果，那诱因就是“近因”；如果诱因发生在健康者身上不会引起同样后果，那么诱因不能成为“近因”。在本案中，砸伤脚趾可以看成诱因。对于健康的人来说，左脚踇趾被砸伤且接受手术治疗，不会导致脑出血死亡。因此可以认定 A 事故的近因不是遭重物砸伤脚趾，而是自身健康原因。本案例可以看作多种原因间断发生致损的情形。中间插入的新的独立原因是近因（即自身疾病），不属于意外伤害保险的保障范围。依据近因原则，保险公司不用承担给付意外身故保险金的责任，只需要依据保险合同对 A 因意外砸伤就医进行理赔。

【阅读材料 4-5】火灾中抢救出的财物被盗，保险公司是否理赔？[2]

A 为自己的家庭财产投保了家财险，承保范围包括火灾风险，但是不含盗窃风险。某日，A 家因煤气泄漏发生火灾（保险事故）。A 一边积极救火，一边招呼家人抢救财物。A 及家人将部分抢救出来的财物堆放在楼下的一片空地上。然而，当天晚上，堆放在外的财物又被盗。

保险公司应该为被盗的财产损失承担责任吗?

依据近因原则，保险公司应该为火灾造成的直接损失承担赔偿责任，但是不需要赔偿堆放在外财物的被盗损失。虽然 A 的财物被盗与火灾存在一定关联，但是如果 A 加强监管，即使放在室外也不必然会被盗。火灾与盗窃之间没有直接的因果关系，盗窃不是火灾的必然结果。因盗窃而受损的近因不是火灾，不属于保险合同约定的承保范围。

【阅读材料 4-6】近因是除外责任，保险公司不赔付[3]

2013 年 2 月，A 向某保险公司投保意外伤害保险，附加意外伤害医疗保险，保险公

① 资料来源：笔者整理。

② 资料来源：笔者整理。

③ 资料来源：笔者整理。

司同意承保并出具保险单。2013 年 5 月，A 与他人发生纠纷，A 持械与之街头斗殴并被打伤。A 就医住院治疗一周后痊愈。治疗结束后，A 向保险公司提出索赔。保险公司详细核查之后，以事故不属于保险责任范围为由，拒绝承担赔偿责任。A 将保险公司告上法庭，但是法院最终驳回了 A 的诉讼请求，保险公司胜诉。

一般来说，意外伤害保险的免责条款包括：（1）投保人、受益人对被保险人的故意杀害、伤害；（2）被保险人故意犯罪或拒捕；（3）被保险人殴斗、醉酒、自杀、故意自伤……（4）被保险人受酒精、毒品、管制药物的影响而导致的意外；等等。

本案中，必须明确的是“被保险人殴斗”属于意外伤害保险的免责条款。近因原则要求保险人只对造成损失的近因是承保范围的保险事故承担保险责任。保险人对那些事故损失近因是除外责任或未保风险的，不承担赔偿责任。因此被保险人 A 在此次事故中无法获得保险金赔偿。

第四节　损失补偿原则

一、损失补偿原则的含义

损失补偿原则是指保险合同生效后，当保险标的因保险事故而遭受损失时，被保险人有权按照保险合同的约定获得赔偿。保险赔偿的目的是弥补被保险人因保险事故而遭受的经济损失，但被保险人不能因保险赔偿而获得额外收益。

在保险经济活动中坚持遵循损失补偿原则，具有重要意义。一方面，损失补偿原则体现了保险的重要职能，对保险合同双方都有约束力，维护了保险双方的正当权益；另一方面，损失补偿原则防止被保险人通过保险赔付获得额外收益，从而遏制了为取得赔偿而故意造成损失的行为。

二、损失补偿原则的基本内容

（一）损失补偿原则的限制条件

1. 以实际损失为限

当保险标的发生保险责任范围内的损失时，保险人按照合同承担赔偿责任，其支付的保险赔款不能超过被保险人的实际损失。实际损失是依据事故发生时保险标的的实际价值来计算的。在保险实践中，除了定值保险，保险标的的实际价值往往用出险时的市场价来衡量。因此，保险标的因保险事故而受损，被保险人的实际损失一般基于事故发生时保险标的的市场价来计算。例如，某车主为购入价格为 20 万元的汽车投保了车损险并附加了盗抢险，保险金额为 20 万元。当年汽车被盗，且被盗事件发生时，该车型的新车售价已经调整为 18 万元。被保险人的实际损失只有 18 万元，按照实际损失为限，保险公司最高赔付金额为 18 万元。

2. 以保险金额为限

保险金额是保险人承担赔偿责任的最高限额，保险人的赔偿金额只能等于或者小于保险金额。例如，某车主为其私家车购买了车损险和第三者责任险，其中第三者责任险的保险金额为 50 万元。如果该车不慎撞坏了路边的建筑物，给第三方造成经济损失 120 万元。保险公司给第三方的最高赔偿金额是 50 万元。

3. 以被保险人对保险标的的保险利益为限

保险赔偿不能超过被保险人对遭受损失的保险标的所具有的保险利益。在保险合同期限内，如果因情况变动而使被保险人对保险标的不再具有保险利益的，被保险人无法获得保险赔偿；如果因情况变动而使被保险人对保险标的的保险利益减少的，保险赔偿将做适当调整。例如，A 为其名下的某房产投保了家财险，A 是被保险人。在保险期间内，A 与妻子离婚并对该房产进行分割，A 和妻子分别拥有 50%的所有权。如果保险事故造成该房产全损，A 只能获得依照保险合同计算的全部赔偿金额的 50%。

（二）损失补偿方式

1. 第一损失赔偿方式

当实际损失在保险金额限度之内，保险人按照实际损失进行赔偿；当实际损失超过了保险金额，保险人最高赔付保险金额。例如，A 为其家庭投保了家庭财产保险，保险金额为 20 万元。某日 A 家不幸发生火灾，如果造成损失 12 万元，保险人依照合同最高赔付 12 万元；如果造成损失 25 万元，保险人依照合同最高赔付 20 万元。

2. 比例计算赔偿方式

比例计算赔偿方式是考虑保险标的的实际保障程度，按照保险金额与事故发生时保险标的的实际价值的比例计算赔偿金额。其计算公式为：

$$\text{赔偿金额}=\text{损失金额}\times\frac{\text{保险金额}}{\text{损失发生时保险标的的实际价值}}$$

只有保险标的是 100%承保的情况下，比例计算赔偿方式和第一损失赔偿方式计算的保险赔偿金额相等。如果保险标的是不足额承保，比例计算赔偿方式下的保险赔偿金要小于第一损失赔偿方式。如果保险标的是超额承保，由于要满足以保险金额为限，被保险人最高只能获得等于实际损失的保险赔偿金。因此，在比例计算赔偿方式下，被保险人如果想得到充分的补偿，应该按照保险标的实际价值进行足额投保，且超额投保没有任何意义。

我国《保险法》第五十五条第四款规定：“保险金额低于保险价值的，除合同另有约定外，保险人按照保险金额与保险价值的比例承担赔偿保险金的责任。”大部分的财产保险是按照比例计算赔偿方式，在保险实践中，部分保险人的住宅保险合同约定不足额保险按照第一损失赔偿方式。

三、损失补偿原则的特例

损失补偿原则主要适用于财产保险等补偿性保险合同。绝大部分的人身保险不适用于损失补偿原则，定值保险和重置价值保险是损失补偿原则在财产保险中的特例。

（一）人身保险

人的寿命和身体机能是无法估计出实际现金价值的，也很难估计出实际损失。人身保险的保险金额是根据被保险人的保障需求和支付保险金的能力来确定的。绝大部分的人身保险属于给付性合同，当满足保险合同约定的期限或约定事件发生时，保险人按合同约定给付保险金，因而不适用损失补偿原则。只有费用补偿型的医疗保险（即报销型的医疗保险，详见后文）是补偿性合同，适用于损失补偿原则。

（二）定值保险

定值保险是指保险合同当事人在订立合同时，约定保险标的的价值，并在合同中载明以确定保险金最高限额的财产保险合同。当保险标的发生保险事故受损时，不论保险标的的市价是多少，保险人都必须按照合同约定的保险标的价值计算赔偿金额。如果是部分损失，需要依据损失比例与约定保险价值的乘积，计算保险人应当支付的赔偿金额。

定值保险有可能使得被保险人获得的赔偿超过其实际损失。例如，A 向保险公司投保珍贵古董钟表，双方约定该钟表的保险价值为 1 万元，足额投保，即保险金额 1 万元。钟表在一次火灾中完全烧毁，事故发生时该古董钟表的市场价只有 0.8 万元。保险人依照定值保险合同向 A 赔付 1 万元。此时，A 的实际损失是 0.8 万元，但是得到了 1 万元的赔偿，不满足损失补偿原则。

在实践中，定值保险往往用于那些价值波动较大、在损失时实际价值容易引起纠纷的情况，例如古董、艺术品等。此外，海上货物运输有可能经过很多国家，海上货物运输保险可以选择定值保险，提前约定保险标的价值，以避免因汇率和时差造成的保险标的实际价值波动。

（三）重置价值保险

重置价值保险是指以被保险人重置或重建保险标的所需费用或成本确定保险金额的保险。在保险事故发生后，在确定损失金额时不扣除实际折旧，而使得被保险人获得的赔付有可能超过实际损失。例如，已经使用五年的木质地板因为保险事故全损，原保险标的价值 3 万元，折旧 1.5 万元。被保险人投保了重置价值保险，获得赔付 3 万元，高于其实际损失。

四、损失补偿原则的派生原则

（一）代位追偿原则

1. 代位追偿原则的含义

代位追偿原则是指保险标的因第三者责任而造成损失，或者由于保险事故而遭受损失，保险人按照保险合同的约定，对保险标的的全部或部分损失履行赔偿义务后，依法取得向对财产损失负有责任的第三者进行追偿的权利，或取得被保险人对保险标的的所有权。

当保险事故由第三者造成，被保险人在获得保险公司的合理赔偿之后，如果又向第三方肇事者索赔全部损失，就有可能获得双倍赔偿，从而违反损失补偿原则。同样地，当保险标的发生推定全损（详见后文），保险公司向被保险人进行全额赔偿之后，如果被保险人将残余物资找回，那么其所得利益也将超过实际损失。因此，代位追偿原则是损失补偿原则的一个重要派生原则。

按照代位追偿原则的定义，代位追偿的主要内容包括权利代位和物上代位。

2. 权利代位

（1）权利代位的含义及条件

权利代位即追偿权的代位，是指保险标的由于第三者责任导致保险事故，保险人向被保险人支付保险赔款后，依法取得向第三者的索赔权。

保险人实施代位追偿权需要具备三个条件：第一，保险事故必须在保险责任范围内，被保险人依据保险合同约定有权向保险人申请理赔；第二，保险事故由第三者造成，第三者依法应承担民事损害赔偿责任，被保险人依法有权向第三者请求赔偿；第三，保险人只有对被保险人履行保险赔付义务后，才有权取得代位追偿权。代位追偿权是被保险人与第三者之间特定的债权债务关系的转移，如果保险人没有向被保险人履行赔付义务，保险人无法取得向第三者追偿的权利。

（2）权利代位的三种可能情形

第一种情形，如果被保险人已经从第三者责任方取得对全部损失的赔偿，保险人可以免去赔偿责任；第二种情形，如果被保险人从第三者责任方得到部分损失的赔偿，保险人在支付保险赔偿金时，可以相应减免被保险人从第三者已取得的赔偿金额；第三种情形，如果被保险人首先向保险人提出索赔，保险人应按照合同的规定先支付保险赔款，被保险人取得赔款后，向第三者追偿的权利转移给保险人，保险人代位行使向第三方追偿的权利。

需要注意的是，被保险人负有协助保险人向第三者追偿的义务，包括提供必要的文件和其所知道的有关情况。如果被保险人获得的保险赔偿金额小于第三者造成的损失，被保险人则仍然有权就未取得赔偿的部分继续对第三者请求赔偿。

（3）权利代位的限制

第一种，追偿金额的限制。保险人在代位追偿中追偿的金额以其对被保险人赔偿的金额为限，保险人不能通过代位追偿而获得额外的利益。我国《保险法》第六十条第一款规定："因第三者对保险标的的损害而造成保险事故的，保险人自向被保险人赔偿保险金之日起，在赔偿金额范围内代位行使被保险人对第三者请求赔偿的权利。"如果保险人因行使代位追偿从第三者责任方追偿的金额大于其赔偿金额时，超出部分应当返还被保险人。

第二种，适用领域的限制。和损失补偿原则一致，代位追偿原则主要适用于财产保险等补偿性保险合同。人身保险的标的是人的寿命、身体和健康，其价值不能用货币衡量，因而不存在获得额外收益的问题。大部分的人身保险是给付性合同，满足保险合同约定的条件，保险人应当承担给付保险金的责任，而无论被保险人是否能够获得第三者的赔偿。

第三种，赔偿对象的限制。当造成保险事故的第三者是被保险人的家庭成员或者其组成人员时，除了其故意造成保险事故之外，保险人不得对被保险人的家庭成员或者其组成人员行使代位请求赔偿的权利。因为他们的利益具有一致性，假如保险人行使了代位追偿权，被保险人实际上并没有得到补偿。

（4）被保险人影响权利代位的三种可能结果

第一种情形，保险事故发生后，保险人未赔偿保险金之前，被保险人放弃对第三者请求赔偿权利的，保险人不承担赔偿责任；第二种情形，保险人向被保险人赔偿保险金后，被保险人未经保险人同意放弃对第三者请求赔偿权利的，该行为无效；第三种情形，由于被保险人的过错导致保险人不能行使代位请求赔偿权的，保险人应扣减相应保险赔偿金。

3. 物上代位

（1）物上代位的含义

物上代位是指保险标的因保险事故而遭受损失，保险人向被保险人履行了保险赔偿责任后，依法拥有对保险标的全部或部分的所有权，即代位取得对受损保险标的的物权权利。我国《保险法》第五十九条规定："保险事故发生后，保险人已支付了全部保险金额，并且保险金额等于保险价值的，受损保险标的的全部权利归于保险人；保险金额低于保险价值的，保险人按照保险金额与保险价值的比例取得受损保险标的的部分权利。"

物上代位通常产生于对保险标的作推定全损的处理。推定全损是指保险标的遭受保险事故尚未达到完全损毁或完全灭失的状态，但实际全损已经不可避免；或者修复和施救费用将超过保险价值；或者失踪达一定时间，保险人按照全损处理的一种推定性的损失。在推定全损情况下，由于保险标的并未完全损毁或灭失，保险标的失踪或许日后可能被返还，因此为了避免被保险人获得额外收益，保险人在按全损支付保险赔款后，理应取得保险标的的所有权。

（2）委付

在海上保险中，物上代位通常以委付的形式实现。委付是指在发生保险事故造成保险标的推定全损时，被保险人明确表示将该保险标的的一切权利转移给保险人，而请求保险人赔偿全部保险金额的法律行为。委付是一种放弃物权的法律行为，是海上保险独有的一种处理保险标的损失的手段。委付制度由来已久，最初表现为海上保险合同中约定如果船舶航行方向不明而无任何消息时视同丧失。随后逐渐发展成为被保险人让渡保险标的物权而取得保险赔偿的制度，并被各国海上保险所广泛采用。

委付的成立必须具备五个条件：①委付必须以推定全损为条件；②必须由被保险人向保险人提出委付申请；③委付应该就保险标的的全部提出请求；④委付不得附有任何条件；⑤委付必须经过保险人同意才能生效。

我国《海商法》 第二百四十九条规定："保险标的发生推定全损，被保险人要求保险人按照全部损失赔偿的，应当向保险人委付保险标的。保险人可以接受委付，也可以不接受委付，但是应当在合理的时间内将接受委付或者不接受委付的决定通知被保险人。委付不得附带任何条件。委付一经保险人接受，不得撤回。"第二百五十条规定："保险人接受委付的，被保险人对委付财产的全部权利和义务转移给保险人。"

（3）物上代位的权益范围

由于保险标的的保障程度不同，保险人在物上代位中所享有的权益也有所不同。一般来说，对于足额保险，保险人按保险金额支付保险赔偿金后，能够取得对受损保险标的的全部所有权。此种情况下，如果保险人在处理标的物时所获得的利益超过所支付的赔偿金额，超过的部分归保险人所有。对于不足额保险，保险人只能按照保险金额与保险价值的比例取得受损保险标的的部分权利，保险人与被保险人形成对保险标的的共有关系。由于保险标的不可分，通常保险人将依法获得的受损保险标的的部分权利作价折给被保险人，并在保险赔偿金中进行扣除。

（4）委付与物上代位的联系和区别

委付与物上代位的联系主要体现为两点：一是委付和物上代位都是以保险标的全损或推定全损为赔偿条件；二是委付是一种特殊的物上代位。

委付与物上代位的区别主要体现为三点：一是物上代位适用于基于有形物质的所有财产损失保险，委付则只适用于海上保险；二是保险人通过物上代位能够取得保险标的的所有权，委付则使得保险人获得保险标的的一切权利，这意味着保险人不仅获得保险标的所有权，还须承担保险标的产生的义务，如清除航道等；三是从法律角度来看，物上代位可以撤销，而委付一经保险人同意不得撤回。

（二）重复保险分摊原则

1. 重复保险分摊原则的含义

重复保险是指投保人对同一保险标的、同一保险利益、同一保险事故分别与两个以上保险人订立保险合同，且保险期限相同或重叠，保险金额总和超过保险价值的保险。

重复保险分摊原则是损失补偿原则的另一个派生原则。原则上保险市场是不允许重复投保的，但是在实际操作中，由于投保人或被保险人的疏忽等，有可能会出现重复保险的情况。当保险事故发生之后，对于存在重复保险的，需要在各保险人之间合理地分配赔偿责任，使被保险人既能得到充分补偿又不会获得超过实际损失的额外收益。我国《保险法》第五十六条规定：“重复保险的投保人应当将重复保险的有关情况通知各保险人。重复保险的各保险人赔偿保险金的总和不得超过保险价值。除合同另有约定外，各保险人按照其保险金额与保险金额总和的比例承担赔偿保险金的责任。重复保险的投保人可以就保险金额总和超过保险价值的部分，请求各保险人按比例返还保险费。”

重复保险存在三种分摊方式：比例责任分摊方式、限额责任分摊方式和顺序责任分摊方式。

2. 比例责任分摊方式

比例责任分摊是指当保险标的发生保险事故时，各保险人按照其所承保的保险金额与所有保险人承保的保险金额的总和的比例，分摊各自的保险赔偿责任。各保险人的赔款金额计算公式如下：

$$\text{某保险人的赔偿额}=\text{损失金额}\times\frac{\text{该保险人保险合同约定的保险金额}}{\text{所有保险合同约定的保险金额之和}}$$

例如，投保人 A 将价值 100 万元的房屋先后向甲、乙、丙三家保险公司进行投保，承保的保险金额分别为 40 万元、60 万元、100 万元。该房屋在保险期间因保险事故造成损失 60 万元。按照比例责任分摊方式，三家保险公司各自分摊的赔款计算如下：

甲保险公司承担的赔款：$60\text{万元}\times\frac{40}{200}=12\text{万元}$

乙保险公司承担的赔款：60 万元$\times\frac{60}{200}$=18 万元

丙保险公司承担的赔款：60 万元$\times\frac{100}{200}$=30 万元

3. 限额责任分摊方式

限额责任分摊方式是指在假设没有重复保险的情况下，各保险人按照其单独应负的赔偿限额与各保险人应负的赔偿限额的总和的比例来确定损失赔偿责任。各保险人的赔款金额的计算公式如下：

$$某保险人的赔偿额=损失金额\times\frac{该保险人的赔偿限额}{所有保险人赔偿限额之和}$$

在上例中，按照限额责任分摊原则，如果不足额保险按照“第一损失赔偿方式”赔付，那么甲、乙、丙三家保险公司各自的独立赔偿限额分别为 40 万元、60 万元和 60 万元。三家保险公司各自分摊的赔款计算如下：

甲保险公司承担的赔款：60 万元$\times\frac{40}{160}$=15 万元

乙保险公司承担的赔款：60 万元$\times\frac{60}{160}$=22.5 万元

丙保险公司承担的赔款：60 万元$\times\frac{60}{160}$=22.5 万元

如果不足额保险按照“比例计算赔偿方式”赔付，甲、乙、丙三家保险公司各自的独立赔偿限额分别为：

甲保险公司独立赔偿限额：60 万元$\times\frac{40}{100}$=24 万元

乙保险公司独立赔偿限额：60 万元$\times\frac{60}{100}$=36 万元

丙保险公司独立赔偿限额：60 万元$\times\frac{100}{100}$=60 万元

甲、乙、丙三家保险公司各自的分摊赔款为：

甲保险公司承担的赔款：60 万元$\times\frac{24}{24+36+60}$=12 万元

乙保险公司承担的赔款：60 万元$\times\frac{36}{24+36+60}$=18 万元

丙保险公司承担的赔款：60 万元$\times\frac{60}{24+36+60}$=30 万元

4. 顺序责任分摊方式

顺序责任分摊方式是指按照订立保险合同的先后顺序分摊赔偿责任，先出单的保险人首先负责赔偿，后出单的保险人只有在保险标的损失超过之前保险人承保的保额时，才依次承担超出的部分。由于保险标的的损失大小及保险人承保金额的大小不同，在顺序责任分摊方式下，被保险人的损失有可能只由一家保险公司进行赔偿，也可能由多家保险公司依次分摊赔偿。无论几家保险公司进行责任分摊，遭受损失的被保险人都能获得充分的补偿。在保险实务中，由于顺序责任分摊方式的公平性欠佳，各国较少采用。

在上例中，如果 A 先后向甲、乙、丙三家保险公司投保，依照顺序责任分摊原则，甲保险公司赔付 40 万元，乙保险公司赔付 20 万元，丙保险公司则无须赔偿。

【阅读材料 4-7】保险公司向高速公路管理者代位追偿①

司机 A 驾驶车辆在某高速公路上行驶时，被一块散落在地的石块影响了方向，撞上护栏，引发交通事故。事故发生后，车主依据保险合同向保险公司提出索赔，获得了 10 万元的损失赔偿。

保险公司根据代位追偿原则将该高速公路管理者 B 公司告上法庭。保险公司认为，此次交通事故发生在收费的封闭式高速公路上，B 公司作为管理者没有及时发现并清除路面上的石块而导致交通事故发生，应对由此造成的财产损失承担全部赔偿责任。保险公司要求 B 公司赔偿已支出的保险赔款 10 万元并承担诉讼费。B 公司认为自己已经积极履行了应尽的维护义务，不存在过错，此次交通事故是由于司机没有尽到足够的注意义务，故不同意保险公司的诉讼请求。

法院审理后确认，高速公路系封闭式管理，道路的完好是保障车辆安全通行的前提。B 公司作为该高速公路的管理者，向过路车辆收取费用，双方即形成了有偿使用公路的合同关系。B 公司应履行保障公路完好、安全、畅通的职责和义务，保障交费车辆安全通行。B 公司虽然进行过巡视，但并未及时发现道路上的石块，没有采取设置相应警示标志或尽快清除石块的措施，导致事故发生、他人财物受损，系违约行为，理应承担赔偿责任。

同时，法院也认为驾驶员 A 在高速路上行驶，应集中注意力谨慎驾驶，其未尽足够注意义务避免事故发生，A 本身亦存在过失。因此，法院支持应适当减轻 B 公司的赔偿责任，故终审判决其给付保险公司 7 万元并驳回保险公司其他诉讼请求。

本 章 小 结

最大诚信原则、保险利益原则、近因原则和损失补偿原则是保险的四大基本原则。最大诚信原则要求保险合同当事人订立及履行保险合同期间，应依法向对方提供影响其做出订约与履约决定的全部实质性重要事实，同时信守合同的约定和承诺。最大诚信原则的主要内容包括告知、保证、弃权和禁止反言。保险利益原则强调投保人或被保险人对保险标的应当具有保险利益。我国《保险法》规定，人身保险的投保人在订立保险合

① 资料来源：笔者整理。

同时必须对被保险人具有保险利益，而财产保险的被保险人在发生保险事故时必须对保险标的具有保险利益。近因是导致损失发生的最直接、最有效、起决定作用的原因，近因原则要求保险人只对造成损失的近因是承保范围的保险事故承担保险责任，而对于承保范围以外的原因造成的损失，不负赔偿责任。损失补偿原则强调保险合同生效后，当保险标的因保险事故而遭受损失时，被保险人有权按照保险合同的约定获得赔偿。既保证被保险人能够获得补偿，又确保被保险人不能因保险赔偿而获得额外收益。保险人在履行损失补偿原则时，必须以实际损失、保险金额和保险利益为限。损失补偿方式有第一损失赔偿方式和比例计算赔偿方式。大部分的人身保险、定值保险和重置价值保险是损失补偿原则的特例。代位追偿原则和重复保险分摊原则是损失补偿原则的派生原则。

重要概念

◆ 最大诚信原则：保险合同当事人订立及履行保险合同期间，应依法向对方提供影响其做出订约与履约决定的全部实质性重要事实，同时信守合同的约定和承诺。

◆ 告知：又称如实告知，要求签订保险合同的当事人在保险合同订立前、订立时及在合同有效期内，将所有影响对方是否缔约以及缔约条件的实质性重要事实如实地通过口头或书面的形式告知对方。

◆ 保证：投保人或被保险人在保险期限内对某种特定事项的作为或不作为，或某种事态的真实性向保险人所作的担保或承诺。

◆ 明示保证：以条款形式在保险合同中载明的保证。

◆ 默示保证：依据相关法律、行业惯例认为被保险人应保证的某一事项的作为或不作为。

◆ 弃权：保险合同一方当事人放弃在保险合同中可以主张的某项法律权利，通常指保险合同的解除权或抗辩权等。

◆ 禁止反言：也称禁止抗辩，是指保险合同一方当事人放弃了其在合同中可以主张的权利，日后不得再向另一方重新主张这种权利。

◆ 保险利益：又称可保利益，是指投保人或被保险人对保险标的具有的法律上承认的利益。

◆ 保险利益原则：在签订和履行保险合同的过程中，投保人或被保险人对保险标的必须具有保险利益。

◆ 现有利益：投保人或被保险人对财产已经享有且可继续享有的权利。

◆ 预期利益：依据法律规定或合同约定，因财产的现有利益而存在，依法律或合同产生的未来一定时期可以确定的经济利益。

◆ 责任利益：被保险人因其对第三者的民事损害行为依法应承担的赔偿责任。

◆ 或然利益：投保人或被保险人对特定保险标的所具有的不确定的利害关系，只有当符合某种假设条件时，才会产生确定利益。

◆ 近因：导致损失发生的最直接、最有效、起决定作用的原因，不一定是在时间上或空间上与损失结果最为接近的原因。

◆ 近因原则：保险人只对造成损失的近因是承保范围的保险事故承担保险责任，而对于承保范围以外的原因造成的损失，不负赔偿责任。

◆ 损失补偿原则：保险合同生效后，当保险标的因保险事故而遭受损失时，被保险人有权按照保险合同的约定获得赔偿。

◆ 定值保险：保险合同当事人在订立合同时，约定保险标的的价值，并在合同中载明以确定保险金最高限额的财产保险合同。

◆ 重置价值保险：以被保险人重置或重建保险标的所需费用或成本确定保险金额的保险。

◆ 代位追偿原则：保险标的因第三者责任而造成损失，或者由于保险事故而遭受损失，保险人按照保险合同的约定，对保险标的的全部或部分损失履行赔偿义务后，依法取得向对财产损失负有责任的第三者进行追偿的权利，或取得被保险人对保险标的的所有权。

◆ 权利代位：即追偿权的代位，保险标的由于第三者责任导致保险事故，保险人向被保险人支付保险赔款后，依法取得向第三者的索赔权。

◆ 物上代位：保险标的因保险事故而遭受损失，保险人向被保险人履行了保险赔偿责任后，依法拥有对保险标的全部或部分的所有权，即代位取得对受损保险标的的物权权利。

◆ 委付：在发生保险事故造成保险标的推定全损时，被保险人明确表示将该保险标的的一切权利转移给保险人，而请求保险人赔偿全部保险金额的法律行为。

◆ 重复保险：投保人对同一保险标的、同一保险利益、同一保险事故分别与两个以上保险人订立保险合同，且保险期限相同或重叠，保险金额总和超过保险价值的保险。

思 考 题

1. 阐述最大诚信原则对保险人的要求及其重要意义。
2. 简要说明不可抗辩条款的产生背景，并阐述其存在的重要意义。
3. 请尝试列举保险公司弃权的几种常见情形。
4. 人身保险和财产保险的保险利益时效有什么区别？
5. 请举例说明在保险实务中如何运用近因原则确定保险责任。
6. 损失补偿原则的特例有哪些？并解释为什么。
7. 保险人要行使追偿权的代位必须具备哪些条件？
8. 如果一对夫妻因吵架，丈夫驾驶一辆汽车故意碰撞妻子的汽车造成车辆损失的保险事故，请问提供商业车险的保险公司应该怎么办？
9. 请比较物上代位和委付的联系和区别。
10. 请举例说明重复保险三个分摊方式在保险理赔中的运用。

11. 案例分析题：

有一租户 A 向房东 B 租借房屋，租期 10 个月。租房合同中写明，租户在租借期内应对房屋损坏负责。租户以所租借房屋为保险标的，向某保险公司购买了一年期的家财险，租户是被保险人。尝试回答以下三个问题。

（1）租期未满，房屋发生火灾。租户和房东，谁能够向保险公司进行索赔，为什么？如果两者皆不能，为什么？

（2）租期满后，租户按时退房。退房后半个月，房屋毁于火灾。于是租户以被保险人身份向保险公司索赔，保险人是否需要承担赔偿责任？为什么？

（3）如果租户在退房时，将保单转让给房东，并已告知保险人，房东是否能以被保险人身份向保险公司索赔？为什么？

第五章　保 险 合 同

保险商品的买卖是建立在保险合同的基础上。保险合同约定了一种法律关系，受到《保险法》《合同法》和《民法通则》等一系列民商法律的规范和约束。本章主要围绕保险合同，简要论述保险合同的特性，探讨保险合同的构成要素、具体形式，保险合同的订立、生效、履行、变更和终止，以及保险合同的争议处理。

第一节　保险合同的特性

保险合同又称保险契约，是在合同当事人协商一致的情况下，签订的具有法律约束力的协议。我国《保险法》第十条规定："保险合同是投保人与保险人约定保险权利义务关系的协议。"保险双方当事人在法律地位平等的基础上达成一致意见并订立保险合同而确立保险关系。保险合同规定了合同双方的权利和义务，根据保险合同，投保人定期缴纳保费，保险人在保险合同期限内保险标的发生合同范围内的损失时，承担赔偿或给付保险金的义务。

一、保险合同与一般合同的共性

保险合同属于合同的一种，具有一般合同的基本法律特征，主要包括：

第一，签订保险合同的双方当事人必须具有民事行为能力。在我国，保险人必须是经保险监督管理部门批准成立且在规定范围内经营保险业务的保险公司；投保人必须是具有民事行为能力的自然人、法人或其他经济组织，无民事行为能力或者限制行为能力的个人不能成为投保人[①]。

第二，保险合同是双方当事人意思表达一致的行为，不能是单方的法律行为。保险合同双方当事人必须在自愿、充分表达内在意志且遵循最大诚信原则的基础上订立保险合同。任何一方不得采用隐瞒、欺诈的手段诱骗、胁迫对方订立保险合同，任何单位或个人不得对合同当事人的意愿强加干预或非法干预。

第三，保险合同必须合法。投保人或被保险人对保险标的的保险利益必须符合法律规定，受法律保护，且不得损害国家、社会和第三者的利益，否则保险合同无效。例如投保人为非法所得的财产投保，一经发现，保险合同失效。当保险双方产生纠纷时，可向国家规定的有关部门申请调解，或向法律认可的仲裁机构要求仲裁，也可直接向人民法院提起诉讼。

---

① 有关投保人的具体民事行为能力要求详见后文。

二、保险合同的特性

因保险机制的独特性，与一般合同相比，保险合同又是一种比较特殊的合同，有着自身的特点。这些特点主要体现为补偿性、射幸性、双务性、附和性、条件性、属人性和非要式性。

（一）补偿性

保险合同的补偿性意味着当被保险人发生保险责任范围内的保险事故时，保险人仅对其损失部分进行补偿，赔偿金额不能高于实际损失金额。保险的一个重要目的是使被保险人恢复到损失发生前的经济状况，而不是改善被保险人的经济状况，因此被保险人不能从保险中获得额外利益。这一原则不仅是出于对保险人利益的保护，也是对社会整体利益的保护，否则，保险就会成为个人故意制造损失、夸大索赔的诱因。

由于人的生命价值不能用货币度量，大部分的人身风险无法具体衡量实际损失了多少，所以补偿性主要针对财产保险合同。而且，如果财产保险合同中约定了免赔额、共保条款等规定，被保险人获得的赔偿金额还可能低于其实际损失金额，当然，相应的保费也会降低。

（二）射幸性

射幸即碰运气、赶机会。射幸性合同的当事人在签订合同的时候，并不能确定各自的利益或结果。等价交换合同是与射幸性合同相对应的概念，指合同双方当事人所得到的报酬应与所付出的费用具有相等的价值。一般的商品合同均属于等价交换合同，而保险合同属于射幸性合同，这是由风险事故的不确定性决定的。风险事故是否发生及损失程度等均存在不确定性，被保险人获得的补偿结果自然也是不确定的。当被保险人发生可保范围内的损失时，可能获得数倍于保费的赔偿金额，而如果没有发生损失，则不会获得任何货币补偿。

射幸性也主要针对财产保险合同。在人身保险中，由于保险人给付保险金的义务通常是确定的且具有一定储蓄性，因此射幸性较弱。并且，保险合同的射幸性仅针对单个合同，对于所有保险合同而言，由于保险公司运用大数定律原理计算损失发生率和赔付率，整体损失赔偿相对确定，因此不存在射幸性。

（三）双务性

双务性合同与单务性合同是相对的概念。单务性合同的一方当事人承担义务，另一方当事人只享有权利。而双务性合同的双方当事人同时享有权利且承担义务。保险合同属于双务性合同。投保人承担定期交付保险费的义务，被保险人享有当可保风险事故损失发生时按照保险合同获得保险金的权利。与此相对应的是，保险人享受收取保费的权利，承担对约定保险事故发生时的经济赔偿或给付保险金的义务。

保险合同是一种较为特殊的双务合同。一般的双务合同，如大多数的商业合同，买方支付货币的义务和卖方交付标的物的义务是同时存在的。而在保险合同中，投保人和保险人的权利和义务却存在先后顺序，投保人先交付保险费，保险人在特定损失发生后才履行赔偿或给付保险金的义务。

（四）附和性

附和合同是指由一方当事人提出合同的主要内容，另一方当事人做出接受全部合同内容或者拒绝合同的决定，不能增减、变更其中的条款。协议合同是与附和合同相对应的概念，特指缔约双方充分协商而订立的合同。保险合同大多是附和合同，一般情况下投保人或被保险人不能商议变更保险合同条款。

保险人由于具备专业知识和业务经验，因此负责拟定合同的基本条款并递交监管部门批准。投保人可以接受合同也可以拒绝投保，一般没有修改合同条款的权利，即使有必要变更合同的某项内容，也只能使用保险人事先准备的附加条款。保险合同的附和性将合同双方置于不对等的地位，因此保险人有义务使用清晰、易懂的语言拟定合同条款，并对可能引发歧义的部分做出充分解释。当保险人和被保险人因为合同条款存在歧义的地方产生法律纠纷时，法院通常会做出有利于被保险人的决定。有一些保险合同由于保险标的特殊，需要当事人双方充分协商，或是投保方有比较强的协商能力，如团体保险合同，在这些情形下，保险合同就不再属于附和合同。

（五）条件性

合同的条件性是指合同的一方当事人是否履行义务取决于合同约定的相关条件是否被满足。对于保险合同来说，只有当风险事故符合合同约定的条件，且被保险人或受益人遵守保险条款约定时，保险人才会承担赔偿或给付保险金义务。否则，保险人有权利拒绝该义务。例如，投保人、被保险人或受益人知道保险事故发生后，故意拖延时间未按照合同约定及时通知保险人，致使保险事故原因、损失程度等难以确定，保险人对无法确定的部分可以不承担赔偿或者给付保险金的责任。

（六）属人性

保险合同的属人性主要体现在财产保险中，即保险合同所保障的是被保险人对保险标的的相关利益，而不是保障财产本身。个人的禀性、行为、信用等将极大地影响到保险标的发生损失的可能性和严重程度。保险人必须根据保险标的的状态以及被保险人的个人情况来决定是否承保及承保条件。对于同样的保险标的，保险人对不同的投保人可能收取不同的费率，甚至可能对部分投保人做出拒绝承保的决定。因此，除非经保险人同意，财产保险合同一般不能随保险标的的转移而转让。

（七）非要式性

非要式合同又称不要式合同，是指按照法律、法规要求，不一定具备特定形式就能成立、生效的合同。与之相对的是要式合同，即必须经过特定形式才能成立的合同。这里的“特定形式”包括法律规定或当事人约定的书面形式，有关机关核准登记、鉴证、公证或第三人证明等。

保险合同属于非要式合同，投保人提出保险要求，经保险人同意承保，保险合同成立。保险合同不用必须以书面形式作为其成立和生效要件。

【阅读材料 5-1】保险单未出具，保险合同是否成立？[①]

2001 年 12 月 5 日，A 在甲保险公司代理人的介绍下，签署了某终身人寿保险的投保

① 资料来源：笔者整理。

单，指定 A 的母亲为保险受益人。主合同基本保险金额 100 万元；附加长期意外伤害保险，基本保险金额 200 万元。A 在次日依照该保险公司的指示缴纳了首期保险费共计 11 944 元，并在当月 17 日完成了保险公司指定医院安排的体检。

但是，2001 年 12 月 18 日凌晨 1 点左右，A 与几位朋友在某酒楼吃夜宵时，不幸坠楼身亡。A 的母亲在向甲保险公司申请索赔时，保险公司同意赔付主合同保险金 100 万元，但是拒绝赔付附加合同的保险金 200 万元，理由是事故发生时尚未同意承保（没有开出保险单）。

2002 年 3 月 15 日，A 的母亲拿到甲保险公司声称按照“通融赔付”支付的 100 万元。随后，A 母将此案诉至法院，要求判决甲保险公司支付附加长期意外伤害保险的保险金 200 万元，以及延迟理赔上诉金额的利息。

法院认为这份保险合同及其附加合同均已成立、有效。A 和甲保险公司的代理人共同签署了投保单，投保人 A 和保险公司的权利义务在投保单上清晰列明，双方对此也达成了一致意见；并且 A 次日也缴纳了首期保费，也按照保险公司的安排去指定医院做了体检，履行了健康如实告知义务。作为投保人在保险合同成立后应当负的主要责任，A 都已经履行。甲保险公司凭借其体检报告、财务资料进行健康和财务审查，是保险公司的内部规定，法律并没有对此做强制性规定。因此，法院认为保险公司应该赔付主合同保险金 100 万元和附加合同的保险金 200 万元。

实际上，最高法院于 2013 年发布的对《保险法》司法解释再次明确了以上判决的合理性。如果被保险人在投保人缴纳首期保费之后发生保险事故，而保险公司还未出具正式保单，当被保险人符合该保险承保条件，被保险人应当获得保险保障。这符合保险合同非要式特性。

第二节 保险合同的构成要素

一、保险合同的主体

保险合同的主体就是保险合同的相关者，如保险人、投保人、被保险人、受益人等。其中，投保人和保险人是合同当事人，双方参与保险合同的订立，约定权利义务关系；被保险人和受益人的利益受到保险合同的影响，属于合同关系人；此外，保险代理人、保险经纪人和保险公估人等为保险合同的缔结、履行等提供帮助，辅助保险业务顺利完成，是保险中介，也就是保险辅助人。

（一）保险合同的当事人

1. 保险人

保险人是指经营保险业务，按照合同约定向投保人收取保费，并在保险事故发生或者保险期限届满时，向被保险人履行赔偿或给付保险金义务的保险合同当事人。保险人利用大数定律估计损失发生率、厘定保险费率，用收取的保费建立保险基金，从而在面临同质风险的投保人之间分散风险。各国对保险人的从业资格都有明确的法律规定。一般来说，保险人须为取得经营资格的法人，且其经营活动必须在规定的范围内进行。如果保险人不是法人，其订立的保险合同无效。但是也有例外情况，如英国的劳合社，其承保人可以是具有完全民事行为能力、信誉和财产符合规定的自然人。

我国《保险法》第六条明确规定："保险业务由依照本法设立的保险公司以及法律、行政法规规定的其他保险组织经营，其他单位和个人不得经营保险业务。"同时，还对保险公司的组织形式、成立条件、变更、整顿、接管、破产等做了详细规定，并且明确规定保险人不得兼营人身保险业务和财产保险业务。但是，经营财产保险业务的保险公司经国务院保险监督管理机构批准，可以经营短期健康保险业务和意外伤害保险业务。

2. 投保人

投保人是指与保险人订立保险合同，并按照合同约定负有支付保险费义务的人。投保人既可以是自然人，也可以是法人或其他组织。投保人与被保险人、受益人可以是同一主体，也可以不同。作为保险合同当事人，投保人须满足以下三个条件：

第一，投保人应具有相应的民事行为能力。签订保险合同是一种民事法律行为，其成立要件之一是合格的主体资格。根据我国民法相关规定，无民事行为能力人是指不满 8 周岁的未成年人和不能辨认自己行为的精神病人；限制民事行为能力人是指年满 8 周岁不满 18 周岁的未成年人及不能完全辨认自己行为的精神病人；16 周岁以上不满 18 周岁、以自己的劳动收入为主要生活来源的自然人被视为完全民事行为能力人。投保人为自然人时，一般应具有完全民事行为能力，无民事行为能力或限制行为能力的自然人不能签订保险合同，已签订保险合同的，合同无效。投保人为法人时，必须是具有民事行为能力的法人。法人的民事行为能力是指其参与民事活动、享有民事权利、承担民事义务的能力，是法人能够以自己的意思进行民事活动的资格。

第二，人身保险的投保人对保险标的必须具有保险利益。我国《保险法》第十二条规定："人身保险的投保人在保险合同订立时，对被保险人应当具有保险利益。财产保险的被保险人在保险事故发生时，对保险标的应当具有保险利益。"

第三，投保人必须按合同约定缴纳保费。保险合同是一种有偿合同，投保人取得对保险标的的经济保障的代价就是定期、足额缴纳保费。无论是为自己的利益投保，还是为他人的利益投保，投保人均有支付保险费的义务。

（二）保险合同的关系人

1. 被保险人

被保险人是指其财产或者人身受保险合同保障，享有保险金请求权的人。投保人和被保险人可以是同一人，也可以是不同的人。被保险人的财产、身体、寿命等是保险事故发生的主体，当保险事故发生时，被保险人是利益受损的人，因此，被保险人也是享有保险金请求权的人，当特定风险事故发生导致保险标的受损或者保险期间届满时，被保险人有权要求保险人承担赔偿或者给付保险金的责任。

（1）人身保险与财产保险的被保险人

在人身保险中，被保险人是依据保险合同对其生命、身体、健康等获得保障的人。显然，人身保险的被保险人必须是自然人。我国《保险法》规定，投保人不得为无民事行为能力人投保以死亡为给付保险金条件的人身保险，保险人也不得承保。父母为其未成年子女投保的人身保险，不受此规定限制，但是死亡给付的保险金总和不得超过国务院保险监督管理机构规定的限额。

在财产保险中，被保险人是财产及相关利益因特定风险事故发生致损而有权向保险人求偿的法人或自然人。例如，在责任保险中，被保险人是由于自己的过失造成他人财产损失或人身伤亡，有权要求保险人代自己承担经济赔偿责任的法人或自然人。

（2）被保险人的权利。在财产保险和人身保险中，被保险人均具有保险金请求权。在人身保险中，如果被保险人死亡，受益人有权行使保险金请求权。如未指定受益人或指定受益人不明确的，保险金作为被保险人的遗产由其法定继承人领取。此外，人身保险的被保险人还拥有同意权，即在以死亡为给付保险金条件的人身保险中，必须由被保险人同意且认可保险金额，否则合同无效。

（3）被保险人的义务。被保险人获得经济保障的前提是要承担保险合同规定的义务。例如，保险标的风险增加时要及时通知保险人；保险事故发生时采取必要施救措施；保险事故发生后及时通知保险人并提供相关证明资料等。

（4）被保险人的确定。如为自己的利益投保，投保人即为被保险人；如为他人利益投保，投保人和被保险人不属同一人。后一种情况中，投保人确定被保险人的方式可分为三种：一是在保险合同中列举出所有被保险人；二是约定当满足保险合同中相关规定时，有关对象自动成为被保险人；三是采用扩展的方式确定被保险人。例如团体保险一般采取后两种方式。

2. 受益人

受益人是指人身保险合同中由被保险人或者投保人指定的享有保险金请求权的人。投保人、被保险人可以为受益人。受益人通常是存在于人身保险中的概念，尤其是以被保险人死亡为给付条件的人身保险，其初衷就是为那些被保险人的利益相关者提供经济保障。而财产保险受保障的大多是被保险人自身的经济利益，发生保险事故时由被保险人自己领取保险金，因此通常没有受益人。

（1）受益人的资格。与被保险人不同，受益人资格不受特别限制。从合同身份角度，受益人可以是投保人、被保险人；从法律身份角度，受益人可以是自然人、法人等一切合法组织。但是，无论是何种身份，受益人应当由投保人或者被保险人指定；投保人指定受益人时必须经过被保险人同意。当被保险人为无民事行为能力人或限制行为能力人，可以由其监护人依法行使指定权。此外，我国《保险法》第三十九条第二款规定：“投保人为与其有劳动关系的劳动者投保人身保险，不得指定被保险人及其近亲属以外的人为受益人。”

（2）受益人的数量。受益人可以是一人，也可以是多个人。当受益人为多人时，被保险人或者投保人可以确定受益顺序和受益份额。如果没有确定受益份额，所有受益人将按照相等份额享有受益权。

（3）受益人的变更。在保险合同存续期间，投保人或者被保险人可以变更受益人，不需要事前征得保险人同意，但必须通知保险人进行相应的变更。并且，投保人变更受益人必须经过被保险人同意。

（4）受益人与继承人的区别。如前所述，受益人是由投保人或者被保险人指定产生的，享有的是受益权；而继承人是由于与被继承人的法律关系或者被继承人的遗嘱而产生的，享有的是继承权。受益人依照合同约定获得的保险金不参与被保险人的遗产分配，且不用于清偿被保险人生前债务；继承人承担在所继承遗产范围内偿还被保险人债务的义务。在征收遗产税的国家和地区，继承人还要依法缴纳遗产税，而受益人获得的保险金是原始所得，无须缴纳遗产税。

（5）受益人丧失保险金请求权的情况。当出现以下情况时，受益人丧失受益权：一是受益人有谋害被保险人的行为，无论后果如何，均不可获得保险金；二是受益人先于被保险人死亡；三是受益人自主放弃受益权或依法丧失受益权；四是受益人与被保险人在同一事故中死亡，且无法判断死亡先后顺序的，推定受益人死亡在先。被保险人死亡后，如果受益人丧失受益权，保险金作为被保险人的遗产，由保险人依照与财产继承相关的法律规定履行给付保险金义务。此时保险金因成为遗产，继承人应当依法担负被保险人生前债务和缴纳遗产税。

（三）保险合同的辅助人

保险合同的辅助人又称保险中介，是指在保险合同的签订、履行以及保险事故发生后的理赔等事项中以收取佣金为条件，向保险合同当事人、关系人提供中介服务的机构和个人，主要包括代理人、经纪人和公估人。

1. 保险代理人

保险代理人是接受保险人委托，向保险人收取佣金，在保险人授权范围内代为办理保险业务的机构和个人。保险人向代理人支付一定的劳动报酬，换取代理人在其授权范围内代为招揽客户、提供咨询、收取保费、处理理赔等服务。代理人是保险公司拓展业务、提高经营效率的重要渠道之一。

（1）保险代理人的分类。在我国，保险代理人可分为专业代理机构、兼业代理机构和个人保险代理人。专业代理机构是指专门从事保险代理业务的机构，可以代理多家保险公司的产品，业务范围较广泛；兼业代理机构是指在经营自己主业的同时，为赚取佣金，指定专人负责保险公司委托代理事项的机构，业务范围较窄，一般只负责销售保单和收取保费；个人保险代理人是指向保险人收取佣金，在授权范围内代理保险业务的个人，个人保险代理人只能接受一家保险公司的委托代理开展保险业务。

（2）保险代理人与保险人的关系。一方面，保险人对代理人的行为负责。保险人委托保险代理人代为办理保险业务，双方签订委托代理协议。保险代理人依据授权代为办理保险业务的行为，由保险人承担责任。因此，在授权范围内的保险服务，投保人向保险代理人如实告知的事项，即认可为保险人知晓。例如，保险代理人知晓投保人的财产存在明显安全隐患还与其签订保险合同，日后发生保险事故时，保险公司不能以此拒绝履行赔偿义务。另一方面，为了保障保险人的合法利益，保险代理人没有代理权、超越代理权或者代理权终止后以保险人名义订立合同，使投保人有理由相信其有代理权的，该代理行为有效，但保险人可以依法追究越权的保险代理人的责任。

2. 保险经纪人

保险经纪人是指基于投保人利益，在投保人签订、履行保险合同过程中提供中介服务，并依法收取佣金的机构。与保险代理人不同的是，我国《保险法》中规定了保险经纪人不能是个人，只能是依法成立的机构。保险经纪人因过错给投保人、被保险人造成损失的，由保险经纪人依法承担赔偿责任。

3. 保险公估人

保险公估人是指接受保险当事人或关系人的委托，以第三方的身份，为其提供保险合同签订和履行过程中保险标的鉴定、估价和保险事故发生后的估损、理赔、核算等服务的个人和机构。在我国，相关法规规定保险公估人只能是依法成立的机构，不能是个人。保险公估人应当独立开展业务，不得代表任一方（特别是支付佣金一方）的利益，确保评估结果专业、客观、公正，并对其出具的公估证明承担法律责任。需要指出的是，公估证明不同于保险合同和法律文书，没有法律上的约束力，只是确定保险费率和理赔金额的参考依据，保险人和投保人可接受可不接受，不得强加于另一方。

二、保险合同的客体

保险合同的客体是保险利益，保险利益的载体是保险标的。保险标的和保险利益是两个紧密相关的概念。保险标的是有可能发生保险事故的本体，是投保人要求转嫁风险且保险人提供保险保障的对象。保险标的可以是有形的，例如汽车、人的身体等；也可以是无形的，例如对第三方的民事赔偿责任等。保险利益是指投保人或者被保险人对保险标的具有的法律上承认的利益，例如因汽车所有权、使用权而产生的利益。没有保险标的，保险利益无从谈起；保险标的的损坏，意味着被保险人利益的损失。从本质上说，保险合同订立的目的并不是为了保障保险标的的安全，而是为了实现对被保险人的经济保障，即在约定保险事故造成的保险标的损失而导致被保险人的经济利益受损时，保险人提供补偿或给付保险金。

不同的保险标的，体现不同的保险利益。作为保险合同成立的要件之一，保险利益是保险人决定是否承保的依据，也是确定保险金额和赔偿金额的依据。保险利益原则已经成为成熟保险市场的重要通用原则之一（详见第四章）。

三、保险合同的内容

保险合同的内容是保险合同关系成立必不可少的构成要素。保险合同的内容主要体现在保险合同条款中，保险合同条款约定了保险双方当事人权利和义务的范围，是按照约定缴纳保费的投保人要求保险人承担保险责任的依据。

（一）保险合同条款的分类

1. 依据在保险合同中的地位分类

依据在保险合同中的地位不同，保险合同条款可以分为基本条款和附加条款。

基本条款又称普通条款，是保险人根据法律规定，事先在保险单中拟定的关于保险合同当事人、关系人基本权利和义务的条文，是保险合同不可缺少的内容，不随投保人的意愿而变更。基本条款中规定的保险人应承担的责任为基本险。

附加条款又称单项条款，是投保人和保险人根据需要在基本条款的基础上附加的条款，用以补充基本条款中约定的权利和义务，以扩大或限制保险人的承保责任。附加条款通常也由保险人事先拟定，由保险合同双方当事人协商后附贴在保险单上。附加条款中规定的保险人应该承担的保险责任是附加险，投保人不可单独投保附加险，只能在已投保基本险的基础上追加投保附加险。

2. 依据条款产生效力的基础分类

依据条款产生效力的基础不同，保险合同条款可以分为法定条款和约定条款。法定条款是指根据法律规定必须列于保险单中的条款。法定条款构成了保险合同的基本内容。依据我国《保险法》的相关规定，保险合同中的法定条款包括保险人的名称、住所；投保人、被保险人的姓名、住所，以及人身保险的受益人的姓名和住所；保险标的；保险责任和责任免除；保险期间及保险责任开始时间；保险金额；保险费及其支付方法；保险金赔偿或者给付办法；违约责任和争议处理等。

约定条款是在法定条款之外，保险合同双方当事人根据需要就其他权利和义务协商拟定的条款。约定条款通常包括保险协会条款、保证条款和附件条款等。

（二）保险合同的基本事项

1. 保险合同当事人、关系人信息

保险人即保险公司，其名称应与在工商行政管理部门登记注册的名称一致，地址应为保险公司或者具有“出单权限”的分支机构主要经营场所所在地。保险人的名称和地址一般已事先印制于保险单上。

投保人、被保险人、受益人的姓名应与居民身份证和户口簿上一致，地址为常住地。如果以他人的生命和健康投保，保险单上被保险人的姓名须由本人亲自填写；如果被保险人不是受益人，受益人的名称应由被保险人亲自填写，或者授权投保人填写。特别地，在货物运输保险合同中，投保人可标明“或其指定人”字样，则该合同可背书转让；也可采用无记名式，则该合同可随货物的转移而转让。

保险合同当事人、关系人的上述信息关系到各方权利和义务的有效行使，因此必须在保险单中详细记载。投保人向保险人告知风险增加情况、出险情况，保险人催收保费、调查保险事故、赔偿或给付保险金，以及双方发生保险诉讼时的管辖权问题，均涉及当事人、关系人的名称（姓名）和地址事项。

2. 保险标的

保险标的是投保人投保的财产及相关利益、人的身体和寿命、各种责任和信用等，是保险合同成立的要件之一。保险标的是保险利益的载体，也是确定保险金额、保险费率、保险合同性质、保险责任范围、诉讼管辖等的依据，是保险合同必不可少的事项。

如果保险标的是实物财产，需要写清楚名称、用途、坐落地址、使用年限等；如果保险标的是人的身体和寿命，需要写清楚姓名、年龄、性别、职业、健康状况等。

3. 保险金额

保险金额是保险人承担赔偿或者给付保险金责任的最高限额。

对于狭义的财产保险（即实物财产保险）来说，投保人可在保险标的实际价值范围内自由选择投保金额。保险金额等于保险标的价值是足额投保；保险金额小于保险标的价值是不足额投保；保险金额大于保险标的价值是超额投保，但超过保险标的价值的部分无效。

对于责任保险、信用保险来说，保险金额由投保人和保险人根据保险标的的实际情况协商确定，部分责任保险不确定保险金额。

由于人的生命价值和健康不能用货币度量，因此人身保险的保险金额不能依据保险标的价值来决定。大部分人身保险的保险金额依据投保人支付保费的能力及对经济保障的需求，在订约时和保险人协商确定。

4. 保险费

保险费是按照合同约定，投保人为换取保险人的损失赔偿和保险金给付而向其支付的价格。保险费是保险人建立保险基金的重要来源。财产保险的保险费一般在订立保险合同时或合同约定的时间内一次性缴纳。人身保险因多数具备长期性，投保人既可以选择趸缴方式，即一次性缴纳全部保险费，也可以采取期缴的方式。

5. 保险责任和责任免除

保险责任是保险合同双方当事人在合同中约定的，当保险标的发生特定风险事故或者保险期限届满时，保险人承担赔偿或给付保险金的责任。保险责任规定了保险人的责任范围，一般在保险合同中明确列举，包括基本责任和特约责任。

责任免除又称除外责任，规定了保险人不承担赔偿责任的风险事故及损失范围。责任免除是对保险人责任范围的限制，避免其过度承担责任，包括法定责任免除和约定责任免除。根据内容不同，责任免除一般可分为四种类型：一是不承保的风险，如地震、恐怖袭击等，由于其损失范围集中、损失程度大，保险合同一般均将其列为不承保风险。二是不承保的标的。保险人通常将价值难以确定或价值变动频繁且变动幅度大的财产及其相关利益归为不承保范围。不承保标的又可以分为绝对不承保（如土地等）和可特约承保（如现金、黄金等）两类。三是不承担赔偿责任的损失，如车辆的正常维修、保养等的费用，保险人不承担赔偿责任。四是投保人或被保险人违反保险合同的约定条件。保险合同中的免责条款必须明示列举，不得以默示方式表示，且在订约时，必须向投保人明确说明。

6. 保险期间和保险责任开始时间

保险期间是指保险合同的有效期间，即保险人为被保险人提供经济保障的起止时间。由于风险发生的不确定性，保险期间必须明确规定。保险期间的长短是计算保险费率的依据之一，由投保人和保险人协商确定。一般财产保险的期限较短，多为一年；人身保险的期限较长，可达数十年甚至终身。保险期间可用具体的年、月、日表示，也可以是某一活动的完整周期，如农作物的生长期、货物运输的航行期、工程的施工期等。

保险责任开始时间由投保人和保险人在合同中约定，与保险期间可能一致，也可能不一致。对于“零时起保”的保险合同，保险责任开始的时间是合同成立后的次日零时，或附条件成立或附期限到达后的次日零时起生效；对于规定“观察期”的人身保险合同，保险责任开始时间则要晚于保险合同生效时间。

第三节　保险合同的形式

保险合同的形式是指保险双方当事人合意的表现形式，是保险合同内容的外部表现，即保险合同内容的载体。实践中，保险合同多表现为书面形式，按照订立的程序不同，大致可以分为六种主要形式。

一、投保单

投保单是投保人向保险人申请订立保险合同的书面要约，保险关系成立后，即成为保险合同的一部分。投保单一般由保险人根据不同的险种分别统一印制。投保人在投保单中如实填写保险标的相关信息，保险人据此决定是否承保以及承保条件。投保单和保险单具有相同的法律效力，对于保险单中遗漏和文义模糊的内容，投保单可作为补充。如果投保人未履行如实告知的义务，又未在保险单中加以修正，保险人有权在规定时间内解除合同关系并拒绝承担赔偿责任。

投保人在投保单中应当如实告知与保险标的状态及风险程度相关的信息。例如，在财产保险中，投保人需要如实填写保险标的内容、所在地、营业性质，以及被保险人身份和地址等；在人身保险中，投保人应当如实填写被保险人职业、健康、年龄等。上述信息是保险人决定是否承保以及承保条件的重要依据。

二、暂保单

暂保单又称临时保单，大多在财产保险中使用，是保险人出具正式保险合同之前明确保险关系成立的临时文件，与保险单具有相同的法律效力。暂保单只记载保险标的、被保险人、保险金额、责任范围等重要事项，且期限一般较短，由保险人具体规定，通常为 30 天，保险人也可以在到期之前终止暂保单，但是需要通知投保人。保险人出具正式保险合同之后，暂保单失效。

暂保单并不是保险关系成立的必要文件，一般在以下情况中使用：一是保险分支机构由于权利范围的限制，在接受投保要约后，可能还需申请上级机构批准，在得到批准之前以暂保单作为保险关系成立的证明；二是保险代理人招揽到客户后，在保险人正式出具保险单之前，签发暂保单作为保险证明；三是保险人和投保人已就主要事项达成一致意见，但仍有部分内容需要再作商议，此时可签订暂保单作为保险证明；四是出具保险单需要时间，但投保人急需保险证明的情况，例如，在出口结汇时，暂保单可以作为出口货物已办理保险的证明。

需要注意的是，暂保单的不当使用会使保险人面临风险隐患。由于暂保单在保险合同正式成立之前与保险单具有相同的法律效力，但是投保人只有在签订保险合同之后才开始缴纳保险费，相当于享受了免费保险，因此对暂保单的使用应该严格管理。

三、保费收据

保费收据通常在人寿保险中使用，是在保险人出具正式保险单之前的书面文件。保费收据与财产保险中的暂保单相似但也存在重要差异。二者最大的不同在于，暂保单在失效之前有和保险单相同的法律效力，而保费收据只是投保人缴纳保险费（多为首期保费）和可能获得预期保障的证据。

投保人缴纳首期保费到保险公司出具正式保单之前的这段时间，被称为“保险空白期”。以美国为代表的成熟保险市场中，如果被保险人持有附条件保费收据，在保险空白期发生约定保险事故的，只有约定条件被满足时，保险人承担赔偿或给付保险金责任；如果被保险人持有无条件保费收据，在保险空白期发生约定保险事故的，保险人应当无条件履行赔偿或给付保险金义务。由于无条件保费收据有可能使得原本不满足承保条件的被保险人获得赔付，保险人较少采用此种收据。

在我国，保险空白期的争议处理可以参见《最高法院保险法解释二》的第四条规定："保险人接受了投保人提交的投保单并收取了保险费，尚未作出是否承保的意思表示，发生保险事故，被保险人或者受益人请求保险人按照保险合同承担赔偿或者给付保险金责任，符合承保条件的，人民法院应予支持；不符合承保条件的，保险人不承担保险责任，但应当退还已经收取的保险费。保险人主张不符合承保条件的，应承担举证责任。”也就是说，在我国保费收据是投保人缴纳保费的凭证，保险空白期被保险人是否能够获得保险保障要依据其是否符合承保条件。

四、保险单

保险单简称保单，是证明投保人和保险人之间保险合同行为的最正式的书面文件。保险单不仅能够确定保险关系，而且还明确了保险合同当事人和关系人的权利和义务，因此必须包括保险合同双方约定的全部事项，保证内容完整、表述准确。保险单所记载的内容是双方履约的主要依据。此外，保险单还具有有价证券的作用。由于大部分长期人身保险具有储蓄性，因此其保险单可以作为一种有价证券进行转让和质押。

随着互联网保险的迅速发展，保险公司签发电子保单也越来越普遍。我国的法律允许保险单以电子数据的形式呈现，以数据电文形式签订的保险单与纸质保单具有同等效力，也应同纸质保单一样遵循相关监管规定。

五、保险凭证

保险凭证又称小保单，是证明保险关系成立的一种简化的书面文件，与保险单具有相同的法律效力。与正式的保单相比，保险凭证记载的内容相当简单，未记载或者与保险单冲突的内容，以保险单为准。保险人可单独签发保险凭证，常见于需要随身携带保险证明的场合。例如，投保海洋运输保险的承运人需要随身携带保险凭证，以方便其在多次转运货物时随时记录航行时间和距离、保险标的名称和数量等。保险人也可同时出具保险单和保险凭证，如团体保险中，主保单由法人单位持有，保险凭证由单个被保险人持有。

六、批改单

批改单简称批单或背书，是变更、增减保险单内容的书面文件。批单由保险人出具并签章，附贴在保险单或者保险凭证上，批单一经签发，即成为保险合同的一部分。当投保人和保险人协商修改、扩大或限制原保单中记载的权利和义务，变更保险标的实际价值、所属权等，都可以使用批单的形式。需要指出的是，批单的法律效力高于保险单，同类别的记载事项，以批单为准；多次签发批单的，以最后成立的批单为准。

除了以上保险合同的主要形式外，经投保人与保险人或其代理人协商同意，也可以采取其他形式订立保险合同。对于构成保险合同的多种文件，其内容若有不一致的时候，根据我国《最高法院保险法解释二》第十四条规定："保险合同中记载的内容不一致的，按照下列规则认定：（一）投保单与保险单或者其他保险凭证不一致的，以投保单为准。但不一致的情形系经保险人说明并经投保人同意的，以投保人签收的保险单或者其他保险凭证载明的内容为准；（二）非格式条款与格式条款不一致的，以非格式条款为准；（三）保险凭证记载的时间不同的，以形成时间在后的为准；（四）保险凭证存在手写和打印两种方式的，以双方签字、盖章的手写部分的内容为准。"

【阅读材料 5-2】投保单与保险凭证不一致[①]

1997 年 11 月，A 为当年 8 岁的女儿投保了一份子女婚嫁金保险。A 从保险公司获得一张小卡片——保险凭证，其背面记载："年缴费 2 000 元，起保日期 1997 年 11 月 5 日，缴费期限 14 年，自 1997 年 11 月 5 日至 2011 年 11 月 5 日，期满领取婚嫁金金额 65 731.87 元。"

14 年之后，A 去领取保险金时，保险公司依据 A 留存的投保单及该公司《子女婚嫁金保险条款及所附金额表》，仅同意支付保险金 54 732.01 元。A 让保险公司拿出当年他签字确认的投保单，只见条款中确实记载"年缴费 2 000 元，到期保险金额为 54 732.01 元"。

保险公司留存的投保单与投保人、被保险人持有的保险凭证记载金额不一致，到底以哪份为准？A 将该保险公司告上法庭。法院在庭审中，被告保险公司辩称，A 保险凭证上所记载的金额系被告员工失误，并非被告的真实意思表示。同时，《子女婚嫁金保险条款及所附金额表》在保险工作中并不会随意更改，故仅承认 54 732.01 元。

法院认为，保险凭证系由保险人交投保人保管，并以此作为投保人向保险人交付保险费且保险人逐年进行登记管理的凭据。根据《保险法》第十三条的规定，保险凭证是保险合同条款的法定载体。其他合同条款载体与保险凭证不一致的，应当以法定载体记载为准，故保险凭证的效力高于投保单。同时，从涉案保险合同的履行情况看，原告已按照保险凭证所明示的条件，在 14 年中每年向被告如数缴纳保险费，被告的工作人员亦逐年在原告保管的保险凭证上审核、签字（盖章）确认。如系失误或非真实意思，被告即应及时提出，并就"误写"合同的内容（条款）与原告重新商量、补缺。然而，在原告逐年缴费登记的 14 年中，被告及其工作人员均没有对此提出异议。因此，被告在保险期满给付时，才以失误和非真实意思为由拒付两份凭证上记载不同的所谓差额款，令原告和公众有理由怀疑保险公司履行合同的诚意。

最终，法院判决保险公司给付被保险人保险金 65 731.87 元。

---

① 资料来源：笔者整理。

第四节　保险合同的执行

一、保险合同的订立、生效和履行

（一）保险合同的订立

保险合同的订立是指投保人和保险人在平等自愿的原则下，就保险合同主要条款协商一致并签订协议的过程。保险合同订立需经过要约和承诺两个阶段。

要约是指一方当事人向另一方当事人提出订立合同的意思表示，提出要约的一方为要约人。订立保险合同的要约通常由投保人提出，是保险合同成立的首要和必经程序。保险合同要约一般采用投保单或其他书面形式，由投保人填写并亲自签名后，将其交给保险公司或其代理人。保险关系成立后，投保单即成为保险合同的一部分。实务中，保险公司和保险代理人为开展业务、扩大市场份额，积极主动向潜在保险消费者推销保险产品，是要约邀请。投保人接受要约邀请并填写投保单之后，才构成要约。

要约行为中比较容易出现的问题是投保人对投保单所提问题的不实填写和投保单代签名问题，这些都可能导致保险公司的拒赔。因此，投保人对自己的投保行为须慎重对待。依据我国《最高法院保险法解释二》相关规定，投保人或者投保人的代理人订立保险合同时没有亲自签字或者盖章，而由保险公司或者保险公司的代理人代为签字或者盖章的，对投保人不生效。但投保人已经缴纳保险费的，视为其对代签字或者盖章行为的追认。

承诺是指一方当事人无条件接受要约人提出的订立合同的建议和要约内容，并与其订立合同的行为，做出承诺的一方为受约人。订立保险合同的承诺通常由保险人或其代理人做出。投保人填写并提交投保单后，保险人对投保单上的内容进行审核，认为符合条件的，则接受要约，即承保，保险合同成立。依据我国相关法律，保险人需在规定时间内做出是否承保的决定，且在承保后及时开具保险单或其他保险凭证。

（二）保险合同的生效

保险合同的生效是指保险合同对当事人双方产生约束力。我国《保险法》第十三条第一款和第三款分别规定：“投保人提出保险要求，经保险人同意承保，保险合同成立。”“依法成立的保险合同，自成立时生效。投保人和保险人可以对合同的效力约定附条件或者附期限。”

由此可见，投保人发出要约、保险人同意承保即保险合同成立，保险合同成立不能附加条件，但是保险生效可以约定附条件或附期限。因此保险合同的生效与合同成立的时间可能不一致。如果保险合同附条件或时间约束，只有当约定的条件或时间期限满足时，保险合同才开始生效。例如，车损险等财产损失保险一般约定特定日期的“零时”合同生效，而不是签订合同的日期。

保险合同的有效是指保险合同具有法律效力并受法律保护。保险合同的有效是生效的前提。保险合同有效且满足约束条件和时间时，保险合同生效。如果保险合同无效，即使满足约束条件和时间，保险合同也不能生效。保险合同生效必须满足以下四个条件：

第一，主体合格。投保人必须是具有民事行为能力的自然人或法人。无民事行为能力或者限制行为能力的个人不能成为投保人；人身保险的投保人对被保险人必须具有保险利益；保险人必须是经保险监督管理部门批准成立且在规定范围内经营保险业务的保险公司。

第二，客体合法。投保人或被保险人对保险标的的保险利益必须符合法律规定，受法律保护，且不得损害国家、社会和第三者的利益，否则保险合同无效。例如，投保人为非法所得的财产投保，一经发现，保险合同无效。

第三，主体意思表达真实。保险合同双方当事人必须在自愿、充分表达内在意志且遵循最大诚信原则的基础上订立保险合同。投保人不得隐瞒保险标的的真实风险状况和被保险人的真实健康状况；任何一方不得采用隐瞒、欺诈的手段诱骗、胁迫对方订立保险合同，否则保险合同无效。

第四，双方当事人权利、义务对等。投保人以按期、足额缴纳保费为代价换取保险人为其保险利益提供保障；保险人承诺对保险事故发生时被保险人的经济损失承担赔偿或给付保险金的责任，换取收取保费的权利。由此可见，当事人双方获得权利的前提是承担相应的义务，体现了保险有偿、公平、互利的特点。

（三）保险合同的履行

保险合同的履行是指保险合同双方当事人根据合同约定履行各自义务的过程。保险合同规定了投保人和保险人的权利和义务，保险合同的履行就是双方各自承担义务。

1. 投保方的合同履行

（1）如实告知的义务

保险合同签订时，投保人应当将保险标的和被保险人的所有重要事实如实告诉保险人。由于投保人很难准确判断何为重要事实，我国采用询问告知的原则，即投保人仅对保险人询问的问题如实做出口头或者书面陈述，而对于保险人没有询问的问题，投保人没有告知的义务。

（2）按期、足额缴纳保费的义务

投保人必须按照保险合同规定的缴费期间、数额、方式缴纳保费，这是投保人必须履行的最基本义务，是保险合同持续生效的必要条件。保险费也可由与投保人有利益关系的第三方代为缴纳，保险人不得拒收。保险费的支付方式，由双方当事人在保险合同中具体规定。财产保险的投保人通常一次性缴纳；人身保险的投保人通常分期缴纳，也可采用趸缴的方式。

投保人如果未按合同约定缴纳保费，需要承担相应的法律后果。一般来说，对于一次性缴纳保险费的财产保险合同，投保人需补交保费并支付延迟期间的利息，否则保险人有权终止合同。对于分期缴纳保费的人身保险合同，投保人需在宽限期内补交，否则保险人有权中止合同，且对于中止期间发生的保险事故，保险人不承担保险责任。

具体地，针对人身保险合同，我国《保险法》第三十六条规定：“合同约定分期支付保险费，投保人支付首期保险费后，除合同另有约定外，投保人自保险人催告之日起超过三十日未支付当期保险费，或者超过约定的期限六十日未支付当期保险费的，合同效力中止，或者由保险人按照合同约定的条件减少保险金额。被保险人在前款规定期限内发生保险事故的，保险人应当按照合同约定给付保险金，但可以扣减欠交的保险费。”《保险法》第三十七条规定：“合同效力依照本法第三十六条规定中止的，经保险人与投保人协商并达成协议，在投保人补交保险费后，合同效力恢复。但是，自合同效力中止之日起满二年双方未达成协议的，保险人有权解除合同。”

（3）通知的义务

首先，在保险合同期间，如果因某些保险合同签订时双方未曾意料到的情况发生，导致保险标的面临的风险程度增加，投保人有责任将风险增加的情况通知保险人。如住房改为仓库、车辆所有权发生转让等，都应该通知保险人。保险人接到通知后，可以在规定时间内做出按原合同继续承保或提高保费或终止合同的决定。投保人有权拒绝保险人提高保费的要求，此时保险合同终止。如果保险人在接到通知后的规定时间内未明确做出回应，则视为默认以原保费继续承保，并对保险期间内发生的保险事故承担赔偿责任。如果投保人未履行通知风险增加的义务，保险人有权拒绝承担保险责任。

其次，保险事故发生后，投保人、被保险人或者受益人应将事故发生的时间、地点、原因等及时通知保险人。这是被保险人或者受益人获得经济补偿的必要程序。保险事故发生后的及时通知，一方面能够协助保险人迅速开展现场勘查，确定事故的性质、保险标的损失程度以及是否承担赔偿责任等。因投保人、被保险人或者受益人故意或者因重大过失未及时通知，致使保险事故的性质、原因、损失程度等难以确定的，保险人对无法确定的部分，不承担赔偿或者给付保险金的责任。另一方面也将有助于保险人确定事故责任，以便履行代位求偿。在财产保险中，如果事故的发生是由第三者引起的，保险人在向被保险人赔偿保险金之后即获得代位追偿权，即以被保险人的名义向造成保险事故的第三者要求赔偿，此时投保人和被保险人应提供保险人需要的文件并如实告知已了解到的情况，协助保险人索要赔偿。

最后，对于重复投保的行为，投保人也应如实通知保险人，防止投保人获得超出损失的赔偿，这样规定的目的在于避免投保人为获得超额利益而产生道德风险。

（4）必要安全维护和防止损失扩大的义务

投保人或被保险人应当遵守国家有关消防、安全、生产操作、劳动保护等方面的规定，维护保险标的安全。在保险期间内，保险人可以对保险标的的安全状况进行检查，并对存在的安全隐患提出防范建议。投保人或被保险人没有按照约定履行对保险标的安全应尽责任的，保险人有权要求增加保险费或者解除保险合同。

保险事故发生时，投保人、被保险人、受益人除了及时通知保险人出险情况外，还应积极采取施救措施，防止损失扩大。我国《保险法》第五十七条规定：“保险事故发生时，被保险人应当尽力采取必要的措施，防止或者减少损失。保险事故发生后，被保险人为防止或者减少保险标的的损失所支付的必要的、合理的费用，由保险人承担；保险人所承担的费用数额在保险标的损失赔偿金额以外另行计算，最高不超过保险金额的数额。”

2. 保险人的合同履行

（1）条款说明和及时签单的义务

在订立保险合同时，保险人应将保险合同的内容、术语、责任范围等向投保人做出真实、详细的解释。需要特别注意的是，保险人须将责任免除条款向投保人做出口头或书面陈述，否则该条款无效。如果保险人授权保险代理人与投保人订立保险合同，则代理人向投保人解释合同条款，但由保险人负责。由于保险合同由保险人拟定，保险人向投保人进行条款说明可以缓解投保人和保险人之间的信息不对称，降低道德风险，因此是保险人必须履行的义务。

保险单是约束保险合同双方当事人权利和义务的法律文书。保险合同成立后，保险人应及时向投保人签发保险单或者其他保险凭证，以证明保险关系的成立。

（2）赔偿损失或给付保险金的义务

赔偿损失或给付保险金是保险人必须履行的最基本、最重要的义务。保险人按照合同约定赔偿损失或给付保险金，体现了保险最基本的职能，能够帮助被保险人及时恢复生产、生活。我国《保险法》第二十三条规定："保险人收到被保险人或者受益人的赔偿或者给付保险金的请求后，应当及时作出核定；情形复杂的，应当在三十日内作出核定，但合同另有约定的除外。保险人应当将核定结果通知被保险人或者受益人；对属于保险责任的，在与被保险人或者受益人达成赔偿或者给付保险金的协议后十日内，履行赔偿或者给付保险金义务。保险合同对赔偿或者给付保险金的期限有约定的，保险人应当按照约定履行赔偿或者给付保险金义务。保险人未及时履行前款规定义务的，除支付保险金外，应当赔偿被保险人或者受益人因此受到的损失。任何单位和个人不得非法干预保险人履行赔偿或者给付保险金的义务，也不得限制被保险人或者受益人取得保险金的权利。"如果保险人不按合同约定赔偿或给付保险金，被保险人有权向法院提起诉讼。

二、保险合同的变更与终止

（一）保险合同的变更

保险合同变更是指在保险合同有效期内，由于实际情况的变化，双方当事人在协商一致的基础上对保险合同条款所做的更改或补充。我国《保险法》第二十条规定："投保人和保险人可以协商变更合同内容。变更保险合同的，应当由保险人在保险单或者其他保险凭证上批注或者附贴批单，或者由投保人和保险人订立变更的书面协议。"保险合同的变更主要包括主体的变更、客体的变更和内容的变更。

1. 保险合同主体的变更

（1）保险人变更

一般情况下，保险人不会变更，但是如果保险人发生破产整顿、被撤销营业执照、合并、分立等情况，为保护被保险人利益，保险监督管理机构会要求其将保险责任和准备金一并转入经营同类业务的其他保险机构。原保险人未与其他保险公司达成接管协议的，由国务院保险监督管理机构指定保险机构接管。

（2）投保人变更

通常情况下，财产保险的保险期限短，投保人一次性缴纳保费，不涉及投保人的变更。人身保险的保险期限长，投保人多采用分期缴费的方式，因此在保险合同有效期内可能因投保人婚变、死亡等原因，造成其不愿意或者不能承担缴纳保费义务，为了使保险合同持续有效，投保人可变更为与被保险人有利益关系的第三者。人身险投保人的变更不必提前与保险人协商以争取其同意，只需要通知保险人。需要注意的是，如果人身保险是以被保险人死亡为给付保险金条件的，变更投保人还需要经过被保险人同意。

（3）被保险人的变更

人身保险的保险标的为被保险人的身体、寿命等，被保险人的变更意味着保险标的的变更，保险人需要重新测量承保风险，因此保险人一般不允许变更被保险人。不过，在团体保险中，由于投保单位的人员流动较为常见，则允许变更被保险人。

财产保险的被保险人是与保险标的存在保险利益的主体。当保险标的被买卖、让与或继承时，保险利益也发生了转变，因此需要变更被保险人。财产保险中被保险人变更有两种情况。第一种情况，被保险人的变更须经过保险人同意。由于保险标的的损失风险与被保险人的风险意识、道德素养等密切相关，当保险标的发生转卖、继承等，保险人需要重新评估新的被保险人，重新决定是否承保以及承保条件。第二种情况，被保险人随保险标的的转移而自动变更。这种情况多发生在运输保险，特别是海洋运输保险中。由于海洋运输的航程长，保险标的在航行期间可能多次易手，且保险标的的损失风险通常与被保险人的个人特点关系不大，为方便商品流转，被保险人可随保险标的的转移而自动变更，无须征得保险人同意。

（4）受益人的变更

受益人是人身保险中特有的关系人，由投保人或被保险人指定，也可由投保人或被保险人进行变更。需要指出的是，变更受益人本质上是被保险人的权利，投保人变更受益人须经过被保险人同意。受益人的变更无须征得保险人同意，但需要通知保险人，由保险人在保险单或其他保险凭证上批注或者附贴批单。

2. 保险合同内容的变更

保险合同内容的变更是指在主体不变的情况下，改变合同中约定的事项。一般可以分为两种情况：一种是投保人根据自己的需要提出变更，如保险期限、责任范围、保险金额、缴费方式等的变更；另一种是法律规定风险增加时必须进行的变更，如财产保险中保险标的转卖，保险标的用途、种类、存放地点等发生变化。投保人或被保险人要变更合同内容，需先提出申请，保险人将作出是否继续承保或改变承保条件的决定，如果保险人同意变更但需要增加保费，投保人需要补缴保费或作出解除合同的决定。经过双方协商达成一致意见后，由保险人在保险单或其他保险凭证上批注或附贴批单，或双方签订变更保险合同的书面协议。

（二）保险合同的终止

保险合同的终止是指因法定或者协议条件满足时，保险合同双方权利和义务的终止，即保险关系的结束。保险合同终止大致可以分为以下几种情形：

1. 合同因期限届满而终止

因期限届满而终止是保险合同终止最基本、最普遍的原因。保险期限届满时，无论保险标的是否发生过保险事故、被保险人是否获得过保险赔付，保险合同均宣告终止，保险人的保险责任随之消失。如果被保险人还想继续获得保险保障，需要订立新的保险合同，新的保险合同规定的双方权利和义务可以与原保险合同相同，也可以与原保险合同有所不同。

2. 合同因履行而终止

如果保险事故发生，保险人已经按照合同约定赔偿或给付了全部保险金，无论保险期限是否届满，保险合同均宣告终止。例如，终身人寿保险的被保险人死亡，保险人按照合同约定向受益人给付了全部保险金，该保险合同因履行而终止。财产保险中保险标的因保险事故而受损，被保险人按照合同约定领取了保险赔偿金，且保险赔偿金等于合同约定的保险金额，该保险合同因履行而终止；如果保险标的部分受损，保险人只赔偿了部分保险金额，则保险合同在保险期限内继续有效。

3. 合同因保险标的灭失而终止

因非保险事故的发生，保险标的全部灭失，被保险人的保险利益不复存在，保险人不必承担赔偿责任，保险合同终止。例如，财产保险中的保险标的因为合同规定的责任免除范围内的事故而全部损毁，该财产保险合同终止。再如，意外伤害保险的被保险人因疾病而身故，该意外伤害保险合同终止。

4. 合同因解除而终止

保险合同解除终止是指在保险合同有效期内，合同当事人按照法律规定或者双方协商解除保险关系，提前终止保险合同的行为。保险合同的解除可分为法定解除、约定解除和协商解除。

（1）法定解除。法定解除是指当满足法律法规规定的条件时，保险合同当事人依法行使合同解除权的行为。按照行使合同解除权的主体不同，法定解除权又可分为投保人的法定解除权和保险人的法定解除权。

投保人的法定解除权。我国《保险法》对保险人的合同解除权做了严格限制，但是对投保人的合同解除权却没有严格规定。在不考虑保费损失的情况下，投保人可以在任何时间、以任何原因向保险人提出解除合同的要求，保险人必须同意，当然，法律和合同规定的投保人不得解除合同的情形除外。例如，我国《保险法》第五十条规定：“货物运输保险合同和运输工具航程保险合同，保险责任开始后，合同当事人不得解除合同。”对于人身保险，投保人解除合同的，保险人应当按照合同约定退还保险单的现金价值。

保险人的法定解除权。为了维护保险人的利益，我国《保险法》规定当以下情况发生时，保险人有权利解除合同：①投保人故意或者因重大过失未履行前款规定的如实告知义务，足以影响保险人决定是否同意承保或者提高保险费率的，保险人有权利解除合同。②投保人、被保险人未按照约定履行其对保险标的的安全应尽责任的，保险人有权要求增加保险费或者解除合同。③在合同有效期内，保险标的的危险程度显著增加的，被保险人应当按照合同约定及时通知保险人，保险人可以按照合同约定增加保险费或者解除合同。④未发生保险事故，被保险人或者受益人谎称发生了保险事故，向保险人提出赔偿或者给付保险金请求的，保险人有权解除合同，并不退还保险费。⑤投保人、被保险人故意制造保险事故的，保险人有权解除合同，不承担赔偿或者给付保险金的责任。⑥投保人申报的被保险人年龄不实，且真实年龄超过投保限制的，保险人有权解除合同，并退还保单的现金价值。⑦分期缴纳保费的人身保险合同，投保人未按照约定的方式和期限缴纳保费导致保险合同中止，且中止两年后未就合同复效达成协议的，保险人有权解除合同。

此外，财产保险中保险标的发生部分损失，因保险标的风险程度可能增加，投保人可以解除合同，除非合同另有约定，保险人也有权解除合同。我国《保险法》第五十八条规定："保险标的发生部分损失的，自保险人赔偿之日起三十日内，投保人可以解除合同；除合同另有约定外，保险人也可以解除合同，但应当提前十五日通知投保人。合同解除的，保险人应当将保险标的未受损失部分的保险费，按照合同约定扣除自保险责任开始之日起至合同解除之日止应收的部分后，退还投保人。"

（2）约定解除。保险合同双方当事人在保险合同中约定，当某些条件发生时，一方或双方都有权利解除保险合同。双方在保险合同中约定的条件既可以是特定的事件，也可以是特定的时间。保险合同一经解除，保险合同终止。

（3）协商解除。当某些保险合同订立时双方未曾预料到的情况发生，导致一方当事人难以继续履行相应的义务，双方在协商一致的基础上，可提前终止合同。

三、保险合同的争议处理

保险合同的争议是指在保险合同的履行过程中，双方当事人因保险合同文义模糊、双方理解不同、一方违约等情况而产生的纠纷。常见的引起争议的情况包括投保人违反最大诚信原则、拖欠保费，保险人未履行条款解释的义务以及保险事故发生后惜赔、错赔、拒赔，以及双方对保险责任范围、免责范围、赔偿金额等存在分歧。合理规定保险合同的争议处理原则、方式和程序，对于妥善处理双方争议、保证合同有效执行、维护双方合法权益具有重要意义，同时也有利于保险业的健康发展。

（一）保险合同的解释原则

保险合同的解释是对保险合同条款所做的理解和说明。虽然要求保险人在拟定保险合同时要尽量做到语义明确、内容完整，但是由于文字多义、保险合同双方专业程度不同、利益冲突以及其他不可预期的情况，双方可能对保险合同条款的解释不一致，从而引发争议，影响合同的有效执行。保险合同解释原则有利于明确双方的权利和义务，妥善解决双方的争议，保证合同效力。保险合同的解释原则通常有以下五种。

1. 文义解释原则

文义解释是指结合保险合同整体内容，按照法律法规、行业习惯等对合同条款所使用的语句进行的解释，是最基本、最主要的合同解释方法。文义解释应反映合同本身的意思，不受其他因素干扰。对于一般语句，应使用公认的字面含义来解释，并且解释必须唯一。对于保险术语、法律术语以及与特定险种相关的术语，应使用法律法规、司法或行政规定的解释或者行业通用的解释。如果保险合同中多次提及同一语句，前后解释应当一致。

2. 意图解释原则

意图解释是指当保险合同条款语义模糊、文义解释原则不再适用时，通过考虑双方当事人订约目的、订约背景等来推测合同当事人真实意图的一种解释方法。此时往往需要其他背景材料协助进行逻辑分析，以尊重双方当事人签订合同的真实意图。如果合同内容表述清晰，应以合同内容为准，不得对当事人的意图妄加猜测。意图解释原则只适用于合同条款语意不清、不同当事人对同一表达的真实意思有不同理解的情况。

3. 有利于被保险人的解释原则

有利于被保险人的解释原则又称“不利条款起草人的解释原则”。如前所述，保险合同是一种附和性合同，由保险人事先拟定合同条款，投保人只能接受或者拒绝，通常情况下不能修改。由于起草合同的保险人拥有更多的专业知识和业务经验，在合同中能充分表达自己的意志，从而使保险双方处于不对等的地位，因此，当保险合同语义模糊、有两种及以上解释时，对于保险合同双方当事人的纠纷，仲裁机构或者法院通常会做出有利于被保险人和受益人的判决，以保证保险双方平等互利。

需要注意的是，此原则不应当优于文义解释原则和意图解释原则。我国《保险法》第三十条规定：“采用保险人提供的格式条款订立的保险合同，保险人与投保人、被保险人或者受益人对合同条款有争议的，应当按照通常理解予以解释。对合同条款有两种以上解释的，人民法院或者仲裁机构应当作出有利于被保险人和受益人的解释。”显然，为防止该原则滥用，当保险合同表述明确时，对保险合同的字面意思按照通常理解予以解释，只有当保险条款的语句有两种及以上合理解释时，才采用有利于被保险人的解释原则。

4. 批注优于正文、后加的批注优于先加批注的解释原则

实践中，保险人往往需要在统一印制的保险单上增加批注或修改、增减条款，以满足不同投保人的需要。无论出于什么目的进行的批注，如果批注内容与保险单条款存在矛盾，批注优于正文，后加的批注优于先加的批注。

5. 补充解释原则

补充解释是在保险合同条款约定内容有遗漏或者不完整的情况下，借助行业惯例、商业习惯等对保险合同的内容进行合理的补充解释。

（二）保险合同争议的解决方式

如果保险合同双方当事人在合同履行过程中产生争议，应先本着实事求是的原则协商解决，协商不成，可以申请仲裁机构或者法院的介入。常见的解决保险合同争议的方法包括协商、调解、仲裁、诉讼。

1. 协商

协商是指保险合同双方在自愿平等、实事求是的基础上，遵循法律和合同的规定，对出现的争议直接沟通，友好磋商，解决纠纷；既充分表达己方意愿，又考虑对方诉求，最终达成一致意见，自行解决争议的处理方式。协商解决争议不仅可以节约合同双方的时间、节约费用，而且有利于增进双方的相互理解和信任，有利于促进保险关系的稳定。

2. 调解

调解是指除争议双方外的第三方，在查清事情真相的基础上，通过说服教育的方式，促使争议双方自愿达成协议、解决争议的处理方式。常见的调解机构包括合同管理机构、仲裁机构和人民法院等。查清纠纷的事实，分清是非责任是达成合理的调解协议的前提。调解必须遵循法律、政策与平等自愿原则。调解需在争议双方一致同意的基础上才可进

行，如果一方当事人不愿意调解，就不能进行调解。如果争议未能解决，即调解不成立或调解后又反悔，双方可向仲裁机构提起仲裁或向人民法院提起诉讼。

3. 仲裁

仲裁是指争议双方在协商一致的基础上，自愿将争议交由共同信任、国家认可的仲裁机构裁决的一种争议处理方式。仲裁机构主要是依法成立的仲裁委员会，其裁决结果具有法律效力，双方当事人必须执行。在再保险合同中，双方当事人大多约定采用仲裁方式解决争议。

采用仲裁方式解决争议需要注意的问题有：一是仲裁的决定和仲裁机构的选定须是争议双方协商一致的结果，否则仲裁委员会不予受理；二是仲裁和诉讼不可同时进行，已有仲裁协议又提起诉讼的，人民法院不予受理；三是仲裁实行“一裁终局”制度，即对于已作出裁决的争议，当事人再次申请仲裁或向人民法院提起诉讼的，仲裁机构和人民法院不予受理，如果争议双方在 6 个月内找到可推翻仲裁结果的证据，可向仲裁机构申请撤销仲裁结果。

4. 诉讼

诉讼是指发生争议的一方请求人民法院解决争议、进行裁决的活动，是解决争议最激烈的方式。人民法院不代表任何一方的利益，而是依据法律和事实，独立对案件进行裁决。人民法院在受理案件时，实行地域管辖和级别管辖、专属管辖和选择管辖相结合的方式。保险合同当事人可以在合同中规定选择保险标的所在地或被保险人住所所在地的人民法院提起诉讼，如合同未规定，且拥有管辖权的法院有两个及以上，一方当事人可以选择其中任何一个提起诉讼。如果保险标的是运输工具或者运输中的货物，当事人可以选择向事故发生地、运输工具登记地、运输目的地的人民法院提起诉讼。

【阅读材料 5-3】保险合同的中止和复效[①]

2015 年 1 月，A 投保了某终身人寿保险，同时附加住院医疗保险。住院医疗保险的观察期为 90 天。第二年缴费期将至，A 收到了缴费提醒函，可由于工作繁忙，忘记了缴纳续期保费。直到 2016 年 12 月，A 才突然想起，便到保险公司申请保单复效。保险公司审核后同意其复效申请。2017 年 1 月，A 因突发急性胆囊炎住院治疗，出院后到保险公司索赔住院医疗保险金，保险公司却出具了拒赔通知书。

依据我国《保险法》第三十六条和三十七条规定，合同约定分期支付保险费，投保人支付首期保险费后，除合同另有约定外，投保人自保险人催告之日起超过三十日未支付当期保险费，或者超过约定的期限六十日未支付当期保险费的，合同效力中止；经保险人与投保人协商并达成协议，在投保人补交保险费后，合同效力恢复。

保险合同复效仅是针对分期支付保险费的长期险，而附加险通常都是保险期间为一年的短期险，如果没有按期续保，到期后合同即终止，是不存在复效问题的。因此，如果 A 还希望获得附加险的保障，就需重新投保附加险，从办理长期险复效的时刻重新计

① 资料来源：笔者整理。

算观察期。

观察期是保险公司为了防止带病投保的情况发生而设置的。观察期只发生在首次投保或非连续投保时，续保或者因意外伤害住院治疗无等待期。在复效之前以及复效之后的观察期内所患的疾病，都不属于保险责任范围内。

本案中，因为该事故发生在观察期90天内，属于住院医疗保险的除外责任，所以保险公司可以拒赔。如果A在每次缴纳寿险保费时，都按期缴纳附加险保费，就不存在需要重新投保附加险的问题，也就不会重新计算观察期了。

本章小结

保险合同是在合同当事人协商一致的情况下，签订的具有法律约束力的协议。作为一种特殊的经济合同，保险合同与一般合同既有共性，也有不一样的特性。保险合同的特性主要有补偿性、射幸性、双务性、附和性、条件性、属人性和非要式性。保险合同的主体包括当事人、关系人和辅助人。其中，保险合同的当事人是投保人和保险人；关系人是被保险人和受益人；辅助人即保险中介，主要包括保险代理人、保险经纪人和保险公估人。保险合同的客体是保险利益，保险合同的内容主要体现在合同条款中，约定了保险双方当事人的权利和义务范围。保险合同的形式多样，主要包括投保单、暂保单、保费收据、保险单、保险凭证和批改单等。保险合同的订立需要经过要约和承诺两个阶段。保险合同的生效则是保险合同对当事人双方产生约束力，可以即时生效或附条件生效。在合同履行过程中，双方当事人应当依据合同约定承担各自的义务，当保险合同需要变更时，可以在协商一致的基础上对合同条款进行修改或补充。如果因为对合同条款理解不一致产生争议，常见的处理解决方式包括协商、调解、仲裁和诉讼。

重要概念

◆ 保险合同：又称保险契约，是在合同当事人协商一致的情况下，签订的具有法律约束力的协议。

◆ 保险人：经营保险业务，按照合同约定向投保人收取保费，并在保险事故发生或者保险期限届满时，向被保险人履行赔偿或给付保险金义务的保险合同当事人。

◆ 投保人：与保险人订立保险合同，并按照合同约定负有支付保险费义务的法人或自然人。

◆ 被保险人：其财产或者人身受保险合同保障，享有保险金请求权的人。

◆ 受益人：人身保险合同中由被保险人或者投保人指定的享有保险金请求权的人。

◆ 保险利益：也称可保利益，是指投保人或者被保险人对保险标的具有的法律上承认的利益。

◆ 保险标的：投保人投保的财产及相关利益、人的身体和寿命、各种责任和信用等，是保险合同成立的要件之一。

◆ 保险金额：保险人承担赔偿或者给付保险金责任的最高限额。

◆ 保险费：按照合同约定，投保人为换取保险人的损失赔偿和保险金给付而向其支付的价格。

◆ 保险责任：保险合同双方当事人在合同中约定的，当保险标的发生特定风险事故或者保险期限届满时，保险人承担赔偿或给付保险金的责任。

◆ 责任免除：又称除外责任，规定了保险人不负赔偿责任的风险事故及其损失范围。

◆ 保险期间：保险合同的有效期间，即保险人为被保险人提供经济保障的起止时间。

◆ 投保单：投保人向保险人申请订立保险合同的书面要约，保险关系成立后，即成为保险合同的一部分。

◆ 暂保单：又称临时保单，大多在财产保险中使用，是保险人出具正式保险合同之前明确保险关系成立的临时文件，与保险单具有相同的法律效力。

◆ 保费收据：通常在人寿保险中使用，是在保险人出具正式保险单之前的书面文件。

◆ 保险单：简称保单，是证明投保人和保险人之间保险合同行为的最正式的书面文件。

◆ 保险凭证：又称小保单，是证明保险关系成立的一种简化的书面文件，与保险单具有相同的法律效力。

◆ 批改单：简称批单或背书，是变更、增减保险单内容的书面文件。

◆ 文义解释：结合保险合同整体内容，按照法律法规、行业习惯等对合同条款所使用的语句进行的解释，是最基本、最主要的合同解释方法。

◆ 意图解释：当保险合同条款语义模糊、文义解释原则不再适用时，通过考虑双方当事人订约目的、订约背景等来推测合同当事人真实意图的一种解释方法。

◆ 有利于被保险人的解释原则：又称不利条款起草人的解释原则，当保险合同语义模糊、有两种及以上解释时，对于保险合同双方当事人的纠纷，仲裁机构或者法院通常会做出有利于被保险人和受益人的判决，以保证保险双方平等互利。

◆ 补充解释：在保险合同条款约定内容有遗漏或者不完整的情况下，借助行业惯例、商业习惯等对保险合同的内容进行合理的补充解释。

思 考 题

1. 请简要说明保险合同与一般合同的共性。
2. 请解释为什么保险合同是射幸性合同。
3. 请解释为什么保险合同是非要式合同。
4. 什么是保险合同的主体？
5. 作为保险合同一方当事人，投保人必须满足哪些条件？
6. 受益人与继承人有什么区别？
7. 保险代理人依据授权代为办理保险业务的行为，由谁承担责任？明确这个问题具有什么样的重要性？

8. 什么是保险合同的客体？并举例说明。

9. 区别保险标的与保险利益具有哪些实际意义？

10. 我国对保险空白期的争议处理有哪些规定？请尝试说明为什么要这么规定。

11. 订立保险合同时，谁是保险合同的要约发起方？谁是承诺方？明确这个问题具有什么重要意义？

12. 保险合同生效与保险合同成立是两个不同概念，请解释为什么。

13. 请简要论述保险合同的解释原则，并列举保险合同争议处理的解决方式。

第六章　个人、家庭人身风险和保险产品

2009 年 6 月 1 日，法国航空公司 447 航班突然消失在巴西海岸外的大西洋上空，最终造成 228 名乘客全部丧生。而航空公司投保的保险（主要险种包括机身一切险及责任险、第三者责任险等）理赔工作却拖延了多年，甚至引发诉讼。与此相对照的是，在这次空难中，有 5 名中国乘客购买了国内保险公司的人身保险产品，其受益人在空难后迅速获得赔付。其中，一位中国人民人寿保险股份有限公司客户于 2008 年购买了该公司的一款年金保险产品，保险金额为 24 万元，根据合同条款规定，如客户发生航空意外，将可以获得 40 倍保险金额的赔付，最终，此遇难者家属获得了 960 万元的保险赔付，成为当时中国保险史上赔付最大的个人保险赔案。

人的生命旅途中，始终伴随着各种疾病、意外伤害、年老、死亡和贫困风险，当家庭经济支柱遭遇人身风险的侵袭，未雨绸缪，提前做好保障和安排，才能尽可能把风险对家人的伤害降到最低。客观了解个人和家庭面临的各类人身风险，熟悉不同人身保险产品的内涵和保障范围，是科学运用人身保险对个人和家庭面临的潜在人身风险进行有效管理的前提。

第一节　个人、家庭人身风险及其管理方法

一、个人、家庭面临的主要人身风险

随着科学技术的进步与社会的发展，人类面临的风险越来越多，风险发生的频率越来越高，风险事故所造成的损失也越来越大。

人身风险是指客观存在的若干风险中直接作用于人的身体，影响人的生命、健康或生活质量的一种风险，即由于人的生、老、病、死生理规律所引起的人身风险以及在物质生产过程或日常生活中因遭遇各种自然灾害、意外事故、人为灾害所引起的人身伤亡风险。① 人身风险的发生不但使个人及其家庭生活水平下降，严重时还会使个人和家庭的生活陷于困境，甚至导致经济上的破产。此外，人身风险也会给当事人带来精神上的痛苦。

每一个人，在不同的人生阶段，都会遇到不同程度、不同种类的人身风险，并由此给个人与家庭造成不同的影响。按照人身保险公司风险管理的对象，可以把人身风险划

① 荆涛. 人寿与健康保险［M］. 北京：北京大学出版社，2011.

分为英年早逝风险、退休后收入不足的风险、健康风险以及失业损失风险。

（一）英年早逝风险

英年早逝风险是指家庭主要经济来源者过早死亡的风险。所谓过早死亡，是指死亡发生在自然的、预期的生命结束阶段之前的情形。虽然就个人而言，死亡最终一定会发生，但这一风险究竟何时发生却是未知的。如果这种风险过早地降临在家庭主要经济来源者身上，那么这对家庭的影响可能是灾难性的。导致个体英年早逝的原因很多，例如，自然灾害、意外事故、疾病、战争、自杀等。[①]美国生命统计表的数据显示，20 岁至 40 岁的家庭主力大约有 20%会于 65 岁前死亡，这会导致家庭收入锐减甚至丧失，给家庭带来沉重的打击。

家庭主要经济来源者的英年早逝风险产生的主要损失包括：①丧葬费用；②未成年子女的抚养教育费用；③配偶、需要由其赡养的父母和其他在经济上对其有经济依赖关系的人需要的生活费用；④偿还贷款的经济损失，如住房抵押贷款、汽车消费贷款和信用卡债务等偿还来源的丧失。此外，一个人的早亡还可能给其雇佣企业造成经济影响，该企业不仅要承受早亡者原来的工作无法完成产生的损失，而且要花费一定的费用去寻找或培训替代人员。

（二）退休后收入不足的风险

过早死亡是一种风险，活得太久也是一种风险。目前，我国一般职工的退休年龄为男性 60 岁、女性 55 岁。[②]然而，随着医疗科技水平的进步和国民生活水平的提高，人类的寿命不断提高，老年人所需要的社会服务成本也在不断增大。如果实际寿命高于预期寿命，很可能会因工作期间积累的退休资金不足而无法满足退休后个人和家庭生活需要，导致退休后生活水平的降低。这就要求人们在退休前做出适当的财务安排，以保证退休后有足够的收入来源。

我国已经进入老龄社会，2018 年，我国 60 岁及以上老年人口规模为 2.49 亿人，占总人口比重达到 17.9%；65 岁及以上老年人口规模为 1.67 亿人，占比达到 11.9%。调查显示，近七成受访者想过退休规划但还未具体实施，高达 22%的受访者表示从未想要做过退休规划，仅有不到一成的受访者表示已经有了规划。退休规划的核心是财务上的准备，即为保证将来有一个自立、舒适的退休生活，从现在起就要开始实施的财务方案。调查结果表明，约 38%的受访者认为自己的财务准备很不充足，仅有约 13%的受访者认为自己的财务准备很充足或较为充足。70%的未退休受访者表示自己已经有了社会基本养老保险，社会基本养老保险是人们选择比例最高的，在所有养老准备方式中“一枝独秀”。此外，房产、储蓄、商业健康保险和个人理财这四种产品被选择到的比例相似，均在 25%至 30%之间。[③]

---

① 据我国公安部统计，2018 年我国交通事故共造成近 8 万人死亡，直接经济损失数以亿计。近年来，我国的交通事故仍呈上升趋势，是城市人口死亡的四大原因之一，且以青壮年居多。

② 国家法定的企业职工退休年龄是男职工年满 60 周岁，女干部年满 55 周岁，女职工年满 50 周岁。对于从事井下、高温等繁重体力劳动或其他有害身体健康工作的职工，规定退休年龄是男职工年满 55 周岁，女职工年满 45 周岁，因病或非因工致残，规定退休年龄为男职工年满 50 周岁，女职工年满 45 周岁。

③ 清华大学老龄社会研究中心. 国人养老准备报告［R］. 北京：清华大学，2018.

（三）健康风险

健康风险包括疾病风险和残疾风险两种。每个人在一生中都可能遭遇各种疾病风险，有些小病可能吃几片药就好了，而有些疾病则需要人们住院治疗。治疗过程中需要花费各种费用，既包括治疗疾病的直接费用，如药费、住院费、治疗费和检查费等；也包括治疗疾病的间接费用，如收入损失、陪护费用和交通费用等。国家统计局 2017 年一季度数据显示，我国人均医疗保健消费支出为 352 元，增长率为 15.8%，而同期居民人均可支配收入增长率仅为 7%左右，医疗费用增长速度超过了居民收入的增长速度，人们越来越难以承受日益高涨的医疗费用。

意外事故和疾病都可能致人残疾。大多数残疾是暂时性的，人们在痊愈后可以重返工作岗位；然而，也有相当一部分意外事故或疾病会造成永久性残疾。残疾风险发生的概率大大高于死亡风险发生的概率，而且年龄越低，这一规律越显著。据报道，在汽车问世一百多年以来，全世界因车祸而终身残疾的人数已超过 5 000 万，经济损失达数万亿元。此外，男性和女性发生残疾的原因存在差异，男性更容易因为意外事故而受伤，而女性的残疾则大多数是因疾病造成的。

健康风险对家庭产生的经济影响主要表现在医疗费用增加和收入损失两个方面。由于人口寿命的延长、医疗技术水平的提高，医疗卫生费用正逐年大幅度提高，个人与家庭花费在处理疾病方面的费用也在不断提高，现代社会的健康风险越来越大。

（四）失业损失风险

失业主要指由于经济因素引起的非自愿性失业，是对人们通过劳动获得收入能力的威胁。根据国家统计局公布的数据，2018 年我国城镇登记失业率为 3.8%，城镇登记失业人数为 974 万人，全国失业保险基金支出达 915.3 亿元，失业保险基金面临较大压力。在经济不景气的时期，企业往往通过裁员缩减成本支出。例如，在 2018 年中国互联网行业大裁员中，先后有京东、知乎、锤子、美团、摩拜等至少 11 家大型互联网企业传出裁员消息。失业潜在的损失风险威胁着个体及家庭的经济状况，但是由于失业可通过再教育和职业培训手段实现重新就业，使得失业风险对个人及家庭的影响低于死亡风险及健康风险的影响。

综上所述，个人会因各种人身风险导致生命损失、健康损失及失业损失，继而导致个体或家庭收入来源的丧失、巨额医疗费用的支出以及全社会财富的减少。因此需要采取各种风险管理对策以降低风险损失。

【阅读材料 6-1】2017 年度中国最具代表性十大风险管理案例（人身险部分）①

2018 年 3 月 14 日，中国保险行业协会在京发布“2017 年度中国最具代表性十大风险管理案例”。这些案例聚焦“代表性”和“风险管理”两大关键词，展示了保险业在服务实体经济、脱贫攻坚、民生保障等方面有温度有责任的行业形象。据统计，2017 年全

① 资料来源：中国保险行业协会发布“2017 年度中国最具代表性十大风险管理案例”，中国保险业协会网站，2018/03/15。

行业赔付支出 11 180.79 亿元，同比增长 6.35%；为全社会提供风险保障 4 154 万亿元，同比增长 75%；人身险累计支付赔款 6 093 亿元，最高赔付金额为 1.18 亿元。

1. 意外无情保险暖心，亿元保障让爱得到延续

人身险超亿元高额理赔案例，赔付 1.18 亿元。刘女士在保险公司为自己投保了着重保障功能的保险产品计划，包括终身寿险、提前给付重疾与轻症、长期意外、保费豁免等多个险种，累计保额超亿元。2017 年 3 月，刘女士意外身故，保险公司核实责任后赔付保险金 1.18 亿元。

2. 客户利益最大化，保险一诺千金

积极理赔石材厂员工重疾案例，赔付 30 万元。2016 年 6 月，黄先生在保险公司购买了重大疾病保险。2017 年 3 月，黄先生确诊为先天性心脏病、白细胞增多症等。保险公司核实先天性心脏病不符合条款约定的保险责任，但是仔细审核资料发现黄先生还患有慢性白血病，随即赔付 30 万元重疾保险金。

3. 海外援建人员突遇意外，理赔无忧

保险跨境快速理赔案例，赔付 16.9 万元。2017 年 5 月，在非洲参加援建工作的管先生因生产事故不幸遇难。保险公司主动向大使馆等相关部门及人员核实事实，并协助管先生家属准备材料，在提出申请 96 小时内赔付保险金 16.9 万元。

4. 重大突发事件：特事特办，快速理赔

“8.10”京昆高速重大交通事故案例，赔付超过 2 249 万元。2017 年 8 月 10 日，一辆客车途经京昆高速秦岭一号隧道口时发生重大事故，造成 36 人死亡，13 人受伤。各保险公司积极应对，协助政府开展救援工作并主动慰问客户及遇难者家属。信泰人寿等保险公司简化手续，快速理赔，累计给付保险金超过 2 249 万元。

5. 创新服务模式，助力精准扶贫

政企合作开启“扶贫保”一站式直付理赔案例，赔付 67 574.84 元。2016 年，宁夏政府为贫困户 S 先生投保了保险公司的扶贫保险。2017 年 7 月，S 先生多次住院后，“扶贫保”为他赔付合计 67 574.84 元并实时冲抵医疗费。“扶贫保”是为宁夏全区 58 万建档立卡贫困人口量身打造的创新保险扶贫项目，目前已为近 2 000 余人次贫苦户赔付近千万元。

6. 民生保障项目，助力构建和谐社会

上海嘉定区老年人意外身故理赔案例，赔付 20 万元。2017 年 7 月 9 日，上海嘉定区 79 岁高龄的何先生意外摔倒不治身故。保险公司快速赔付何老先生家属 20 万元意外身故保险金。保险公司与上海市嘉定区政府合作开展“民生保障项目”，为嘉定区户籍特殊群体提供意外保障，已累计承保 73.5 万人次，赔付 5 400 多人次，赔付金额 600 余万元。

保险真的能给人雪中送炭。一笔笔高额的赔付，无论是对客户本身还是家人而言，都是极大的抚慰；对于我们大众来讲，则是一次又一次的提醒。风险面前人人平等，经济能力宽裕的客户更该购买匹配自身情况的充足保障，提高个人和家庭的风险管理能力，在风险来临时才能最大限度发挥保险的保障功能。

二、个人、家庭人身风险的管理方法

人身风险管理的目标是以较小成本获得尽可能大的安全保障。因此，个人和家庭应当对人身风险的处理方式进行成本收益权衡。人身风险管理主要有四种方法：一是风险回避，即不把个体和家庭暴露于人身风险面前的有意识的决定。例如，个体不乘坐飞机，以避免飞机坠毁造成人身伤害的风险。二是风险自留。自留意味着个体和家庭保留部分或全部人身风险所带来的损失，通过个体和家庭的储蓄、投资、建立准备金等方式累积资金，或利用家庭及亲朋好友之间的互助来降低人身风险所造成的经济损失，对人身风险损失进行内部融资弥补。例如，个体利用自身的储蓄来弥补丧失工作能力持续 3 个月内的收入损失。三是风险控制，即通过控制风险因素、预防及损后弥补等方法达到减少损失发生频率或损失程度的目的。例如，个体通过平时控制饮食、进行体育锻炼、及时就医等方法减少或控制患心脏病的风险，并在患病后将损失降到最小。四是风险转移，即将损失的财务结果转嫁给他人。例如，个体通过向保险公司购买人寿保险，以转嫁因英年早逝给家庭带来财务损失的风险。[①]

一般而言，各种风险管理方式都可以用于个人和家庭人身风险的处理过程。由于人身保险在管理人身风险中的特殊地位和作用，其已经成为最受重视的处理方式之一。人们通过选择投保适当的人身保险险种，可以将其面临的生存、疾病、死亡或残疾等人身风险转移出去。我国《保险法》第十二条规定："人身保险是指以人的寿命和身体为保险标的的保险"。

按保险责任分类，人身保险可分为人寿保险、年金保险、健康保险和意外伤害保险；按投保方式分类，人身保险可分为个人保险和团体保险。

【阅读材料 6-2】家庭人身风险管理实例[②]

天津客户 G 先生自 2009 年开始陆续为自己投保了年金保险和两全保险等保险保障。2016 年 2 月 8 日，G 先生突发脑梗昏迷，生命垂危，急需巨额费用救治，但其名下银行存款却因家人不知道密码而无法取出，治疗费用一度面临中断。G 先生投保的保险公司接到报案后，第一时间安排保单服务人员协助客户家属准备各项理赔资料，并前往医院看望伤者、核实情况，于 G 先生昏迷 4 日后即支付了首笔赔款 10.6 万元，缓解了家属筹款治疗的压力。不幸的是，G 先生终因病情危重去世。保险公司为其家属开通各环节 VIP 客户绿色通道服务，2016 年 3 月 29 日全部赔付工作完成，第二笔 400 万元身故理赔款顺利送达客户家人手中。

当普通家庭遭遇急病急需救治时，大额治疗费用短期内难以周转，保险公司的及时赔付能够缓解被保险人的筹款压力，充分体现了保险的保障功能。该大额赔付案件集中体现了人身保险在家庭资产配置中的重要作用。

---

① 荆涛. 人寿与健康保险［M］. 北京：北京大学出版社，2011.

② 资料来源：笔者整理。

第二节　人寿保险

一、人寿保险概述

（一）人寿保险的概念

人寿保险是以被保险人的生命为保险标的，以其生存和死亡为给付保险金条件的人身保险。[①]投保人或者被保险人向保险人缴纳约定的保险费后，若被保险人在保险期间内死亡或者生存至一定年龄，保险人应按保险合同履行给付保险金的义务。

人寿保险一词在使用时有广义和狭义之分。广义的人寿保险就是人身保险，狭义的人寿保险是人身保险的一种，但不包括意外伤害保险和健康保险，仅是以人的生死为保险事件，保险人根据合同的规定负责对被保险人在保险期间内死亡或生存至一定年龄时给付保险金。为明确区分不同种类，本书采用的是狭义的人寿保险概念。

（二）人寿保险的特点

1. 保险标的的特殊性

人寿保险与一般险种不同，其保险标的是人的生命，人的生命是很难用货币去衡量的。

2. 承保风险的特殊性

人寿保险承保风险的特殊性主要体现为风险的变动性和稳定性。对于个体，不同年龄段的死亡概率是不同的。一般而言，年龄越大，死亡概率越高，甚至当到达一定年龄之后，人的死亡概率会呈现迅速上升的趋势。同时，人类的物质生产活动创造和发展了风险，随着社会不断发展，风险不断渗透进社会生活的各个方面，使人的死亡概率存在极大的不确定性，所以人寿风险存在着变动性。但从整体来看，若观察时间足够长，观察样本数量足够多，人寿风险的发生是有一定规律的，即遵循概率统计原理，从这个层面来说，人寿风险又具有稳定性。

3. 保险期限的特殊性

人寿保险与财产保险等险种不同，其保险期限往往很长，大多数为几年、几十年甚至终身。由于保险期限长，为减轻投保人的经济压力，人寿保险往往采用均衡保费制。

4. 保险金额确定的特殊性

人寿保险是以被保险人的生命作为保险标的，而人的生命是无价的，不能用金钱衡量。因此，人寿保险的保险金额无法根据人的生命价值确定，往往是根据被保险人对保险保障的需求程度和投保人的缴费能力确定的。

5. 保险合同性质的特殊性

人寿保险的保险合同除具有保障性外，还具有给付性和储蓄性。人寿保险合同是定额给付合同，如果被保险人发生合同约定范围内的保险事故，保险人应当按照合同规定

---

① 兰虹. 保险学基础［M］. 成都：西南财经大学出版社，2018.

的保险金额进行给付。人寿保险常采用均衡保费的缴费模式，在缴费前期，投保人缴纳的保费高于其当年的死亡成本，保险公司会将多余部分按照预定利率进行积累，因而许多寿险险种具有较强的储蓄性，如两全保险和终身寿险。

（三）人寿保险的分类

1. 按保险责任分类

按保险责任不同，人寿保险可以分为生存保险、死亡保险和两全保险。

生存保险是以被保险人的生存为给付保险金条件的人寿保险。生存保险主要是为老年人提供养老保障或者为子女提供教育金等。生存保险以储蓄为主，也称为储蓄保险。

死亡保险是以被保险人的死亡为给付保险金条件的人寿保险。死亡保险主要包括：为帮助克服安葬死者所遇到的经济困难而提供的物质帮助，一般称为丧葬补助金或丧葬费；为保障死者生前供养亲属的基本生活而提供的物质帮助，一般称为抚恤金或遗属年金。

两全保险也称生死合险，是生存保险和死亡保险的混合险种，既提供生存保障也提供死亡保障。被保险人若在保险期间内死亡，保险人给付死亡保险金；被保险人若生存至到期日，就可以按照保险合同条款规定领取生存保险金。两全保险对既想在保险期间内获得保障，又想在年老退休后取得可观收入、颐养天年的人具有较强的吸引力。

2. 按保险期间分类

按保险期间不同，人寿保险可以分为定期寿险和终身寿险。

定期寿险是约定一个期限，被保险人如果在期限内死亡，保险公司给付约定的保险金，超出期限，保险公司不承担保险责任也不退还保险费。定期寿险可以以较低的保费来取得较大的保险金额，因此其适用人群一般为收入不高但保障需求高的人、事业刚起步的年轻人或是私企合伙人等。

终身寿险是能够为被保险人提供终身保障的人寿保险，一般是到生命表的终端年龄100岁。投保后，不论被保险人在什么时间身故，保险公司都要按合同约定给付保险金。由于保险期间较长，终身寿险带有一定的储蓄功能，具有一定的现金价值。在其他条件相同的情况下，终身寿险费率比定期寿险高，但保险期间更长。终身寿险的适用人群为：①家庭责任重、上有老下有小的人群；②有资产传承需求的人群；③计划以保险金遗留给家人的人群等。

3. 按产品设计形态

按产品设计形态不同，人寿保险可以分为传统寿险和新型寿险。传统寿险包括定期寿险、终身寿险、生存保险和两全保险；而新型寿险则包括分红保险、万能保险和投资连结保险。

分红保险是一种保单持有人可以在每年分享保险公司经营成果的保险。一般保险公司在每个年度结束之后，要将公司的经营成果，以现金红利或增额红利的方式，按照一定的比例分配给保单持有人。分红是根据保险公司经营状况基础上的红利分配，其收益是不固定的，同时也是无法保证的，甚至在某些特定情况下，可能会出现零分红的情况。因此购买分红保险应优先考虑保险公司的经营状况。

万能保险是一种缴费灵活、保险金额可以调整、分别列示各种定价因素的人寿保险。

保单持有人在缴纳一定的首期保费后，可以自愿选择任何时候缴纳任何数量的保费，只要保单的现金价值足以支付保单的相关费用。同时，保单持有人也可以根据自己的需要提高或者降低保额。

投资连结保险（简称“投连险”）也是在传统寿险基础上发展起来的，是除了具有保险保障功能外，保单现金价值直接与保险公司投资收益挂钩的新型寿险产品，有高收益、高风险的特点。投资连结保险适合以下人群投保：①有一定的风险承受能力和投资经验，因为投连险的投资风险完全由投保人自担；②拥有一定的闲置资金，投保人需要购买足够的额度，才能弥补各类管理费用支出，达到一定规模效应；③风险承受能力测评过关，按照保险监管部门的要求，保险公司销售投资连结保险时应对投保人进行风险承受能力测评，投保人也应认真对待这一测评。

（四）人寿保险的常用条款

1. 不可抗辩条款

不可抗辩条款是指人寿保险合同生效满一定时期（一般为两年）之后，就成为无可争议的文件，保险人不能再以投保人在投保时违反最大诚信原则、没有履行告知义务等理由主张保险合同无效。在保险合同中列入不可抗辩条款，是维护被保险人利益、限制保险人权利的一项措施。

2. 不丧失价值选择条款

不丧失价值选择条款是指长期寿险合同的投保人享有的保险单现金价值的权利不因保险合同效力中止而丧失。投保人有三种处置失效保单现金价值的方式：退保；将原保险单的现金价值改为缴清保险；将原保险单的现金价值改为展期保险。

3. 宽限期条款

宽限期条款是指在人身保险单中分期支付保险费的情形下，投保人在支付了首期保险费后，对到期没有缴纳续期保险费的投保人给予一定时间的优惠，让其在宽限期内补交续期保险费。在宽限期内，即便投保人未按规定的期限缴纳保险费，合同仍然有效。在宽限期内发生保险事故时，保险人需承担保险责任，但可以在应付的保险金中扣除欠缴的保险费。

4. 复效条款

投保人因不能如期交付保险费而导致合同效力中止或失效后，可以在一定条件下，要求恢复原保险合同。保险单中规定的恢复原保险合同的办法称为复效条款。我国《保险法》第三十七条规定：“经保险人与投保人协商并达成协议，在投保人补交保险费后，合同效力恢复。但是，自合同效力中止之日起满二年双方未达成协议的，保险人有权解除合同。保险人依照前款规定解除合同的，应当按照合同约定退还保险单的现金价值。”

5. 年龄误报条款

保险人发现被保险人年龄误报时保险金额将根据真实年龄予以调整。我国《保险法》第三十二条规定：“投保人申报的被保险人年龄不真实，并且其真实年龄不符合合同约定的年龄限制的，保险人可以解除合同，并按照合同约定退还保险单的现金价值。……投保人申报的被保险人年龄不真实，致使投保人支付的保险费少于应付保险费的，保险人有权更正并要求投保人补交保险费，或者在给付保险金时按照实付保险费与应付保险费的比例支付。投保人申报的被保险人年龄不真实，致使投保人支付的保险费多于应付保险费的，保险人应当将多收的保险费退还投保人。”

6. 自杀条款

自杀条款是关于被保险人自杀时间限制的条款。我国《保险法》第四十四条规定：“以被保险人死亡为给付保险金条件的合同，自合同成立或者合同效力恢复之日二年内，被保险人自杀的，保险人不承担给付保险金的责任，但被保险人自杀时为无民事行为能力的人除外。保险人依照前款规定不承担给付保险金责任的，应当按照合同约定退还保险单的现金价值。”

二、传统寿险

传统型人寿保险是出现最早的寿险形态，指仅仅具有保障功能和储蓄功能的人寿保险，主要包括定期寿险、终身寿险、生存保险①和两全保险。

（一）定期寿险

1. 定期寿险的含义

定期寿险是指保险人对被保险人在保险期间内死亡负责给付保险金的人寿保险。定期寿险是人寿保险业务中产生最早，也最简单的一个险种，其保险期限固定，在性质上更接近财产保险，其费率也低于其他寿险。

大多数定期寿险属于定额定期寿险，即死亡保险金在整个保险期间内保持不变，而少数定期寿险为保额递减型定期寿险和保额递增型定期寿险。抵押贷款偿还保险、信用人寿保险和家庭收入保险都是较为典型的保额递减型定期寿险，这类型的保单通常会给出一个初始的死亡保险金，然后根据保单规定的方法逐年减少。例如，王某购买了一份抵押贷款偿还保险，该保单第一年的死亡保险金为 5 万元，以后每个保单周年日减少 1 万元，以此类推。保额递增型定期寿险则规定一个初始的死亡保险金，然后在整个保险期间按照约定的时间间隔递增。例如，初始的死亡保险金为 10 万元，死亡保险金在整个保险期间于每个保单周年日递增 5%。保额递增型定期寿险的保费一般随保额的增加而增加，但保单所有人通常有权在任何时候固定保险金额。

2. 定期寿险的特点

定期寿险的特点主要体现在：

（1）保费低廉。这是由于定期寿险的保险期限一般较短，且不是每份保单都必然发生给付，所以保险责任相对较小。因此，定期寿险适合低收入而急需较高保险金额的人群购买。

（2）可续保性保护了被保险人的可保性。许多 1 年、5 年和 10 年的定期寿险规定，保单所有人具有可以更新或者展期的选择权，即在保险期满时可以延长保险期限，不必提供可保性证据，也就是被保险人不必进行体检，不论健康状况如何都可以把保险单展期。倘若定期寿险没有规定这项选择权，被保险人可能在保险期满时因健康状况不佳或其他原因不能再取得人寿保险，或被收取较高的保费。因此，该项选择权保护了被保险

① 年金保险是生存保险的主要形式。大部分人寿保险是以死亡为给付条件的，随着近年来长寿风险越来越受关注，监管部门已将年金保险单独分离出来，本章第三节将对年金保险做专门介绍。

人的利益。例如，高先生今年 40 岁，在 2014 年购买了一款包含可续保条款的 5 年期定期寿险，2019 年该产品即将到期，高先生可以选择直接到保险公司办理续保手续，继续持有该款产品。为了避免逆选择，这种续保的选择权一般限制续保的次数或限制被保险人的年龄。

（3）可转换性增加了保单的灵活性。可转换性指投保人可以将定期寿险转换成终身寿险或两全保险以满足更大的风险保障，而且在行使转换权时投保人不必提供被保险人的可保证明。为了避免逆选择，这种变换的选择权一般只允许在一个规定的变换期内行使，例如，允许在 60 岁以前转换。同时，在金额上也有限定，例如，一份 10 年期定期寿险若在最初 5 年内转换成长期寿险保单，可按保额 100%转换，若在以后年份转换，只能按原保单面额的一定比例转换。定期寿险的可转换性不仅保障了被保险人的可保性，而且增加了保单的灵活性，有助于投保人在需要或经济能力发生变化之后，对保险产品做出更为灵活的选择。

【阅读材料 6-3】太平洋“爱相守”定期寿险①

太平洋“爱相守”定期寿险是 2017 年由北京悟空保科技集团有限公司（简称“悟空保”）联合中国太平洋人寿保险股份有限公司（简称“太平洋寿险”）、慕尼黑再保险公司定制的一款寿险产品，又称“至尊房贷保”。该产品保障计划详情如表 6－1 所示：②

表 6－1　　太平洋“爱相守”定期寿险产品说明

适用人群	18～60 周岁家庭顶梁柱
保障区域	中国境内（不含港澳台地区）
保障期限	10 年/20 年/30 年/至 55/60/65 周岁
犹豫期	15 天
身故/全残保障金	最高 1 000 万元 1. 保单生效后，若被保险人因意外伤害导致身故或全残，保险公司按合同约定保险金额给付身故保险金或全残保险金，本合同终止 2. 180 天等待期后，若被保险人因意外伤害以外（例如疾病）的原因导致身故或全残，保险公司按合同约定保险金额给付身故保险金或全残保险金，本合同终止
最高保额	1. 北京、上海、广州、深圳等一线城市最高支持 1 000 万元 2. 武汉、苏州、成都、南京、郑州等省会城市最高支持 1 000 万元 3. 其他地区支持最高 100 万元

张先生今年 33 岁，家庭幸福，有两个孩子，年收入 80 万元，是家庭主要收入来源。去年贷款买了房，还需还贷将近 300 万元，张先生认为一份 300 万元以上保额的寿险才是对家庭较为妥当的保障。所以选择购买该太平洋“爱相守”定期寿险，每年保费 3 600 元，就能保障 500 万元，既锁定了身价，也给家庭带来了足够的保障。

① 资料来源：笔者整理。

② 摘自悟空保官网。

（二）终身寿险

1. 终身寿险的含义

终身寿险也称终身死亡保险，是指以死亡为给付保险金条件，且保险期限为终身的人寿保险。终身寿险是一种不定期死亡保险，保险期限是从投保开始到被保险人生命结束为止，只要投保人按时缴纳保费，自保单生效之日起，保险人对被保险人承担终身责任，即无论被保险人何时死亡，保险人都有给付保险金的义务，如果被保险人中途退保，可以得到一定数额的现金价值（或称“退保金”）。例如，李先生42岁时购买了一份终身寿险产品，保额为500万元，身故受益人为妻子李太太，如果李先生在58岁时不幸去世，保险公司将按合同约定给付李太太500万元。

按照缴费方式不同，终身寿险可分为：普通终身寿险保单，即保险费分期终身缴付；限期缴清保险费的终身寿险保单，指投保人按照保险合同约定的缴费期间缴纳保险费；趸交保费的终身寿险保单，指投保人在投保时一次性交清全部保费。

2. 终身寿险的特点

终身寿险保险费一般比较高，因为终身寿险的保险期限一般较长，且具有给付的必然性。因此，终身寿险比较适合中等收入者购买，能以适量的保费支出获得终身保障。

终身寿险通常采用均衡保费的缴费方式，保单具有现金价值。保单所有人享受保单现金价值，既可以选择中途退保领取退保金，也可以选择在保单现金价值范围内申请贷款。

（三）两全保险

1. 两全保险的含义

两全保险是由定期死亡保险和定期生存保险相结合的一种人寿保险，无论被保险人在保险合同约定的保险期间内死亡，还是在保险期间届满仍生存，保险人均应按合同约定履行给付义务。当被保险人在保险期间内死亡时，保险人按合同规定将死亡保险金给付给受益人，保险合同终止；若被保险人生存到保险期间届满，保险人将生存保险金给付给被保险人。

2. 两全保险的特点

两全保险的特点主要体现在：

（1）保障全面。两全保险是人身保险业务中承保责任最全面的一个险种，它既可以保障被保险人晚年生活需要，也可以保障由于被保险人死亡给其家庭生活带来的经济困难。

（2）保险费率较高。这是由于承保责任全面且具有给付的特性决定的。

（3）储蓄性较强。两全保险的纯保费由危险保险费和储蓄保险费组成。危险保险费用于当年死亡给付；储蓄保险费则逐年积累形成责任准备金，既可用于中途退保时支付退保金，也可用于生存给付。

三、新型寿险

由于传统寿险产品缺乏灵活性，无法满足部分消费者的需求，为提高市场竞争力，保险公司推出了一系列新型的寿险产品。新型人寿保险是指包含保险保障功能，并且拥有一定资产价值的人身保险，既有保险功能，又有投资功能。我国保险市场上常见的新型寿险主要包括分红保险、万能保险和投资连结保险。

（一）分红保险

1. 分红保险的含义

分红保险是指保险公司将其实际经营成果优于定价假设的盈余，按一定比例向保单持有人进行分配的人寿保险产品。分红保险中的保单持有人是指按照合同约定，享有保险合同利益及红利请求权的人。由于寿险公司要把部分盈余以红利形式分配给客户，在分红保险定价时对精算假设估计较为保守，保单价格相对较高，以便在实际经营过程中产生更多可分配盈余。

分红保险最早出现在十八世纪的英国，当时是为抵御通货膨胀和利率波动风险而设计推出的。1776 年，英国公正生命保险社建立十五周年，进行财务决算时，发现实际责任准备金比将来保险金支付所需的准备金多出许多，于是将已收保费的 10%返还给投保人，这是世界上最早的寿险分红。

2. 红利来源

分红保险的红利实际上是保险公司的盈余，也就是保单资产份额高于未来负债的那部分价值。红利的来源包括死差益、费差益、利差益、退保差益以及其他差益等。其中，死差益是指由于实际死亡人数少于预定死亡人数而产生的盈余；利差益是指由于保险公司实际投资收益高于预定投资收益而产生的盈余；费差益则是指保险公司实际经营管理费用少于预期经营管理费用所产生的盈余。

3. 红利分配

原中国保监会《分红保险精算规定》中关于分红保险红利分配的具体内容包括：

（1）红利分配原则。红利的分配应当满足可支撑性原则和可持续性原则。

（2）红利分配比例。保险公司每一会计年度向保单持有人实际分配盈余的比例不低于当年可分配盈余的 70%。

（3）红利分配方式。红利分配方式包括现金红利和增额红利：现金红利分配指直接以现金的形式将盈余分配给保单持有人。保险公司可以提供多种红利领取方式，如现金、抵交保费、累积生息以及购买缴清保额等。采用累积生息的红利领取方式的，保险公司应当确定红利计息期间，并不得低于 6 个月。在红利计息期间，保险公司改变红利累积利率的，对该保单仍适用改变前的红利累积利率。增额红利分配指在整个保险期限内每年以增加保额的方式分配红利，增加的保额作为红利一旦公布，则不得取消。采用增额红利方式的保险公司可在合同终止时以现金方式给付终了红利。

4. 分红保险的特点

（1）保单持有人享受经营成果。分红保险不仅能够提供合同规定的各种保障，同时，保险公司每年要将经营的分红险种产生的部分盈余以红利的形式分配给保单持有人，这样保单持有人就可以与保险公司共享经营成果，与不分红保险相比增加了保单持有人的获利机会。

（2）客户要承担一定的风险。保险公司对于红利是没有保证的，当保险公司经营状况良好时，保单持有人会分到较多的红利；但如果经营状况不佳，保单持有人能分到的红利就会比较少，甚至没有。因此，分红保险使保险公司和保单持有人在一定程度上共同承担了风险。

（3）定价的精算假设比较保守。寿险产品在定价时主要以预定死亡率、预定利率和预定费用率三个因素作为依据，这三个预定因素与实际情况的差距直接影响到了寿险公司的经营成果。对于分红保险，由于寿险公司要将部分盈余以红利的形式分配给客户，因此在定价时对精算假设估计较为保守，从而在实际经营过程中可能产生更多的可分配盈余。

（4）保险金和退保金中含有红利。被保人身故后，受益人获得投保时约定的保额，同时还可以得到未领取的累积红利及其利息。在满期给付时，被保险人获得保险金额，同时还可以得到未领取的累积红利及其利息。分红保险的保单持有人在退保时得到的退保金也包括了保单红利及其利息之和。

（二）万能保险

1. 万能保险的含义

万能保险是一种缴费灵活、保额可调整、非约束性的寿险。万能险保单持有人在缴纳一定量的首期保费后，可以按照自己的意愿选择任何时候缴纳任何数量的保费，只要保单的现金价值足以支付保单的相关费用，有时甚至可以不再缴费。此外，保单持有人可以在具备可保性的前提下，根据自己的需要提高或降低保额。

2. 万能保险的特点

万能保险的投保人可以用灵活的方法来缴纳保费，保险公司一般会对每次缴费的最高和最低限额做出规定，只要符合保单规定，投保人可以在任何时间不定额地缴纳保费。万能保险为投保人提供了 A、B 两种死亡给付方式，投保人可以任选其一。方式 A 是一种均衡给付的方式，方式 B 则是直接随保单现金价值的变化而改变的方式。

万能保险的透明度极高，保单持有人可以了解到该保单的内部经营情况，保单持有人可以得到有关保单的相关因素，如保费、死亡给付、利息率、死亡率、费用率、现金价值之间相互作用的各种预期结果的说明。万能保险透明度高的一个重要原因是其保单的现金价值与风险保额是分别计算的。

万能保险的现金价值为保费扣除各种费用及死亡给付分摊额后的累积价值。保单通常都规定一个最低的现金价值累积利率，在长期累积下，保单持有人仍有较大的收益。有的保险人提供滚动式利率，以外界的某一移动平均利率（如 5 年期国债利率）为最低利率；也有的万能保险保单的利率是基于其投资利率或投资组合收益率确定的。

（三）投资连结保险

1. 投资连结保险的含义

投资连结保险简称投连险，是指包含保险保障功能并至少在一个投资账户拥有一定资产价值的人身保险产品。投资连结保险的投资账户必须是资产单独管理的资金账户。投资账户应划分为等额单位，单位价格由单位数量及投资账户中资产或资产组合的市场价值决定。投保人可以选择其投资账户，投资风险完全由投保人承保。除有特殊规定外，保险公司的投资账户与其管理的其他资产或者投资账户之间不得存在债权、债务关系，也不承担连带责任。

2. 投资连结保险的特点

保费固定，分立账户。投资连结保险保费的缴纳与传统寿险产品相同，是固定的，但保单的保险金额在保证一个最低限额的条件下，却是可以变动的，其变动取决于投保人所选择的投资分立账户的投资效益。投资连结保险通常开立有投资账户，可以单独开立一个分立账户或多个不同收益、风险特性的分立子账户。投保人缴纳的保费在减去费用及死亡给付分摊额后被存入选择的投资分立账户。

投资决策的主体赋予保单持有人，投资风险由客户承担。由投保人或保单持有人自由选择投资账户，由保险公司本身或委托基金公司专业经营。投资连结保险保单的现金价值随着客户所选择投资组合中投资业绩的状况而变动，某一时刻保单的现金价值决定于该时刻其投资组合中投资分立账户资产的市场价值。

最低死亡给付金额由两部分构成。在该种保单的死亡给付中，一部分是保单约定的固定的最低死亡给付额，一部分是其分立账户的投资收益额。保险人根据资产运用状况，对投资分立账户的资产组合不断进行调整；保单持有人也可以至少每年一次地在各种投资产品中自由选择调整组合。所选择的投资分立账户的投资收益高，则保单的现金价值高，死亡保险金即保险金额也高；反之，则保单的现金价值低，死亡保险金即保险金额也低。

【阅读材料 6-4】投资连结保险投资账户的风险由投保人承担①

案例简介：

陈先生两年前在本市一家人寿保险公司购买了一份投资连结保险。投保时，个人营销员告诉陈先生，该保险每年有5%～15%的收益率。陈先生称，保险合同从头至尾都没有提示可能有“亏损”的风险，因此他认为，保险公司及其个人营销员有欺骗和误导的行为，并据此要求保险公司中止保险合同并全额退还已交21 620元保险费。

对客户反映的个人营销员误导附加投资连结保险的收益问题，保险公司在调查后得知：投保时，营销员完全按照公司规范操作的要求以及客户所希望的收入保障方面的需要，为其设计推荐了保险计划书。截至目前，该客户已按时缴纳了两期续期保费。对于公司没有风险提示的问题，保险公司认为，为了让客户直面投资风险的存在，公司严格按照原中国保监会关于投资连结保险产品信息披露的规定，先让客户明白自己的基本权益和所承担的投资风险，然后再予以承保。在给客户的计划书上，也已对投资风险做了多处提醒。

案例评析：

按照原中国保监会《投资连结保险管理暂行办法》中的定义，所谓投资连结保险，是指包含保险保障功能，并至少在一个投资账户拥有一定资产价值的人身保险产品。投资连结保险的投保人可以选择其投资账户，投资风险完全由投保人自己承担。一般来说，投资连结保险只适合那些经济实力比较雄厚，风险偏好比较强，对资金收益比较敏感的消费者。只有明白了投资连结保险的基本特性和功能，才不会对它产生不切实际的奢望，才能做到正确地选择和购买投资连结保险。

---

① 资料来源：笔者整理。

第三节　年金保险

一、年金保险概述

（一）年金保险的概念

年金保险是指以被保险人生存为给付保险金条件，并按约定的时间间隔分期给付生存保险金的人身保险。[①]

年金保险是基于生命不确定性设计的，由于每个人的寿命长短是无法预期的，以储蓄方式获得的固定资金数量无法与人的寿命相对应，而年金保险的支付是以生存为条件，因此年金保险可以解决生命不确定性带来的财务风险，帮助购买保险的人解除老年生活的后顾之忧。

（二）年金保险的特点

年金保险实质是生存保险，是寿险的一类，但与大多数以死亡为给付条件的寿险相比，两者有本质区别。

年金保险以生存为给付条件，是预防被保险人因寿命过长而可能丧失收入来源或者耗尽积蓄而进行的经济储备，保障的是自己的利益。而寿险以死亡为保险金给付条件，是为被保险人因过早死亡而丧失的收入提供经济保障，保障的是他人的利益。

由于年金保险和寿险的给付条件不同，身体健康、预期死亡率低于平均水平的人更倾向于购买年金保险；而身体健康欠佳、预期死亡率高于平均水平的人更倾向于购买人寿保险。被保险人的这种逆向选择导致相同年龄和性别的人购买年金和寿险的死亡率呈现明显差异，前者显著低于后者，从而使得两种业务的保险成本产生较大差异。为此，保险公司经营年金保险业务和寿险业务时，采用了不同的生命表，即年金保险使用年金生命表，人寿保险使用寿险生命表。对于相同年龄段，通常年金保险生命表死亡率低于寿险生命表死亡率。此外，年金保险和寿险的价格受死亡率和利率的影响较大，但死亡率对二者的影响方向相反。

（三）年金保险的功能

消除对生命不确定性的担忧。年金保险以被保险人生存为给付保险金条件，并按约定的时间间隔分期给付生存保险金，这样可以有效减少甚至避免退休后收入不足的风险，减少甚至消除被保险人对生命不确定性的担忧。

购买年金保险，还可以享受一定税收优惠。我国法律规定，在规定限额内，由个人缴纳的年金保费可以抵扣当年的个人总收入，递延到领取时缴纳所得税；投资收益递延到领取时缴纳所得税。

---

① 魏华林，林宝清. 保险学［M］. 北京：高等教育出版社，2017.

【阅读材料 6-5】“以房养老”及相关保险在中国的探索发展[1]

2018 年 8 月 8 日，中国银保监会印发《关于扩大老年人住房反向抵押养老保险开展范围的通知》，决定将老年人住房反向抵押养老保险扩大到全国范围开展。老年人住房反向抵押养老保险，是一种将住房抵押与终身年金保险相结合的创新型商业养老保险业务，即拥有房屋完全产权的老年人，将其房产抵押给保险公司，继续拥有房屋占有、使用、收益和经抵押权人同意的处置权，并按照约定条件领取养老金直至身故；老人身故后，保险公司获得抵押房产处置权，处置所得将优先用于偿付养老保险相关费用。

早在 2014 年 7 月，原保监会在北京、上海、广州、武汉正式开展老年人住房反向抵押养老保险试点，试点截止时间为 2016 年 6 月 30 日。2016 年 7 月，原保监会决定将试点范围扩大至各直辖市、省会城市、计划单列市以及江苏省、浙江省、山东省、广东省的部分地级市，试点期间延长至 2018 年 6 月 30 日。从试点情况来看，业务开展并不理想。截至 2019 年 6 月底，只有幸福人寿保险股份有限公司（简称“幸福人寿”）一家保险公司开展了相关业务，共有 98 户家庭 139 位老人完成承保手续。试点了 4 年，为何保险版“以房养老”在供求端和需求端都遇冷？

首先，险企担心房价下跌缺乏业务开展信心。对保险公司来说，这个业务涉及房地产、金融、财税、司法等多个领域，存在许多不确定性，尤其是法律法规尚不健全，政策基础较为薄弱，业务流程管理和风险管控难度较大，难以盈利。幸福人寿江苏分公司业务负责人告诉记者，保险公司不积极主要是担心房价的不稳定。根据产品设定，老人养老金的多少和房屋价值直接挂钩。房屋评估价格是按照合同约定的，不能更改。不管房价涨还是跌，保险公司都要按照约定的金额给老人发放养老金。如果房价大幅下跌，保险公司就要承担很大的风险。

其次，需要满足一定条件且传统观念难扭转。对消费者来说，投保首先要符合一定条件：老人的年龄要在 60 周岁至 85 周岁之间，抵押的房屋必须是老人具有完全产权。而目前，我国不少老人的房子是没有完全产权的，像是国产房、校产房等。相比硬性条件，老人不积极的另一个主要原因还是将房产留给子女的传统观念根深蒂固。在中央电视台发起的一项调查中，绝对不选择“以房养老”的受访者比例达到了 71%，其中，10% 的受访者的选择是养儿防老，这部分群体认为，“养儿防老比较好，房子可以留给后人”；3%的受访者认为，“所有权不完整不好操作”；1%的受访者认为，“子女反对容易引发家庭矛盾”；64%的受访者认为，“收益不划算，感觉一辈子白辛苦了”。就目前承保的“以房养老”客户来看，主要有以下特征：独居老人占大多数，年龄在 70 岁左右；其次，退休后平均收入普遍不高，属于急需资金解决养老问题，对于养老金的使用方面，他们也有长远规划打算；此外，房屋价值一般在 100 万～200 万元，大多为唯一住房。但目前来看，很多人还是觉得房价会涨，因此抵押出去总觉得亏。

那么，“以房养老”遇冷四年，为什么还要在全国推行？国务院发展研究中心研究员

[1] 资料来源：“以房养老”保险将在全国范围推广［N］. 北京晚报，2018-08-12.

刘卫民认为，"以房养老"为民众提供了有效的补充养老形式，其目的是在探索符合国情、满足老年人不同需要、供老人自主选择的养老保险产品，扩大养老服务供给方式，但无法替代基本社会保障。尽管首批试点成效不甚理想，但并不能因此而否定"以房养老"保险的创新价值和实践意义，全面扩围可行且必要。随着中国老龄化越来越严重，业内人士认为"以房养老"保险的未来发展还是十分有潜力的。在"以房养老"保险向全国推广的背景下，随着经济社会转型以及市场不断培育，其市场的潜在需求将会显现。浙江省社会科学研究院研究员杨建华认为，"以房养老"本身是一个很好的尝试。它可以作为当下养老市场的一个补充方法。激活"以房养老"保险市场，首先要将"以房养老"的服务模式标准化和精细化，提高其可信度；同时，做好信誉背书，有力保障老年人和保险机构的相关权益。

银保监会特别强调，保险机构要做好金融市场、房地产市场等综合研判，加强"以房养老"保险的风险防范。在业内人士看来，"以房养老"涉及保险、房产、信贷等多个金融环节，因此，在监管方面离不开政府各部门的通力管理。在举措上，法律专家蔡湘南建议，当前应健全相关法律法规，以应对在开展保险业务过程中可能出现的长寿风险和利率风险。同时，还要管控好房地产市场波动风险和房产处置风险，建立规范有序的住房反向抵押养老保险市场。另外，为了更好地激发市场需求，一些业内人士建议，在向全国推广的过程中，可以考虑逐步扩大抵押房产的范围，将其他类型的不动产，如商业类的房产、共有产权住房、农村宅基地房产等列入抵押范围，以便解决更多老年人的收入问题。

二、年金保险的种类

年金保险的种类比较复杂，按照分类标准的不同可以划分为不同的类型。

（一）按交费方式分类

按交费方式的不同，年金保险可以分为趸交年金和期交年金。

趸交年金。一次交清保费的年金，即指年金保险费由投保人一次全部交清后，于约定时间开始，按期由年金受领人领取年金。

期交年金。在给付日开始前，分期交付保险费的称为期交年金，即指保险费由投保人分期交付，然后于约定年金给付开始日期起按期由年金受领人领取年金。

（二）按给付开始日期分类

按给付开始日期不同，年金保险可以分为即期年金和延期年金。

即期年金。合同成立后，保险人即按期给付年金。即期年金的保费通常采用趸交方式，相应的保单又称为趸交即期年金。

延期年金。合同成立后，经过一定时期或达到一定年龄后才开始给付的年金。人们通常在工作期间购买延期年金，以满足退休后的生活费用需要。

（三）按给付方式（或给付期间）分类

按给付方式（或给付期间）不同，年金保险可以分为终身年金、最低保证年金和定期生存年金。

终身年金。年金受领人在有生之年一直可以领取约定的年金，直到死亡为止。

最低保证年金。为了防止年金受领人死亡过早丧失领取年金的权利，于是产生了最低保证年金。最低保证年金又分为两种，一种是确定给付年金，即规定了一个最低保证确定年数，在规定期间内无论被保险人生存与否均可得到年金给付；另一种是退还年金，即当年金受领人死亡而其年金领取总额低于年金购买价格时，保险人以现金方式一次或分期退还其差额。

定期生存年金。即年金的给付以一定的年数为限，若被保险人一直生存，给付到期满；若被保险人在规定的期限内死亡，则年金给付立即停止。这种以被保险人在规定期间内生存为给付条件的年金称为定期生存年金。

（四）按被保险人人数分类

按被保险人人数不同，年金保险可以分为个人年金、联合年金、最后生存者年金、联合及生存者年金。

个人年金。以一个被保险人生存作为年金给付条件的年金。

联合年金。以两个或两个以上的被保险人均生存作为年金给付条件的年金，即这种年金的给付在数个被保险人中第一个死亡时即停止。

最后生存者年金。以两个或两个以上的被保险人中至少尚有一个生存作为年金给付条件，且给付金额不发生变化的年金，即年金的给付持续到其中最后一个生存者死亡为止，且给付金额保持不变。

联合及生存者年金。以两个或两个以上的被保险人中至少尚有一个生存作为年金给付条件，但给付金额随着被保险人人数的减少而进行调整的年金，即年金的给付持续到其中最后一个生存者死亡为止，但给付金额根据仍存活的被保险人人数进行相应的调整。

（五）按年金给付水平是否有变化分类

按照给付金额是否有变化，年金保险可以分为定额年金保险和变额年金保险。

定额年金保险。定额年金保险是指保险公司保证以约定金额定期给付的年金，即年金每次按固定数额给付，不随投资收益水平的变动而变动，又称固定给付年金。多数定额年金自满期给付日开始给付金额始终保持不变；少数定额年金规定，当保险公司的投资收益超过预期水平时将适当提高给付金额；也有一些定额年金保险规定，给付金额随国家消费物价指数进行适当调整。

变额年金保险。变额年金保险是指保单利益与连接的投资账户投资单位价格相关联，同时按照合同约定具有最低保单利益保证的人身保险，即年金给付额不是固定不变的，而是依照投资账户的投资收益水平进行调整。变额年金保险是针对固定给付年金无法对抗长期因通货膨胀而引发的购买力风险而设计的险种，一般而言，投资收益率在理论上会与通货膨胀呈现相同方向的变化。保险公司通常设立多个分立投资账户，不同账户具有不同的投资策略。投保人可以自主选择投资账户，也可以改变投资账户。

【阅读材料 6-6】变额年金保险五城市率先试点①

2011 年 5 月 11 日，原中国保监会发布《关于开展变额年金保险试点的通知》，宣布

---

① 资料来源：变额年金保险五城市率先试点［N］. 证券时报，2011-05-11.

在北京、上海、广州、深圳和厦门五市推出变额年金保险试点。

变额年金保险是结合年金与变额保险的特点的一款寿险产品，具有独立投资账户，保单的现金价值以及年金给付额度都随着投资绩效好坏而变动。变额年金保险在欧美保险市场是一款主流产品，最早出现于20世纪50年代，90年代后由于风险对冲技术的发展和各类最低保证的相继出现，开始快速发展。在金融危机前的2007年，美国变额年金保险保费收入为1 700亿美元，约占年金保险市场的68.5%，占人身险市场的20%，总资产余额约1.5万亿美元。

有关部门负责人介绍说，进行变额年金试点，有利于丰富寿险产品结构，建立适合不同消费者需求的多层次产品结构，鼓励各类产品均衡发展，避免各公司在单一产品线、单一渠道上过度竞争。变额年金兼顾养老、投资、最低保证三方面功能，符合我国保险消费者偏好——希望获得投资收益以实现养老目的，但不愿本金发生损失。

变额年金保险的核心风险在于提供最低保证，该风险由保险公司承担。为此，监管部门明确要求保险公司必须采取相应的管理模式控制风险。试点阶段认可两种管理模式：一是内部组合对冲，即通过按照资产负债匹配管理原则，通过内部模拟看跌期权的方式管理最低保证；二是固定乘数组合，即固定投资杠杆，以无风险资产的价值为底线，动态调整资金在风险资产和无风险资产间的投资比例。

第四节　健康保险

一、健康保险概述

（一）健康保险的定义

健康保险是指以被保险人的身体为保险标的，对被保险人因疾病或意外事故所致伤害时发生的医疗费用或由此导致工作能力丧失而引起的收入损失，以及由于年老、疾病、意外事故导致需长期护理的费用提供经济补偿的人身保险。①

（二）健康保险的特点

1. 经营风险的特殊性

健康保险涉及医疗器械、医疗技术和药品价格等问题，这种风险无规律、难预测。精算人员在进行风险评估及计算保费时，除了要依据统计资料，还要获得医学知识方面的支持。此外，健康保险的风险还来源于医疗服务提供者。医疗服务的数量和价格在很大程度上由他们自行决定，作为支付方的保险公司很难加以控制。

2. 保险期限较短

除少数承保特定危险的健康保险（如重大疾病保险、长期护理保险等）外，绝大多数健康保险通常为一年期的短期合同。原因是健康保险产品的定价基础主要是缺乏规律的发病率、残疾率，加之医疗服务成本的不断变化，保险人很难计算出一个长期适用的

① 荆涛. 人寿与健康保险［M］. 北京：北京大学出版社，2011.

保险费率，因此合同期限短更有利于保险人更新费率、控制经营风险。

3. 承保标准严格

健康保险的承保条件较为严格，通常需要被保险人进行体检并填写详细的投保单，不仅考察被保险人的既往病史，还考虑其家族遗传疾病等。同时，健康保险的核保也较为严格，除了其体格外，对被保险人现在从事的职业、居住环境、个人兴趣和生活习惯等都要进行详细考察。①

4. 精算技术独特

人寿保险在制定费率时主要考虑死亡率、费用率和利息率，而健康保险在制定费率时则主要考虑发病率、残疾率等。健康保险费率的计算以保险金额损失率为基础，年末未到期责任准备金一般按当年保费收入的一定比例提存。此外，健康保险合同的费率还受等待期、免责期、免赔额、共付比例、给付方式和给付限额等因素的影响。②

（三）健康保险的分类

1. 按投保对象分类

根据投保对象的不同，健康保险可以分为个人健康保险和团体健康保险。

个人健康保险是以单个的自然人为保障对象，只对一个被保险人提供健康保障的健康保险。个人健康保险在承保、核保、理赔和费率确定等方面都比团体健康保险复杂。③

团体健康保险是保险公司与团体保单持有人之间订立的健康保险合同，对该团体成员提供健康保障。团体健康保险投保团体必须是投保前就已经依法成立的组织，而不能是因为保险而临时集结在一起形成的团体。

2. 按给付方式分类

根据给付方式的不同，健康保险可以分为定额给付型健康保险和费用补偿型健康保险。

定额给付型健康保险是指保险人不考虑保险事故实际发生的费用大小，按照约定的保险金额一次或分期给付保险金。这类保险对于保险公司而言能够较好地控制风险。

费用补偿型健康保险是指根据被保险人实际发生的医疗费用支出，按照约定的标准确定保险金数额的医疗保险。费用补偿型健康保险是一种较为普遍的给付方式。

3. 按保险责任分类

根据保险责任的不同，健康保险可以分为医疗保险、疾病保险、失能收入损失保险和长期护理保险。

医疗保险是指为被保险人提供医疗费用保障的保险，补偿被保险人因治疗时支出的医疗费用损失。④当被保险人因患病或遭受意外伤害需支付医药费、手术费、诊疗费、住院费等医疗费用，以及住院、护理和使用医院设备等费用时，由保险人按规定给付保险金。

疾病保险是指以保险合同约定的疾病发生为给付保险金条件的保险。疾病保险一般规定一个观察期，保险人对于被保险人在此期间因疾病而支出的医疗费用及收入损失概

① 丁继锋. 保险学［M］. 成都：西南财经大学出版社，2015.

② 郭颂平，赵春梅. 保险学［M］. 北京：高等教育出版社，2014.

③（美）特时斯曼，（美）古斯塔逊，霍伊特. 风险管理与保险［M］. 北京：高等教育出版社，2005.

④ 池小萍，刘宁. 保险学［M］. 北京：高等教育出版社，2012.

不负责，观察期结束之后保单才正式生效。[①]

失能收入损失保险是指因意外伤害或疾病导致被保险人收入中断或减少为给付保险金条件的保险。当被保险人由于疾病或意外伤害导致残疾，丧失劳动力不能工作以致失去或减少收入时，由保险人在一定期限内分期给付保险金。失能收入保险的主要目的是为被保险人提供经济上的保障，它并不承保因疾病或意外伤害所发生的医疗费用。[②]

长期护理保险是指被保险人因年老、疾病或伤残而引发护理需要时，由保险人提供护理服务费用补偿的健康保险。长期护理保险的主要目的是为因年老、疾病或伤残而需要长期照顾的被保险人提供护理服务费用补偿。

（四）健康保险的特殊条款

1. 免赔额条款

免赔额条款是健康保险合同区别于其他人身保险合同的重要特征之一。该条款的基本内容是，当约定的保险事故发生后，在保险公司给付保险金之前，被保险人须自己先支付一部分医疗费用，即保险人只负责对其医疗费用中超过免赔额的部分进行补偿。

2. 比例给付条款

比例给付条款规定，对医疗费用中超过免赔额部分的，采用保险人与被保险人共同分摊的比例赔偿办法。这样的规定是为了控制被保险人在接受治疗时的医疗费用总额。

3. 给付限额条款

给付限额条款针对被保险人的医疗费用规定了费用或服务量的最高限额，限额以内由保险人承担，限额以外的部分需要由被保险人自己承担。

4. 既存状况条款

既存状况指在保单签发前约定时期内已经存在，且未在投保单中披露的伤残或疾病。既存状况条款规定，在保单生效后的约定期间，保险人对被保险人的既存状况不负责给付保险金。

5. 等待期条款

健康保险，如医疗保险、重大疾病保险，往往在保险责任条款中规定保单对生效后的一定期间，如 90 天或 180 天内的疾病事故不承担保险责任。这个期间即为“等待期”，也称观察期或免责期。

【阅读材料 6-7】健康保险管理办法（节选）[③]

中国银保监会 2019 年第 6 次主席会议通过《健康保险管理办法》(以下简称《办法》)，自 2019 年 12 月 1 日起施行。新的《办法》对健康保险概念进行了修改和扩充，并对健康保险经营、产品设计以及健康管理服务等提出了新的要求。

《办法》对健康保险、医疗意外伤害保险给出概念界定。《办法》提出，健康保险是

① 丁继锋. 保险学［M］. 成都：西南财经大学出版社，2015.

② 丁继锋. 保险学［M］. 成都：西南财经大学出版社，2015.

③ 资料来源：笔者整理。

指由保险公司对被保险人因健康原因或者医疗行为的发生给付保险金的保险，主要包括医疗保险、疾病保险、失能收入损失保险、护理保险以及医疗意外保险等。医疗意外保险是指按照保险合同约定发生不能归责于医疗机构、医护人员责任的医疗损害，为被保险人提供保障的保险。

在经营管理方面，《办法》指出，依法成立的健康保险公司、人寿保险公司、养老保险公司，经银保监会批准，可以经营健康保险业务。前款规定以外的保险公司，经银保监会批准，可以经营短期健康保险业务。除健康保险公司外，保险公司经营健康保险业务应当成立专门的健康保险事业部。

在产品管理方面，《办法》指出，保险公司在健康保险产品条款中约定的疾病诊断标准应当符合通行的医学诊断标准。健康保险合同生效后，被保险人根据通行的医学诊断标准被确诊疾病的，保险公司不得以该诊断标准与保险合同约定不符为理由拒绝给付保险金。此外，鼓励保险公司提供创新型健康保险产品，满足人民群众多层次多样化的健康保障需求。

在健康管理与服务方面，《办法》指出，保险公司可以将健康保险产品与健康管理服务相结合，同时加强与医疗机构、健康管理机构、康复服务机构等合作，为被保险人提供优质、方便的医疗服务。

二、医疗保险

（一）医疗保险的特点

几乎每个人每年都会因患病而需要得到医疗服务，因而医疗保险具有高出险率、高损失率的特点。进一步地，决定医疗保险费率的因素比其他险种多且难以测量，导致医疗保险费率厘定困难、误差大。除了年龄、性别、健康状况和职业等因素外，还包括发病率、利息率、费用率及保单失效率等因素。由于医疗保险承保内容的特殊，确定保费时对诸如医院管理、医疗设备、经济发展和地理环境等条件的依赖程度较大，这些方面的变化都会使保险人对未来的赔付预测产生较大影响，从而给保险费率厘定带来困难。

存在信息不对称的医疗保险市场也很容易产生道德风险。医生和患者为了各自利益最大化而过度提供或过度索取医疗服务，由此造成了医疗费用不合理的大幅度增长，也带来了医疗资源的大量浪费。

（二）医疗保险的分类

常见的医疗保险有以下几种：

1. 普通医疗保险

普通医疗保险主要承保被保险人治疗疾病的一般性医疗费用，主要包括门诊费用、检查费用、医药费用等，这种保险的保费成本较低。由于医药费用和检查费用的支出控制有一定的难度，这种保单一般有免赔额和比例给付规定，保险人仅支付免赔额以上部分的一定百分比。

2. 综合医疗保险

综合医疗保险是指保险公司为被保险人提供一种比较全面的医疗费用保险，其费用范围包括医疗、手术、住院等。综合医疗保险提供的医疗费用补偿在项目范围和补偿程度上都高于普通医疗保险，能够使疾病导致的大多数医疗费用得到补偿。

3. 住院保险

住院保险主要承保被保险人由于住院所发生的各项费用，主要包括日住院费、住院期间医生费用、利用医院设备的费用、手术费用、医药费用等。住院保险的费用高低主要受住院时期的长短影响，这种保险的保险金额应根据病人平均住院费用情况而定。

4. 手术保险

手术保险是指提供因病人需做必要的手术而发生的全部费用。这种保单一般负担所有手术费用。

【阅读材料 6-8】百万医疗险案例①

徐女士今年 25 周岁，是一家公司的商务拓展经理。因为平时工作压力颇大，加上长期加班，徐女士担心自己的身体承受不住，思来想去决定购买某保险公司的“定心丸乐享一生”百万医疗险，年度需缴纳保费 781 元。

投保信息：

姓名：徐女士

性别：女

年龄：25 岁

保险金额：200 万元

保险期间：5 年

缴费方式：5 年交

保障权利：

1. 200 万元的一般医疗保险金，其中包括住院医疗以及特殊门诊医疗。

住院医疗包含：床位费；膳食费、护理费；重症监护室费；检查检验费；手术费、麻醉费、药品费、材料费、医疗机构拥有的医疗设备使用费；治疗费、医生费、会诊费；陪床费；住院前或住院期间转诊时发生的同城急救车费；与特殊门诊医疗共用保额 200 万元；与特殊门诊医疗累计免赔额为 1 万元。

特殊门诊医疗包含：门诊肾透析费；门诊恶性肿瘤治疗费，包括化学疗法、放射疗法、肿瘤免疫疗法、肿瘤内分泌疗法、肿瘤靶向疗法等的治疗费用；器官移植后的门诊抗排异治疗费用；门诊手术费；住院前后门急诊医疗费；与住院医疗共用保额 200 万元；与住院医疗累计免赔额为 1 万元。

2. 200 万元的恶性肿瘤保险金，主要理赔费用包含：床位费；膳食费、护理费；重症监护室费；检查检验费；手术费、麻醉费、药品费、材料费、医疗机构拥有的医疗设备使用费；治疗费、医生费、会诊费；陪床费；住院前或住院期间转诊时发生的同城急救车费；恶性肿瘤特殊门诊医疗费，包括化学疗法、放射疗法、肿瘤免疫疗法、肿瘤内分泌疗法、肿瘤靶向疗法的治疗费用；恶性肿瘤门诊手术费；无免赔。

投保注意事项：

1. 该产品的承保年龄为 30 天～49 周岁，最高可以续保至 80 周岁。

---

① 资料来源：慧择网，定心丸乐享一生　百万医疗险保障什么？https://xuexi.huize.com/study/detal－302585.html.

2. 等待期为 60 天，续保则无等待期。

3. 该产品一般医疗保险责任（包含住院医疗、特殊门诊医疗）免赔额为 1 万元，恶性肿瘤医疗保险金无免赔。

4. 如果被保险人没有参加社保，则按照保险金的 60%进行赔付。

三、疾病保险

（一）疾病保险与医疗保险的区别

1. 保障范围不同

疾病保险，尤其是重大疾病保险，主要针对那些威胁到生命或者花费比较大的重大疾病。而医疗保险的保障范围更加宽泛，从一般的阑尾炎到癌症都在医疗保险保障范围之内。[①]

2. 赔偿标准不同

疾病保险是定额赔付，即只要罹患合同约定的重大疾病，保险公司即按照保险金额赔付。而医疗保险是按照实际所发生的医疗费用进行赔付。[②]

3. 保险期间不同

疾病保险的保险期间较长，甚至可以是终身型保险，一般能使被保险人“一次投保，终身受益”。而医疗保险的保险期间通常只有一年，到期保险合同终止，要想继续得到保障则需续保。

（二）疾病保险的分类

根据疾病类型的不同，疾病保险可以分为重大疾病保险和特种疾病保险。

重大疾病保险（简称“重疾险”）在国内比较流行，该保险有两种组合形式：一种是就某一种重大疾病提供的保险，其中以癌症保险居多；另一种重大疾病保险是针对多种重大疾病的保险，保障范围一般有心脏病、脑中风等。中国保险行业协会与中国医师协会联合制定的《重大疾病保险的疾病定义使用规范》对重疾险产品中最常见的 25 种疾病的表述和相关保险术语进行了统一和规范，明确要求成年人重疾险产品的保障范围必须包括 25 种重大疾病中发生率和理赔率最高的 6 种疾病，即恶性肿瘤、急性心肌梗死、脑中风后遗症、冠状动脉搭桥术（或称冠状动脉旁路移植术）、重大器官移植术或造血干细胞移植术、终末期肾病（或称慢性肾功能衰竭尿毒症）。

特种疾病保险则是专门为被保险人因患特种疾病而发生的医疗费用提供保险。特种疾病保险主要有牙科费用保险、眼科费用保险、生育保险、母婴安康保险、健康婴儿保险、多胞胎保险等。

【阅读材料 6-9】重大疾病保险理赔案例[③]

案例介绍：

田某为湖南岳阳人，40 岁。由于家庭比较贫困，田某很早之前就来到深圳打拼，经

① 曾卫. 保险学［M］. 北京：人民出版社，2011.

② 曾卫. 保险学［M］. 北京：人民出版社，2011.

③ 资料来源：笔者整理。

过十几年的努力在深圳创办了一家公司经营房地产。现在田某的生意做得相当红火。

一直以来，田某的风险意识非常强，陆续为自己和家人购买了各类所需保险。其中，常见的保险有重大疾病保险、住院保险、医疗保险、意外险等。对于健康方面的保障，田某所投的风险保额累计高达百万元。2017 年 3 月，田某在家中吃饭突感不适，出现了呕吐、胸闷等症状。田某家人见状立即将他送往深圳第一人民医院，被确诊为“急性心肌梗死”，需要住院治疗。等康复出院之后，田某想起之前有给自己买过重大疾病保险，因此田某来到保险公司。由于田某所患的疾病在重大疾病的保险范围内，可以获得重大疾病保险理赔金 115 万元。

案例启示：

重大疾病保险给付的保险金主要有两方面的用途：一是为被保险人提供治疗所需的费用；二是提供患病后的经济保障，避免被保险人家庭陷入困境。投保重大疾病保险后，只要确诊的疾病在合同保障范围内，即可一次性获得赔付，不需要自己在病后垫付医疗费用，减轻了个人的医疗支出负担。

四、失能收入损失保险

（一）失能收入损失保险的特点

1. 保障目的特殊

失能收入损失保险的保障目的是对被保险人因疾病或意外伤害致残而导致的劳动收入中断或减少提供经济保障，相当于对劳动者收入中断的延续，因此它要求被保险人在投保时必须原本具有固定的全职工作。①

2. 给付金额有最高限额

一般被保险人投保时约定的给付金额有一个最高限额，通常确定为被保险人正常税前收入的一定百分比。确定最高给付限额的目的是为了规避道德风险，防止被保险人丧失工作能力时所得保险金超过有工作能力时的收入水平。

3. 保险金有一定的给付期间

失能收入损失保险的保险金有一定的给付期间。通常投保人可以选择 1 年、2 年、3 年、5 年，或到 65 岁，甚至终身。给付期间越长，需缴纳的保费越多。

4. 保险费率厘定困难

失能收入损失保险受时间因素的影响较大。因此在确定保险费率时，保险人还需要考虑货币的时间价值、通货膨胀等因素。为此，保险人在保单中往往要制定生活指数条款，规定保险人给付的保险金额按照生活指数进行调整。②

（二）失能收入损失保险的分类

失能收入损失保险分为短期失能收入损失保险和长期失能收入损失保险两种。短期失能收入损失保险的保险金给付期间一般为 1 至 5 年；长期失能收入损失保险的保险金给付期间可达 5 至 10 年，甚至更长。通常，大多数残疾者为短期残疾，大约 98%的残疾

① 曾卫. 保险学［M］. 北京：人民出版社，2011.

② 曾卫. 保险学［M］. 北京：人民出版社，2011.

者能在1年内康复，开始工作；如果残疾超过了12个月，被保险人恢复工作能力的机会骤减，尤其是年老者。

【阅读材料6-10】国寿安翔飞行员失能收入损失保险[①]

随着我国航空业的发展，从事飞行员工作的人日渐增多，很多飞行员都会为自己购买飞行员失能收入损失保险，一旦失去飞行能力，就能从保险公司获得一定的经济补偿。以下是中国人寿保险股份有限公司国寿安翔飞行员失能收入损失保险的一些基本信息：

1. 投保范围

凡年龄在60周岁以下，持有相关飞行体检合格证，从事民用航空飞行工作的在职飞行员，均可作为被保险人，由本人或对其具有保险利益的人作为投保人向保险公司投保该保险。

2. 保险期间和续保

合同的保险期间为1年，除另有约定外，自合同生效之日起至约定终止日24时止，由投保人在投保时与公司协商确定。投保人可于保险期间届满之前或在合同约定的交费宽限期内，经公司同意后，向公司交付续保保险费，合同于保险期间届满的次日起延续有效1年。合同可按上述方式续保至被保险人年满60周岁后的第一个年生效对应日。公司保留终止合同续保的权利，并有权调整保险费收费标准。

3. 保障项目

（1）永久丧失飞行能力保险金。因意外伤害或疾病由民航管理机关在保险期间内确定其永久丧失飞行能力，合同终止；若自民航管理机关吊销其注明I级体检合格证的《航空人员体检合格证》之日起1年后仍然生存，按合同约定的永久丧失飞行能力保险金额扣除已经给付的暂时丧失飞行能力保险金后的余额给付永久丧失飞行能力保险金。

（2）暂时丧失飞行能力保险金。因意外伤害或疾病由民航管理机关在保险期间内确定其暂时丧失飞行能力，按合同约定的暂时丧失飞行能力每日给付金额与有效暂时停飞日数的乘积给付暂时丧失飞行能力保险金，但累计给付日数以120日为限。

五、长期护理保险

（一）长期护理保险的特点

1. 保险金有给付期限

长期护理保险的给付期限有1年、数年和终身等几种不同的选择，同时也规定有多种免责期。其他条件相同时，免责期越长则保费越低。[②]

2. 保单保证续保

长期护理保险的保单是保证续保的，可保证对被保险人续保到某一特定年龄，有的保单甚至对被保险人终身续保。保险人可以在保单更新时提高保险费率，但不得针对具

① 资料来源：慧择网，国寿安翔飞行员失能收入损失保险介绍，https://xuexi. huize.com/study/detal－291074.html.

② 郭颂平，赵春梅. 保险学［M］. 北京：高等教育出版社，2014.

体的个人，必须对同样风险情况下的所有被保险人一视同仁。[①]

3. 规定有严格的除外责任

长期护理保险对于投保前就存在的既往症所导致的生活自理能力丧失一般作为除外责任。此外，由于精神、神经疾患、情感障碍、酗酒以及自杀自伤所导致的生活能力丧失也在除外责任之列。

4. 对提供护理服务的人员和机构有严格规定

长期护理保险对提供护理服务的人员和机构有严格的规定，主要是为了保障参保人员的合法权益，规范长期护理保险服务机构管理以及保证长期护理保险工作顺利开展。

（二）长期护理保险的分类

根据补偿方式的不同，长期护理保险可以分为实际费用补偿型保单、定额给付型保单和直接提供长期护理服务型等多样化的保单。[②]

1. 实际费用补偿型保单

实际费用补偿型保单即传统的长期护理保单，指在被保险人满足给付条件的前提下，保险人根据其长期护理引发的实际费用支出进行给付，给付金额以保单约定的保险金额为限。

实际费用补偿型保单将保险给付与实际的护理费用挂钩，在一定程度上可以避免被保险人通过保险不当获利。但是，它只补偿由保单持有人自己支付的实际和合格的护理费用，这种护理只能由获得许可的提供者提供，并且一旦发生护理费用，被保险人要出具很多证明，由保险公司审核后再按规定进行理赔。因此，按实际发生费用支付保险金的长期护理保单较为复杂，管理成本较高，对理赔管理体系要求较高。

2. 定额给付型保单

定额给付型保单指在被保险人满足给付条件的前提下，保险人按保单约定的固定金额进行给付，给付时保险人实际发生的护理费用对给付金额不产生影响。

定额给付型保单规定一旦被保险人被认为有资格领取保险金，即只要在保险范围内，保险公司将根据保单中载明的每天或每月的固定金额支付被保险人现金，无论实际费用发生情况如何，只需支付定额保险金。在理赔时，被保险人只收到一张双方事先定明的保险金额支票即可，消费者无须提供凭单或收据。总之，定额给付型长期护理保险处理程序较为简单，可以减少保险公司员工的使用成本，节省人力资源。消费者在理赔时直接和保险公司联系，一旦被保险人收到支票，他们就有更多的选择，并可以自由支配这笔钱，保险人并未指定对此如何使用。这种方式较为简单，对保险公司理赔管理体系的要求相对较低，容易被消费者接受，但容易引发被保险人的道德风险。

3. 直接提供长期护理服务型的保单

直接提供长期护理服务型的保单指在被保险人满足给付条件的前提下，保险人直接向被保险人提供长期护理服务作为保险偿付的方式。

直接提供长期护理服务型的保单简化了被保险人获得长期护理服务的途径，它可以最大限度地避免道德风险的出现，这种方式是目前各国比较推崇的做法。

---

① 郭颂平，赵春梅. 保险学［M］. 北京：高等教育出版社，2014.

② 荆涛. 人寿与健康保险［M］. 北京：北京大学出版社，2011.

【阅读材料 6-11】国家卫生健康委：加快推开长期护理保险制度试点[1]

2019 年 7 月 29 日，健康中国行动推进委员会办公室召开新闻发布会，介绍健康中国行动之老年健康促进行动。

国家卫生健康委老龄健康司司长王海东在会上介绍，截至 2018 年底，我国 60 岁及以上老年人口约 2.49 亿，占总人口的 17.9%；65 岁及以上人口约 1.67 亿，占总人口的 11.9%。我国老年人整体健康状况不容乐观。一是超过 1.8 亿老年人患有慢性病；二是我国 2018 年人均预期寿命是 77 岁，但是健康预期寿命仅为 68.7 岁。也就是说，居民大致有 8 年多的时间带病生存。这说明我国老年人患病比例高，进入老年后患病时间早，带病时间长，生活质量还不是很高。

全国老龄工作委员会办公室副主任朱耀垠曾指出，探索建立长期护理保险制度是积极应对我国人口老龄化的重要战略举措。建立长期护理保险制度不仅可以使失能老人获得最大程度的生活独立和人格尊严，也可以缓解老年人家庭成员，特别是子女的照料压力。

王海东表示，要提高老年人的健康水平、改善老年人生活质量、实现健康老龄化。此外，要健全老年健康服务体系，推进医养结合，探索长期护理保险制度。下一步，将加快推开长期护理保险制度试点，全面实施长期护理保险制度。

第五节　意外伤害保险

一、意外伤害保险概述

（一）意外伤害保险的定义

意外伤害保险是指以被保险人因遭受意外伤害造成死亡或伤残为保险责任的一种人身保险。投保人向保险人缴纳一定的保险费，在保险期间内，保险人对被保险人由意外伤害事故所致的死亡或残疾，按照合同约定给付全部或部分保险金。

意外伤害保险中的“意外伤害”是指个体在没有预见到或违背其意愿的情况下，突然发生的外来致害物对个体身体明显、剧烈侵害的客观事实。“意外伤害”的要件包括意外和伤害，其中，意外是指外来的、突然的、非本意的某种客观力量；伤害是指人的身体遭受到侵害的客观事实，即死亡或残疾。

意外伤害保险的保障项目包括死亡给付和伤残给付，派生保障项目还包括意外伤害医疗费用赔偿和意外伤害停工期间的收入损失赔付等。

（二）意外伤害保险的特点

1. 保险事故特殊

意外伤害保险只保障因意外事故造成的死亡事故和伤残事故。而人寿保险中的死亡

---

① 资料来源：国家卫生健康委：加快推开长期护理保险制度试点［N］．国际金融报，2019－07－29.

可以是生命机能的停止，也可以是疾病引起的，或是外来伤害的结果。

2. 保险期限较短且有责任期限的约定

意外伤害保险的保险期限较短，通常以 1 年为限，有的甚至只有几天或几个小时，并且有责任期限的约定。责任期限是指被保险人遭受意外伤害事故后，只有在责任期限内死亡或残疾的，保险人才给付保险金。

3. 承保条件宽松

意外伤害保险承保的条件一般较为宽松，对被保险人几乎没有年龄、性别、身体状况方面的限制，也不必进行体格检查。[①]意外伤害保险与被保险人的年龄关系不大，影响意外伤害风险的最主要因素是职业。

4. 可以不出具专门的保险单

在人寿保险、年金保险、医疗保险中，保险人必须向投保人出具专门的保险单作为保险合同的法定文件。在意外伤害保险中，保险人可以出具专门的保险单。但在某些特殊情况下，保险人也可以不出具专门的保险单，如公路旅客意外伤害保险，就以车票作为保险凭证，保险人不另外签发保险单。

（三）意外伤害保险的可保风险

意外伤害保险承保的风险是意外伤害，但并不是一切意外伤害都属于意外伤害保险所承保的内容。按照是否可保划分，意外伤害可以分为不可保意外伤害、特约可保意外伤害和一般可保意外伤害三种。

1. 不可保意外伤害

不可保意外伤害是指由于被保险人的故意行为所致，或从法律和社会公共利益角度不允许保险人承保的意外伤害。具体包括：被保险人在寻衅斗殴中所受的意外伤害；在酒醉，吸食、服用或注射毒品、国家管制的精神药品或麻醉药品后发生的意外伤害；在犯罪活动中所受的意外伤害；以及自伤身体或自杀所受的意外伤害。

2. 特约可保意外伤害

特约可保意外伤害是指那些经投保人与保险人特别约定，并加缴一定保险费的情况下才予承保的意外伤害。例如，被保险人在从事剧烈体育活动或比赛时遭受到的意外伤害，战争、军事行动、核爆炸、核辐射等使被保险人遭受的意外伤害，医疗事故造成的意外伤害。

3. 一般可保意外伤害

一般可保意外伤害是指在一般情况下均可承保的意外伤害。除前述不可保意外伤害和特约可保意外伤害意外，均属一般可保意外伤害。

（四）意外伤害保险责任的构成条件

1. 被保险人遭受了意外伤害

被保险人遭受意外伤害是构成意外伤害保险责任的首要条件。意外伤害保险的保险责任是被保险人因意外伤害所致的死亡和残废，不负责疾病所致的死亡和残疾。这一条件包括两方面的要求：一方面指被保险人遭受意外伤害必须是客观发生的事实，另一方

---

① 曾卫. 保险学［M］. 北京：人民出版社，2011.

面指被保险人遭受意外伤害的客观事实必须发生在保险期限内。

2. 被保险人死亡或残疾

被保险人在责任期间内死亡或残疾是构成意外伤害保险责任的必要条件。

3. 意外伤害是死亡或残疾的直接原因或近因

在意外伤害保险中，被保险人在保险期间内遭受意外伤害，并且在责任期间内死亡或残疾，并不意味着必然构成保险责任。只有当意外伤害与死亡或残疾之间存在着因果联系，即意外伤害是死亡或残疾的直接原因或近因时，才构成保险责任。

例如，某人投保了意外伤害保险后被车撞倒，造成伤残，并住院治疗，在治疗过程中因突发心脏病死亡。由于意外伤害与心脏病没有内在联系，死亡并非意外伤害的结果。心脏病是死亡的近因，属于疾病范畴，不包括在意外伤害保险责任范畴内，故保险人对被保险人死亡不负保险责任，只对意外伤害致残支付了保险金。

二、意外伤害保险的种类

（一）按风险性质分类

根据风险性质的不同，意外伤害保险可以分为普通意外伤害保险和特定意外伤害保险。

普通意外伤害保险所承保的危险是在保险期间内发生的各种意外伤害，而不具体规定事故发生的原因和地点。如团体人身意外伤害保险、学生团体平安保险等。

特定意外伤害保险是指以特定时间、特定地点或特定原因发生的意外伤害为承保风险的意外伤害保险，如旅行意外伤害保险、索道游客意外伤害保险等。[①]

（二）按保险期间分类

根据保险期间的不同，意外伤害保险可以分为一年期意外伤害保险、极短期意外伤害保险和长期意外伤害保险。

一年期意外伤害保险在意外伤害保险中占大部分。如个人人身意外伤害保险、附加意外伤害保险等。

极短期意外伤害保险的保险期间不足 1 年，往往只有几天、几小时甚至更短。如旅游保险，火车、飞机、轮船旅客意外伤害保险等。[②]

长期意外伤害保险的保险期间超过 1 年，一般为 3 年、5 年或 8 年等。

（三）按投保对象分类

根据投保对象的不同，意外伤害保险可以分为个人意外伤害保险和团体意外伤害保险。

个人意外伤害保险是投保人或被保险人个人购买的保险，一份保单只承保一名被保险人。如航空人身意外伤害保险、游客意外伤害保险、机动车驾驶学员人身意外伤害保险等。[③]

团体意外伤害保险是以团体方式投保的人身意外保险，而其保险责任、给付方式则与个人意外伤害保险相同。如团体人身意外伤害保险、学生团体平安保险等。

---

① 丁继锋. 保险学［M］. 成都：西南财经大学出版社，2015.

②（美）特时斯曼，（美）古斯塔逊，霍伊特. 风险管理与保险［M］. 北京：高等教育出版社，2005.

③ 曾卫. 保险学［M］. 北京：人民出版社，2011.

【阅读材料 6-12】意外伤害保险拒赔案例①

一些意外伤害，保险公司是不给予赔付的，现实生活中很多人因为没有清楚地了解意外伤害的含义，导致在事故发生时得不到赔偿。下面是几个典型的意外伤害保险不承担赔付责任的案例，以便读者更清楚地了解意外伤害保险。

案例一：食物中毒

由于夏天天气炎热，又没有冰箱储放食品，王女士吃了剩菜出现了肚子痛、呕吐等状况，到了医院经医生诊断，属于食物中毒。因王女士之前购买了意外医疗险，所以病好后便到保险公司要求赔偿，被保险公司拒绝，原因是个体食物中毒不在意外伤害范围之内。

案例分析：

由于细菌感染的食物中毒引起当事人患上肠胃疾病，也可能是与个人体质有关，就不属于意外事故；如果是 3 人或 3 人以上集体食物中毒，可视为意外事故；而如果是个人食物中毒，保险公司不予赔偿。

案例二：过劳猝死

张先生为了让家里的日子过得更好，所以找了份兼职，白天一份工，晚上一份工，但由于过度劳累晕倒，送到医院时已经没有了呼吸。后经医生诊断，张先生属于“猝死”。因张先生购买过意外险，家人便拿着相关证明到保险公司要求理赔，但是保险公司不予理赔。

案例分析：

过劳猝死是由于长期的疲劳而造成的，发生的意外事故来自自己的身体，并不是外来因素，因此不属于意外事故，保险公司不予赔付。

案例三：妊娠意外

怀有身孕的刘女士，由于出门行动不便，不小心摔倒了，身上出现了明显的伤痕，怕影响到胎儿就去医院做了检查，听从医生建议住院观察治疗。无大碍之后刘女士出院，拿着之前购买的意外伤害保险向保险公司申请索赔，保险公司拒绝。

案例分析：

意外伤害保险中通常规定的除外责任包括：被保险人因妊娠、流产、分娩、药物过敏导致的伤害。

本 章 小 结

人身风险是指客观存在的若干风险中直接作用于人的身体，影响人的生命、健康或生活质量的一种风险，即由于人的生、老、病、死生理规律所引起的人身风险以及在物

① 资料来源：笔者整理。

质生产过程或日常生活中因遭遇各种自然灾害、意外事故、人为灾害所引起的人身伤亡风险。每一个人，在不同的人生阶段，都会遇到不同程度、不同种类的人身风险，并由此给个人与家庭造成不同的影响。人们通过选择投保适当的人身保险险种，可以将其面临的生存、老年、疾病、死亡或残疾等人身风险转移出去。按照不同的标准，人身保险可以划分为不同的类型。其中最重要的一个分类标准，就是按保险责任的不同，将人身保险分为人寿保险、年金保险、健康保险和意外伤害保险。人寿保险是以被保险人的生命为保险标的，以其生存和死亡为给付保险金条件的人身保险。年金保险是以被保险人生存为给付保险金条件，并按约定的时间间隔分期给付生存保险金的人身保险。健康保险是以被保险人的身体为保险标的，对被保险人因疾病或意外事故所致伤害时发生的医疗费用或由此导致工作能力丧失而引起的收入损失，以及由于年老、疾病、意外事故导致需长期护理的费用提供经济补偿的人身保险。意外伤害保险是以被保险人因遭受意外伤害造成死亡或伤残为保险责任的人身保险。

重要概念

◆ 人身保险：以人的寿命和身体为保险标的的保险。

◆ 人寿保险：以被保险人的生命为保险标的，以其生存和死亡为给付保险金条件的人身保险。

◆ 定期寿险：保险人对被保险人在保险期间内死亡负责给付保险金的人寿保险。

◆ 终身寿险：也称终身死亡保险，是指以死亡为给付保险金条件，且保险期限为终身的人寿保险。

◆ 两全保险：由定期死亡保险和定期生存保险相结合的一种人寿保险，无论被保险人在保险合同约定的保险期间内死亡，还是在保险期间届满仍生存，保险人均按合同约定履行给付义务。

◆ 分红保险：保险公司将其实际经营成果优于定价假设的盈余，按一定比例向保单持有人进行分配的人寿保险产品。

◆ 万能保险：一种缴费灵活、保额可调整、非约束性的寿险。

◆ 投资连结保险：简称投连险，是指包含保险保障功能并至少在一个投资账户拥有一定资产价值的人身保险产品。

◆ 年金保险：以被保险人生存为给付保险金条件，并按约定的时间间隔分期给付生存保险金的人身保险。

◆ 健康保险：以被保险人的身体为保险标的，对被保险人因疾病或意外事故所致伤害时发生的医疗费用或由此导致工作能力丧失而引起的收入损失，以及由于年老、疾病、意外事故导致需长期护理的费用提供经济补偿的人身保险。

◆ 医疗保险：为被保险人提供医疗费用保障的保险，补偿被保险人因治疗时支出的医疗费用损失。

◆ 疾病保险：以疾病发生为给付保险金条件的人身保险，当被保险人罹患合同约定的疾病时，保险公司按投保金额给付保险金，而不考虑被保险人的实际医疗费用支出。

◆ 失能收入损失保险：因意外伤害、疾病导致被保险人收入中断或减少为给付保险金条件的保险。

◆ 长期护理保险：被保险人因年老、疾病或伤残而引发护理需要时，由保险人提供护理服务费用补偿的健康保险。

◆ 意外伤害：个体在没有预见到或违背其意愿的情况下，突然发生的外来致害物对个体身体明显、剧烈侵害的客观事实。

◆ 意外伤害保险：以被保险人因遭受意外伤害造成死亡或伤残为保险责任的人身保险。

思　考　题

1. 什么是人身风险？按保险公司风险管理的对象分类，可以把人身风险分为几类？
2. 传统人寿保险包含哪些险种？这些险种分别有什么特点？
3. 新型险种主要包括哪些险种？各自有什么特点？
4. 什么是年金保险？它与寿险有什么不同？
5. 什么是健康保险？分为几大类？各自的特点是什么？
6. 什么是意外伤害及意外伤害保险？
7. 意外伤害保险赔付的构成条件是什么？

第七章　个人、家庭财产风险和保险产品

我国由火灾引起的家庭财产损失占很大比例，据应急管理部统计，2018 年全国共接报火灾 23.7 万起，死亡 1 407 人，已统计直接财产损失 36.75 亿元。其中，城乡居民住宅共发生火灾 10.7 万起，死亡 1 122 人，虽然起数只占总数的 45.3%，但死亡人数占总数的 79.7%。[①]那么，个人和家庭还面临着哪些财产风险？我们又该如何管理这些风险？这将是本章讨论的重点。

第一节　个人、家庭财产风险及其管理方法

一、个人、家庭面临的主要财产风险

（一）房屋损毁和财产损失风险

导致个人、家庭房屋及财产损失的风险很多，从风险因素来看，主要包括自然风险和社会风险。[②]

1. 自然风险

自然风险是指由于自然现象或物理现象导致人身伤亡、财产损失的风险，通常具有不可抗性，一旦发生往往波及范围较广。洪水、干旱、暴雨、雷电、地震、海啸、台风等均属于典型的自然风险。这些灾害一旦发生，将给家庭带来十分惨重的损失。

2. 社会风险

社会风险是指由于个人或团体的反常行为给个人、家庭、企业甚至国家造成损失的风险，包括故意行为、过失行为和不当行为。盗窃、抢劫、罢工、骚乱、暴动、恐怖活动等是日常生活中较为常见的社会风险。这些风险给个人和家庭造成的损失往往不可预见、很难控制。例如，某小区某业主家发生入室盗窃，家中丢失一台相机、一台笔记本电脑和三万元现金，给家庭造成不小的损失。此外，由于人们的疏忽或违反操作规程所致的突发事故，如火灾、爆炸和空中物体坠落等，也会给个人和家庭造成经济损失。

---

① 资料来源：2018 居民住宅火灾起数占总比 45.3%，8 种常见灭火方法好，http://v.233.com/news/detail/169489.

② 中国保监会保险教材编写组. 风险管理与保险［M］. 北京：高等教育出版社，2007.

（二）个人、家庭责任风险

在日常生活中，个人和家庭不仅会因其所进行的各种活动而对公众负有责任，而且还会因其所拥有的个人财产而对公众负责。即个人或家庭由于其可能承担的民事赔偿责任，时时刻刻都面临风险，这些风险会对个人或家庭的财务稳定和生活安定带来较大影响。

1. 源于家居的责任风险

人们都希望家庭幸福美满。可住所也是一个具有潜在风险和损失的地方。作为家庭主人，房主必须要对发生在房屋的事件负责。例如，家中客人在室内受伤、饲养的宠物咬伤人、窗台花盆或空调外挂机掉落砸伤人或车、家中水管爆裂使邻居家遭到水浸损失等风险。这些风险一旦发生，不仅可能会影响邻里关系，也会给家庭带来相当大的经济损失。2016 年 1 月 10 日，乌鲁木齐某小区 3 楼业主王某回家发现楼上漏水，将他家木制装修浸泡变形，王某立刻拍照取证，并将楼上业主赵某告上法庭。庭审中，王某要求赵某赔偿财产损失 12 万元，并出示损失鉴定。最终，法院判决被告赔偿 11.7 万元。

2. 源于机动车的责任风险

现在的生活离不开汽车等交通工具，随着交通条件越来越便利，交通事故也不断发生。不论是两辆汽车互相碰撞还是撞到路边的行人或住宅，都会产生责任风险。据统计，全世界 60 亿人口每年死亡 5 200 万人，其中死于交通事故的有 50 万人，占总死亡人数的 1%，排在人类死亡原因的第 10 位。中国年交通事故死亡 9 万人，占总死亡人数的百分比为 1.5%。[①]

3. 源于家政服务人员的责任风险

现代家庭越来越多地雇佣保姆、钟点工等家政服务人员来承担家务杂事。家庭在得到服务的同时，也会面临一定的责任风险：一种风险是对于雇佣的家政服务人员在受雇期间受到的人身伤害，要由雇佣家庭承担责任；另一类风险是雇佣家庭对家政服务人员伤害他人的行为承担连带责任。

4. 源于职业的责任风险

个人作为社会的一员，往往会担任一定的社会角色。而一些专业人员所从事的职业客观上要求他们比其他人对社会负有更多的责任。该类人员在从事职业技术工作时因为疏忽或过失造成他人人身伤害或财产损失的要承担经济赔偿责任，例如医生、律师、会计师等。

5. 源于其他个人活动的责任风险

在日常生活中，我们可以列举出很多可能引起责任风险的个人活动，例如邻里之间、同事之间因为个人恩怨而故意侵害其权利，如诽谤等。此外，个人或家庭生产的一些产品也可能对他人造成损害而引发责任风险。[②]

---

① 许飞琼. 财产保险［M］. 北京：高等教育出版社，2014.

② 中国保监会保险教材编写组. 风险管理与保险［M］. 北京：高等教育出版社，2007.

【阅读材料 7-1】家政人员责任风险赔偿案例[①]

案例简介：

47岁的阿秀经熟人介绍，到曾老先生家中从事保姆工作。2013年11月初的一个下午，阿秀清理完厨房后，在更换雇主房间内上下铺床单时不慎摔伤致左腿骨折。阿秀被送往医院治疗39天出院后，经某司法鉴定中心鉴定构成十级伤残。双方因赔偿问题协商未果，阿秀将雇主曾先生告上法庭。尽管曾老先生一再强调是阿秀自己不注意造成伤害，雇主不应承担责任，但法院以曾老先生作为雇主提供安全保护、完善保障义务方，便存在一定过错，应按50%的过错责任承担责任，共赔偿阿秀损失费3万余元。

案例分析：

阿秀在曾老先生家中从事保姆工作，双方形成雇佣关系。人过中年的阿秀到上铺更换床单是存在一定危险性的，而作为雇主的曾先生既未告知其注意事项，也未采取任何安全保障措施，未对保姆从事工作提供安全工作环境，存在一定过错。阿秀作为长期专门从事家政服务的人员，应当预见到更换上下铺床单具有一定的危险性，应尽到必要的审慎注意义务，造成伤害，其本人也具有一定的过错，应当承担部分责任。依据我国《侵权责任法》第三十五条规定："个人之间形成劳务关系，提供劳务一方因劳务造成他人损害的，由接受劳务一方承担侵权责任。提供劳务一方因劳务自己受到伤害的，根据双方各自的过错承担相应的责任。"人民法院的判决是公平合理的。

（三）个人、家庭信用风险

根据信用的接受主体不同，信用可以分为个人信用、商业信用、银行信用和政府信用。个人信用是指个人通过信用方式，向工商企业、银行等金融机构获得自己当前不具备的预期资本或消费支付能力的经济行为。它使得个人不再仅仅依靠个人资本积累进行生产投资或消费支出，而是可以通过信用方式向工商企业、银行等金融机构获得预期资本或消费支付能力。个人信用的表现形式多种多样，工商企业可以直接以赊销的方式，特别是分期付款的赊销方式，对个人提供信用；银行以及其他金融机构也可直接贷款给个人用以购买耐用消费品、住房以及支付旅游等费用，以及对个人提供信用卡，持卡人便可以在接受该种信用卡的商店购买商品，定期与银行结账，等等。

信用风险是指在经济交往中，权利人与义务人之间，由于一方违约或违法致使对方遭受经济损失的风险。从信用风险的角度看：一方面，个人借贷所带来的是借款人由于家庭、工作、收入、健康等因素的变化，不能按期或无力偿还银行贷款，从而给银行利益带来损失的违约风险；另一方面，借款人还可能故意欺诈，通过伪造个人信用资料骗取银行的贷款，从而产生道德风险。一般对待信用风险的处理方式有抵押、质押、保证以及相应的保险方式，如信用和保证保险。

---

① 杨学友. 保姆因劳务遭遇纠纷雇主难脱干系［N］. 中国妇女报，2014-09-17.

二、个人、家庭财产风险的特征

（一）家庭财产逐渐增加，风险损失不断扩大

改革开放以来，我国经济发展水平有了很大提升，居民人均收入快速增长，生活水平不断提高。作为收入增长的必然结果，居民个人、家庭财产积累也日渐增长。富裕的家庭开始购买商品住房，汽车快速进入家庭，家用电器逐渐高档化、丰富化。个人和家庭面临的风险因素在不断增加，潜在的风险损失也只会越来越大。

（二）有关侵权行为的法律法规愈发完善

法律的完善对个人和家庭来说是一把“双刃剑”。一方面，当个人和家庭的合法权益受到侵害时，可以寻求法律的保护；另一方面，当个人或家庭不慎造成他人人身伤害或财产损失时，法律也会主张受害方的权益，对加害方做出惩罚，这样就造成了加害方个人、家庭财产的巨大损失。例如，《中华人民共和国道路交通安全法》的出台，使以往交通肇事责任的范围有所改变，交通肇事的惩罚力度不断加大，这样对于拥有汽车的家庭来说，无疑增加了财产损失的可能性。①

三、个人、家庭财产风险的管理方法

个人、家庭财产风险的管理可以采取风险回避、风险自留、风险控制以及非保险转移等方式，也可以选择保险作为一种有效的风险管理工具。

（一）非保险方式

1. 风险回避

如果相对于收益来说，个人或家庭拥有某项财产所涉及的风险很大，那么个人或家庭放弃某些活动或某些财产的所有权可能是明智的。

2. 风险自留

风险自留是个人或家庭独自承担风险损失的一种风险管理方式。一般情况下，主动或计划自留是处理许多潜在风险的非常有用的方式。有些损失则属于无法避免、预防或以任何代价转移的，必须自留，如战争损失。当潜在损失很小，家庭可以相对轻松地处理时，自留就是风险管理很好的工具。

3. 风险控制

在经济条件允许的情况下，应当尽量减少损失发生的机会或减少损失的严重程度。如安全的驾驶习惯、良好的家庭安全管理以及小区消防设施的改善都有利于控制风险的发生。保险公司经常采取各种损失控制措施，以降低费率，如司机教育课程或火灾和防盗报警器。此外，如果同一等级的不同家庭有更强的安全意识，那么费率等级会降低。

4. 非保险转移

家庭可以将财产或活动转移给他人。例如，通过出售汽车将第三者责任风险转让给家庭以外的人。有些风险的转移不必通过财产或活动的转移。例如，房东在将房子出租

① 中国保监会保险教材编写组. 风险管理与保险［M］. 北京：高等教育出版社，2007.

给房客时，财产的所有权并没有发生变化，房客对财产损失负直接责任。在某些特定情况下，房客要对财产的任何损失负责，如果财产变得无法租赁出去，可以停止支付租金。

（二）保险

虽然非保险方式对于风险管理来说很重要，但一般来说，人们还是喜欢利用保险来转嫁风险。保险转移就是投保人向保险公司投保，以缴纳保费为代价，通过签订保险合同将风险转移给保险公司。保险公司一般会针对家庭财产面临的潜在风险开展保险，以平安家庭财产保险为例，房屋主体损失保额最高为 500 万元，房屋装修损失保额最高为 20 万元，室内财产损失保额最高 20 万元，盗抢损失保额最高 10 万元，水暖管爆裂损失保额最高 10 万元，家用电器安全损失保额最高 30 万元，居家责任保额最高 10 万元。

一般而言，各种风险管理方式都可以用于个人和家庭财产风险的处理过程。由于财产和责任保险在管理家庭财产风险中的特殊地位和作用，其已经成为最受重视的处理方式之一。人们通过选择投保适当的财产保险险种，可以将其个人和家庭面临的财产损失、责任和信用风险转移出去。适合个人和家庭购买的财产保险产品，主要包括家庭财产保险、个人责任保险以及信用保证保险。

【阅读材料 7-2】家庭财产保险投保误区①

误区一：投保家财险没有限制。家庭财产保险的保障范围包括房屋、房屋配件、房屋装饰及服装、家具、家电、文化娱乐用品等，而金银珠宝及古画等贵重物品，保险公司一般不提供保险。一些保险公司为家庭财产提供小额现金盗窃保险，但由于风险较高，保险是公开的，补偿金额不会太高。

误区二：超额投保可以得到更多赔偿。家庭财产保险作为财产保险的一个险种，遵循补偿性原则，对于超额投保的部分，保险公司不负责赔偿。消费者在投保家财险时应事先和保险公司沟通，不要超额投保和重复投保，最好的投保方法就是原值投保。

误区三：财产变更不联系保险公司。如果家庭里的大部分财产出现了变更，一定要到保险公司进行保单内容的变更，保费按天计算，多退少补；如果发生意外事故或自然灾害，造成损失的，特别是在自己不能确认保险责任的情况下应第一时间通知保险公司，并要求保险公司上门查勘定损。

误区四：投保后可以“高枕无忧”。财产保险合同通常规定，投保人有维护财产安全的义务。如果发生自然灾害或意外事故，投保人应采取有效施救措施将财产损失降到最低限度，保险公司会对因施救而产生的费用进行单独补偿。此外，投保人还应妥善保管所投保物品的原始发票，一旦出险，被保险人可以向保险公司提出理赔申请，提供损失清单，由保险公司派专人现场核保定损，清点确认损失。

① 资料来源：中民网，投保家财险避免四个误区，https://www.zhongmin.cn/news/detail－33454.html.

第二节　家庭财产保险

一、家庭财产保险概述

（一）家庭财产保险的概念

家庭财产保险简称家财险，是以城乡居民自有财产或代他人保管、与他人共有的财产作为保险标的，以保险合同约定的自然灾害或意外事故造成保险标的损失为保险责任的一种财产保险。[①]家财险将人们生活中无法预料到的灾害事故损失转化为固定的小额保费支出，且通过“一家有难，大家帮忙”的模式，使因自然灾害、意外事故所造成的家庭财产的损失得到补偿，有利于安定家庭生活，维护社会稳定。

（二）家庭财产保险的特点

1. 业务分散，额小量大

我国城乡居民都是以个人或家庭为单位，不仅分布分散，而且单个家庭拥有的财产也是分散的。同时，我国人口众多，每一户城乡居民家庭都是保险人的展业对象和潜在的客户来源。因此，家庭财产保险是一种分散业务、单个保单承保额较小、业务量却很大的险种。

2. 缴费低廉，方式灵活

家庭财产保险的费率一般较低，投保人可以通过比较低的保险费来获得较大的保险保障，同时，投保人也可以根据自己的经济状况来选择保险金额，从而缴纳相应水平的保险费。

3. 风险结构有特色

从家庭财产保险案发数量上来看，其主要面临的风险为火灾、盗窃等，风险结构和企业财险有很大的不同，这也要求保险人要做出针对性的风险管理措施。

4. 赔偿方式有特色

家庭财产保险采用第一危险赔偿方式和比例赔偿方式相结合的赔偿方式，对室内财产采用第一赔偿方式，对房屋采用比例赔偿方式。

（三）家庭财产保险的分类

目前我国开办的传统型家庭财产保险主要有普通家庭财产保险、家庭财产两全保险、长效还本家庭财产保险和团体家庭财产保险。[②]

1. 普通家庭财产保险

普通家庭财产保险是面向城乡居民家庭的基本险种，承保城乡居民所有存放在固定地址范围且处于相对静止状态下的各类财产。保险期限通常为一年，没有特殊原因中途不得退保。保险期满后，所缴纳的保险费不退还，继续保险需要重新办理保险手续。

① 董玉凤，戴丽. 财产保险［M］. 北京：中国金融出版社，2014.

② 李明加. 财产与责任保险［M］. 北京：北京大学出版社，2012.

2. 家庭财产两全保险

家庭财产两全保险兼有经济补偿和到期还本双重性质，是在普通家庭财产保险基础上衍生出来的一种新形式，也是面向城乡居民的一个基本险种。家庭财产两全保险在保险范围、保险责任、保险赔偿方式等方面与普通家庭财产保险都相同，但也具有如下特点：以保户储金所生利息抵充保险费；期满退回保险储金；保险责任期限较长，多为3年或5年，较普通家庭财产保险期限长；保险金额的确定方式与普通家庭财产保险不同，以份数确定保险金额。

3. 长效还本家庭财产保险

长效还本家庭财产保险是一种特殊形式的家庭财产保险，它是在家庭财产两全保险基础上的一种改进。与家庭财产两全保险一样，长效还本保险具有经济补偿和到期还本的双重性质。其特殊之处在于：家庭财产两全保险一般有三年期和五年期两种，到期退还保险储金；而长效还本家庭财产保险则具有长期续转性，只要被保险人不要求退保，保险储金自动续转，保险责任持续不终止，所以称“长效”保险。

4. 团体家庭财产保险

团体家庭财产保险是用一张总的保险单给一个团体的成员提供家庭财产保险和附加险保障的家庭财产保险形式。团体家庭财产保险由“团体”组织其成员集体投保。投保人是团体，即机关、学校、社会团体、企事业单位等独立核算的单位；被保险人则是该团体成员，包括在职员工、临时工和合同工。团体家庭财产保险承保的内容与普通家庭财产保险基本相同，主要区别体现在承保方式上。

表7-1是中国人民财产保险股份有限公司所开办的部分家庭财产保险险种。

表7-1　中国人民财产保险股份有限公司开办的部分家庭财产保险险种

家庭财产保险险种名称	险种性质
家庭燃气保险	主险
附加管道破裂及水渍保险条款	附加险
和谐城市家庭财产综合保险	主险
和谐农村家庭财产综合保险	主险
家庭财产火灾爆炸保险	主险
家庭财产盗抢保险	主险
家庭住房装修工程保险	主险
家用电器用电安全保险	主险

资料来源：中国人民财产保险股份有限公司。

二、家庭财产保险的保险标的

家庭财产保险的保险标的可以分为可保财产、特约可保财产以及不可保财产三类。①

① 中国人民财产保险股份有限公司，家庭财产综合保险条款（2009版）。

（一）可保财产

在家庭财产保险的经营实务中，凡是坐落在保险单所载明的固定地点，属于被保险人拥有、使用或代为保管的财产，都可以投保家庭财产保险。具体包括：

1. 房屋及其附属设备，如固定装置的水暖、气暖、卫生、供水、管道煤气供电设备、厨房配套的设备等；

2. 室内装潢；

3. 室内财产，包括家用电器和文体娱乐用品、衣物和床上用品、家具及其他生活用具；

4. 存放于院内室内的农机具、农用工具、生产资料、粮食及农副产品。

（二）特约可保财产

特约可保财产是指被保险人与保险人特别约定承保的家庭财产。主要包括：

1. 被保险人代他人保管，或者与他人共有而由被保险人负责的一般可保财产；

2. 无人居住的房屋以及存放在里面的财产；

3. 经保险人同意的其他财产。

（三）不可保财产

下列财产不属于家庭财产保险的保险标的：

1. 金银、珠宝、钻石及制品，玉器、首饰、古币、古玩、字画、邮票、艺术品、稀有金属、手表等珍贵财物；

2. 货币、票证、有价证券、文件、书籍、账册、图表、技术资料、电脑软件及电子存储设备和资料；

3. 日用消耗品、机动车、商业性养殖及种植物；

4. 仅用于生产和商业经营活动的房屋及其他财产；

5. 用芦席、稻草、油毛毡、麦秆、芦苇、竹竿、帆布、塑料布、纸板等为外墙、屋顶的简陋屋棚及柴房、禽畜棚；与保险房屋不成一体的厕所、围墙；

6. 政府有关部门征用、占用的房屋，违章建筑、危险建筑、非法占用的财产；

7. 其他不属于可保财产、特约可保财产的家庭财产。

另外，部分不可保财产在一定条件下可以成为保险财产。例如，现金、首饰、自行车等在家庭财产保险中为不可保财产，但可以作为其附加险的可保财产。

三、家庭财产保险的责任范围

（一）保险责任

在保险期限内，保险人对保险标的由于以下原因造成的损失负责赔偿：

1. 火灾、爆炸；

2. 雷击、台风、龙卷风、暴风、暴雨、洪水、雪灾、雹灾、冰凌、泥石流、崖崩、突发性滑坡、地面突然下陷；

3. 飞行物体及其他空中运行物体坠落，外来不属于被保险人所有或使用的建筑物和其他固定物体的倒塌。

上述原因造成的保险事故发生时，为抢救保险标的或防止灾害蔓延，采取必要的、合理的措施而造成的损失，保险人负责赔偿。

（二）责任免除

1. 由于下列原因造成保险标的的损失，保险人不负责赔偿：

（1）核辐射、核爆炸、核污染及其他放射性污染；

（2）被保险人及其家庭成员、寄宿人、雇佣人员的故意或违法行为；

（3）地震、海啸及其次生灾害；

（4）行政行为或司法行为。

2. 保险人对下列损失和费用也不负责赔偿：

（1）保险标的遭受保险事故引起的各种间接损失；

（2）地震及其次生灾害所造成的一切损失；

（3）家用电器因使用过度、超电压、短路、断路、漏电、自身发热、烘烤等原因所造成本身的损毁；

（4）坐落在蓄洪区、行洪区，或在江河岸边、低洼地区以及防洪堤以外当地常年警戒水位线以下的家庭财产，由于洪水所造成的一切损失；

（5）保险标的本身缺陷、保管不善导致的损毁；保险标的的变质、霉烂、受潮、虫咬、自然磨损、自然损耗、自燃、烘焙所造成本身的损失；

（6）保险合同约定的免赔额或按保险合同中载明的免赔率计算的免赔额。

四、家庭财产保险的保险金额与保险价值

室内财产的保险金额由被保险人根据投保时保险标的的实际价值（即保险价值）分项目自行确定。不分项目的：按各大类财产在保险金额中所占比例确定，即城市家庭的室内财产中的家用电器及文体娱乐用品占 40%，衣物及床上用品占 30%，家具及其他生活用具占 30%；农村家庭的室内财产中的家用电器及文体娱乐用品占 30%，衣物及床上用品占 15%，家具及其他生活用具占 30%，农机具等占 25%。

房屋及室内附属设备、室内装潢的保险金额由被保险人根据购置价或市场价自行确定。房屋及室内附属设备、室内装潢的保险价值为出险时的重置价值。

特约财产的保险金额由被保险人和保险人双方约定。

五、家庭财产保险的保险期限和保险费率

（一）保险期限

家庭财产保险的保险期限为一年，自保险单约定起保日零时起至期满日二十四时止。保险期满，保险责任自行终止。期满续保，另办手续。

（二）保险费率

家庭财产保险的保险费率是由保险人根据时间和地理位置、财产性质等因素制定相应的费率表，包括基本险费率、附加险费率，投保人根据费率表缴纳相应的保险费。若被保险人中途退保，按日平均费率计算应收保险费。

六、家庭财产保险的赔偿处理

（一）赔偿方式

家庭财产保险采用第一危险赔偿和比例赔偿相结合的方式。室内财产采用第一危险赔偿方式，房屋及其室内设备采取比例赔偿方式。

（二）赔偿处理

1. 被保险人的索赔权和索赔诉讼时效①

保险事故发生时，被保险人对保险标的必须具有保险利益，否则不允许向保险人请求赔偿保险金。

被保险人向保险人请求赔偿保险金的诉讼时效期间为两年，自其知道或者应当知道保险事故发生之日起计算。

2. 分项目理赔

保险事故发生后，保险人按照下列方式计算赔偿：

（1）房屋及室内附属设备、室内装潢

全部损失：保险金额等于或高于保险价值时，其赔偿金额以不超过保险价值为限；保险金额低于保险价值时，按保险金额赔偿。

部分损失：保险金额等于或高于保险价值时，按实际损失计算赔偿金额；保险金额低于保险价值时，应根据实际损失或恢复原状所需修复费用乘以保险金额与保险价值的比例计算赔偿金额。

（2）室内财产

室内财产的赔偿一般采取第一危险赔偿方式。第一危险赔偿方式把保险财产价值分为两部分：一部分是与保险金额相等的部分，称为第一危险责任，发生的损失称为第一损失；另一部分是超过保险金额的部分，称为第二危险责任，发生的损失称为第二损失。保险人只对第一危险责任负责，只赔偿第一损失。即只要损失金额在保险金额之内，保险人都负赔偿责任。赔偿金额的多少，只取决于保险金额与损失价值，而不考虑保险金额与财产价值之间的比例关系。

（3）施救费用的赔偿处理

被保险人所支付的必要、合理的施救费用，按实际支出另行计算，最高不超过受损标的的保险金额。若该保险标的按比例赔偿时，则该项费用也按相同的比例赔偿。

（4）残值处理

保险标的遭受损失后的残余部分，协议作价折归被保险人，并在赔款中扣除。

（5）免赔额赔偿处理

保险标的发生保险责任范围内的损失时，保险人按照其实际损失扣除保险单载明的免赔额后，在保险金额范围内计算赔偿。

（6）重复保险赔偿处理

若存在重复保险时，保险人按照本保险合同的相应保险金额与其他保险合同及本保险合同相应保险金额总和的比例承担赔偿责任。

---

① 石大安. 风险保险学［M］. 成都：西南财经大学出版社，2015.

【阅读材料 7-3】家庭财产保险理赔纠纷：如何理解施救费用？[①]

家住合肥的李先生2018年6月份投保了家庭财产保险，他只选择了投保冰箱和电视，保额为3 000元。9月份，李先生家不慎发生火灾，情急之下，他只抢救出电视、冰箱和少许财物，因来不及救出其他物品，结果导致损失4 500元。李先生向保险公司提出索赔。

依据李先生的现状，保险公司出现了三种赔偿意见。

第一种意见认为，保险公司不赔。依据是《保险法》第二十四条规定："对不属于保险责任的，应当自作出核定之日起三日内向被保险人或者受益人发出拒绝赔偿或者拒绝给付保险金通知书。"之所以说这起事故不属于保险责任范围，是因为它没有发生保险事故。所谓保险事故是指按保险合同约定的保险人对保险标的的损失承担保险责任的事故事件。保险公司承保的是冰箱和电视机，对于非保险标的的损失，保险公司可以不承担赔偿责任，保险人有理由拒赔。

第二种意见认为，第一种观点从法律上站得住脚，但实际中却很难让人接受，"合法而不合情理"，建议保险公司应通融给付，弥补李先生精神上的损失。

第三种意见认为，应该奖励李先生积极施救的行为，李先生是为抢救保险标的而导致其他损失的，施救行为本身也减少了保险公司的损失，如果保险公司对李先生的行为给予奖励，会起到一个带头作用，其他保户在发生事故时，也会尽力采取措施，以减少损失，这对保险公司来说也有利。

案件分析

处理本案的关键是李先生的损失能否认作是施救费。假设灾害发生时，李先生抢救其他物品，而不是冰箱和彩电的话，保险公司无疑要承担3 000元的保险金赔偿责任。李先生完全可以这样做，也能名正言顺获得赔偿，但李先生选择以损失其他物品的方式救出投保财产，即无暇顾及其他物品而导致损失的原因是为了尽量防止或减少标的损失，从这一点上看，可将其他物品的损失金额认定为施救费用，只不过表现形式不是金钱而是实际财产。根据《保险法》第五十七条规定："保险事故发生后，被保险人为防止或减少保险标的的损失所支付的必要的、合理的费用，由保险人承担；……"因此，保险公司应该赔付，这不是对李先生的奖励，更不是施舍同情，而是合情合理的赔偿义务。另外要说明的是，李先生虽造成损失4 500元，但保险公司的赔付金额必须在3 000元以内，即不能超过保险金额。

第三节　个人责任保险

一、个人责任保险概述

随着人类社会的发展，社会活动形式不断丰富，法律体系逐渐完善，人们在社会活

① 资料来源：慧择网，家庭财产保险以及理赔案例分析，https://xuexi. huize.com/study/detal－130059.html.

动中所需要承担的责任随之增加。在多样的社会活动中，个人权利受到法律更加全面的保护，与此同时，个人的侵权责任风险也相应增加。责任保险的出现，为人们提供了一项有效管理责任风险的手段。

（一）民事责任与责任保险

民事责任是指民事主体违反了民事义务所应承担的法律后果。民事责任主要是由三个部分的内容构成，包括缔约过失责任、违约责任、侵权责任。

责任保险是指保险人在被保险人依法应对第三者负赔偿民事责任，并被提出赔偿要求时，承担赔偿责任的财产保险形式。一般意义上认为，责任保险属于广义的财产保险范畴，适用广义的财产保险的经营理论，这是因为责任保险与财产保险都属于补偿性保险，遵循保险利益原则和损失赔偿原则。[①]按照责任承担主体的不同，责任保险可以分为个人责任保险和法人团体责任保险。

（二）个人责任保险的概念

个人责任保险是指以在保险期间因个人或其家庭成员（被保险人）的侵权行为或其所有物因意外导致的法定经济赔偿责任为保险对象，专门适用于个人或家庭的各项责任保险的总称。

个人责任保险业务在西方国家迅速发展，已成为责任保险业务的重要来源。而在我国，个人责任风险客观存在，但是还没有形成单独办理的个人责任保险业务，相关产品目前主要出现在一些财产保险公司推出的家庭组合保险中。随着经济的发展，个人和家庭生活水平不断提高，各种新型家用电器在带来方便的同时也增加了家庭新的风险因素，加之个人社交范围的不断扩大，户外风险也相应增加。因此，个人和家庭已经具有投保个人责任保险的潜在需求，开展个人责任保险，无论对于社会、保险人、被保险人还是对于受害人都具有积极的意义。

（三）个人责任保险的特点

责任保险和一般财产保险相比较，其共同点是都以大数法则作为费率精算基础，经营原则一致，都是对被保险人的经济利益损失进行补偿，适用保险利益原则和损失补偿原则。但相较于财产保险，责任保险也具有自身的鲜明特点：第一，其发展基础是法律制度的完善；第二，代被保险人承担损害赔偿责任；第三，保险标的是无形的法律责任；第四，实际经营中，责任保险在承保时根据不同的业务险种和被保险人的要求而拥有多种承保方式；第五，相较于一般的财产保险，责任保险的赔付要复杂得多。

个人责任保险具有其他责任保险的共同特征，但作为独立的保险业务还具有如下特点：第一，投保人仅限于自然人及其家属；第二，个人责任保险属于综合性业务，包括了个人职业责任保险，个人雇工或个人生产所带来的雇主责任风险与产品责任风险也被列入个人责任保险范畴；第三，个人责任保险的承保区域范围比其他公众责任保险广，它包括被保险人的住宅内、住宅外活动和各种个人娱乐、职业活动等，即凡是个人的活动范围均可以通过个人责任保险获得保障；第四，个人责任保险承保的一般是被保险人

① 魏华林，林宝清. 保险学［M］. 北京：高等教育出版社，2011.

在工作时间之外的活动引起的损害赔偿责任，经过特别约定，也可以承保其他在工作中的损害赔偿责任。[①]

二、个人责任保险的主要险种

从个人责任保险的发展实践来看，比较流行的个人责任保险业务有以下几种：

（一）住宅责任保险

住宅责任保险是一种个人静物责任保险，承保由于被保险人的住宅及住宅内的静物（如家用电器、液化气灶和阳台上的花盆等）发生意外事故致使其雇佣人员（如保姆或家庭教师）或客人或在住宅附近通行的他人遭受伤害或其财产被损毁，根据法律应由被保险人承担的经济赔偿责任。

（二）个人运动责任保险

个人运动责任保险承保个人或其家庭成员在运动时由于意外事故或过失致使他人的身体伤害或财产损毁，根据法律应由被保险人承担的经济赔偿责任。其承保区域范围一般指住宅外的活动。例如，王太太有一个 10 岁的儿子，平时比较顽皮，为以防万一，王太太购买了该款责任险。某日，王太太的儿子在打球的时候，不小心将邻居家的玻璃砸碎，王太太赔偿邻居 1 000 元。保险公司经核实，赔偿王太太 800 元，极大地降低了王太太为儿子顽皮行为买单的经济负担。

（三）综合个人责任保险

综合个人责任保险是普遍适用的综合性个人责任保险，承保个人或其家庭成员在居住、从事体育活动及其他一切日常活动中致使他人身体受伤或财物损毁，根据法律应由被保险人承担的经济赔偿责任。其承保的区域范围广，承担的责任风险大，是非常受欢迎的个人责任保险业务。

（四）机动车第三者责任保险

机动车第三者责任保险承保被保险人或其允许的合格驾驶人员在使用被保险车辆过程中，因发生意外事故致使第三者遭受人身伤亡或财产的直接损毁而依法应承担的经济赔偿责任。机动车第三者责任保险，按是否强制可以分为强制责任保险和商业责任保险两类，其中，机动车强制责任保险是机动车辆所有人或管理人必须投保的，而商业责任保险是依据自愿原则选择投保的。

（五）职业责任保险

职业责任保险承保医生、律师、会计师及其他专业技术人员的职业风险责任。凡是上述人员因工作中的疏忽或过失导致他人身体受伤或财物损毁，根据法律应由上述人员承担损害赔偿责任的，保险人均负责补偿。其特点是责任事故的发生及其损害后果须与被保险人的职业活动有关，且不包括被保险人日常生活中的个人责任。

三、机动车第三者责任保险

机动车已经成为越来越普遍的交通工具进入千家万户。由于机动车肇事率高，机动

---

① 郑功成，许飞琼. 财产保险［M］. 北京：中国金融出版社，2015.

车第三者责任保险逐渐成为车辆所有人转嫁责任风险和保障受害人权益的必要手段。

（一）保险标的

机动车第三者责任保险的保险标的是被保险车辆在被保险人或其允许的合格驾驶人在驾驶过程中因发生交通事故而产生的对第三者造成的人身伤害和财产损失而依法产生的赔偿责任。

机动车第三者责任保险承保的机动车是指在中华人民共和国境内（不含港、澳、台地区）行驶，以动力装置驱动或牵引，上道路行驶的供人员乘坐或用于运送物品以及进行专项作业的轮式车辆（含挂车）、履带车和其他运载工具，但不包括摩托车、拖拉机和特种车。

机动车第三者责任保险中的第三者是指被保险车辆在被保险人或其允许的合格驾驶人在驾驶过程中因发生交通事故而产生损失的人，不包括被保险机动车本车上的人员、投保人和保险人。

（二）保险责任

1. 机动车交通事故强制责任保险的保险责任

在中华人民共和国境内（不含港、澳、台地区），被保险人在使用被保险车辆过程中发生交通事故，致使受害人遭受人身伤害或者财产损失，依法应当承担的赔偿责任，保险人按照强制保险合同约定的对每次事故在合同赔偿限额内负责赔偿。[①]

机动车交通强制责任保险对赔偿内容和限额都做了明确规定：机动车在道路交通事故中有责任的赔偿限额为死亡伤残赔偿限额 50 000 元，医疗费用赔偿限额 8 000 元，财产损失赔偿限额 2 000 元；无责任的赔偿限额为死亡伤残赔偿限额 11 000 元，医疗费用赔偿限额 1 000 元，财产损失赔偿限额 100 元。

2. 机动车第三者责任商业保险的保险责任

机动车第三者责任商业保险的保险责任是指被保险人或其允许的驾驶人在使用保险车辆过程中发生意外事故，致使第三者遭受人身伤亡或财产直接损毁，依法应当由被保险人承担的经济赔偿责任。

机动车交通事故责任强制保险（简称交强险）和机动车第三者责任商业保险（简称商业三责险）都是针对遭受人身伤亡或财产损失的第三者进行赔偿，但二者在赔偿原则、赔偿范围等方面存在着本质的区别：首先，商业三责险采取的是过错责任原则，即保险公司根据被保险人在交通事故中所承担的事故责任来确定其赔偿责任；而交强险实行的是“无过错责任”原则，即无论被保险人是否在交通事故中负有责任，保险公司均将在责任限额内予以赔偿。其次，出于有效控制风险的考虑，商业三责险规定了较多的责任免除事项和免赔率；而交强险的保险责任几乎涵盖了所有道路交通风险，且不设免赔率和免赔额，其保障范围远远大于商业三责险。最后，商业三责险和交强险是配合使用的，商业三责险是对于超过机动车交通事故责任强制保险各个分项赔偿限额以上的部分进行赔偿。

（三）除外责任

保险车辆造成下列人身伤亡或财产损失，不论在法律上是否应当由被保险人承担赔

---

① 中国保监会保险教材编写组. 风险管理与保险［M］. 北京：高等教育出版社，2007.

偿责任，保险人均不负责赔偿：

1. 被保险人及其家庭成员的人身伤亡、所有或代管的财产的损失。

2. 本车驾驶人及其家庭成员的人身伤亡、所有或代管的财产的损失。私有车辆、个人承包车辆的被保险人或其允许的驾驶人及其家庭成员，以及他们所有或代管的财产。

3. 本车上其他人员的人身伤亡或财产损失。

4. 保险车辆发生意外事故，致使被保险人或第三者停业、停驶、停电、停水、停气、停产、通信中断的损失以及其他各种间接损失。

5. 因地震、战争、军事冲突、恐怖活动、政府征用等原因造成的损失。

6. 精神损害赔偿：指因保险事故引起的、无论是否依法应由被保险人承担的任何有关精神损害的赔偿。

7. 其他不属于保险责任的损失和费用。

【阅读材料 7-4】机动车第三者责任保险的判决案例①

一、基本案情

2019 年 3 月 17 日 20 时 10 分许，张某驾驶奥迪牌小轿车，在靖边县长庆路由南向北行驶，行至长庆路南段时，将横过马路的行人李某碰撞倒地，又被后面冯某驾驶的别克牌小轿车碰撞，造成车辆损失、行人李某受伤的交通事故。经靖边县交警大队事故认定书认定，张某、冯某应负此次事故同等责任，李某不负此事故责任。原告张某所有的奥迪牌小轿车在被告公司投保了交强险和第三者商业险，原告要求被告公司承担赔偿责任，但被告公司拒绝赔付。现诉请：1. 依法判令被告公司赔偿原告实际损失 100 000 元；2. 诉讼费由被告承担。

二、审理结果

由被告公司在本判决生效后十五日内赔偿原告第三者责任保险金额 100 000 元。

案件受理费 2 300 元，由被告公司负担。

三、案例评析

（一）交通事故致人遭受伤害案件中，投保车辆的保险公司是否应先在交强险和商业险范围内赔偿损失？

法院经审理认为，原、被告双方签订机动车保险合同是双方在平等、自愿、意思表示真实的情况下签订的，内容不违反法律、行政法规的强制性规定，应为有效合同。按照规定机动车发生交通事故后首先应在交强险范围内赔偿，不足部分在第三者责任险范围内赔偿。奥迪牌小轿车发生交通事故后，被告已按规定在交强险范围内予以赔偿，不足部分应在第三者责任险内赔偿。因奥迪牌小轿车投保第三者责任保险限额为 100 000 元，所以被告应按约定在责任限额内赔偿，故原告的诉讼请求法院予以支持。

被告辩称，根据公司家庭自用车实施保险条款第六条第六项的规定，原告在发生交

① 资料来源：众安保险案例，https://www.zhongan.com/toutiao/d560259.

通事故后逃逸的，属于免责条款。

原、被告签订合同时，保险公司已经明确说明了免责条款，所以保险公司不予赔偿。因原、被告在订立合同时，被告提供的是格式合同，被告未提供证据证明对免责条款采取合理的方式提示原告，亦未进行明确说明，所以该条款不产生效力，故被告的辩解无事实和法律依据，故法院不予支持。

（二）格式合同的提供者应尽到明确说明和告知义务，否则该免责条款不产生效力。

本案中，被告不予在第三者责任险限额内赔偿的抗辩理由就是原告在发生交通事故后逃逸的，属于免责条款。保险公司基于免责条款不予理赔。保险合同属于格式合同，又称标准合同、定型化合同，是指保险公司一方预先拟定合同条款，对方只能表示全部同意或者不同意的合同。因此，对于格式合同的非拟定条款的一方当事人而言，要订立格式合同，就必须全部接受合同条件；否则就不订立合同。

格式合同的产生及其普遍运用是基于一定的社会经济基础的。保险行业的存在、交易内容的重复性、交易双方所要求的简便、省时导致了格式合同的存在并大量运用于保险活动领域。格式合同虽然具有节约交易的时间、事先分配风险、降低经营成本等优点，但同时也存在诸多弊端。由于格式合同限制了合同自由原则，格式合同的拟定方可以利用其优越的经济地位，制定有利于自己，而不利于消费者的合同条款。在司法实践中，司法部门对格式条款提供者提出了严格要求，对于免除自己责任，加重义务人义务的条款必须明确说明且通过合理解释使相对人理解。如果格式合同提供方未尽到明确说明义务，该免责条款就对合同相对人不发生法律效力。

四、职业责任保险

随着市场经济的发展，专业人员在我国社会生活中的地位越来越重要，其法律风险也随之加大，职业责任保险成为越来越重要的责任保险险种。职业责任保险的发展，对合理规避职业责任风险、保障当事人权益具有重要意义，也完善和丰富了国内的责任保险产品，加速国内责任保险市场与国际责任保险市场的接轨。

（一）职业责任保险的定义

职业责任保险，是承保各种专业技术人员在从事其职业技术工作时，因为自身的疏忽或者过错造成第三方的财产损失和人身伤害的责任保险。其承保对象，包括医生、会计师、建筑师、工程师、律师、保险经纪人、交易所经纪人与其他专业技术人员。一般由承保对象从事专业技术服务的单位投保。[①]

保险公司可在政策范围内为专业工作人员提供法定代理人，以保证其受到法庭的公正审判，参加职业责任保险是对专业工作人员自身利益的一种保护，它虽然并不摆脱专业人员在纠纷或事故中的法律责任，但由于保险公司给予的经济赔偿，实际上却可在一定程度上抵消其为该责任所付出的代价。同时在职业范围内，专业工作人员对第三方负有道义的责任、法律上的责任，但不能因工作的错误而造成第三方的经济损失，参加保险也可以为第三方提供这样一种保护。专业工作人员可以因受损害者能得到及时合适的

---

① 朱南军. 财产与责任保险［M］. 北京：中国人民大学出版社，2016.

经济补偿，减轻自己在道义上的负罪感，较快地解除心理压抑。

（二）职业责任保险的保险责任

职业责任保险仅对专业人员因从事本职工作时的疏忽或失职造成的赔偿责任负责，而对与其本职工作无关时的活动的赔偿责任不负责。保单除负责被保险人本人外，还可包括其雇员，以及被保险人的业务前任和从事该业务的雇员的前任在工作中的疏忽行为造成的赔偿责任。职业责任保险一般都采用期内索赔制原则。除外责任包括：被保险人、雇员以及其前任或其雇员前任的不诚实、犯罪或恶意行为所引起的损失；文件灭失或损失引起的索赔；被保人承保前没有履行如实告知义务所发生的任何索赔；被保险人对他人的诽谤或恶意中伤行为的索赔等。

（三）职业责任保险的特点

职业责任保险除了具有一般责任保险的特点外，还具有以下特点：

1. 职业责任保险的被保险人必须为专业的技术人员或者单位，承保的保险事故属于技术性较强的工作所导致的责任事故。

2. 职业责任保险的风险影响因素不仅限于被保险人个人因素，还与其专业知识、技术水平、材料标准有关。

3. 职业责任保险仅限于技术工作人员在从事本职工作期间出现的责任事故，如果一个人既是医生又是律师，他在律师事务所从事诊断工作，那么在行医过程中发生的责任事故不属于职业责任保险承保范围。

4. 职业责任保险一般采用期内索赔式，即不论造成第三者人身伤亡或财产损失的事件或被保险人的过错行为在何时发生，只要受到侵害的第三者在保险期限内向被保险人第一次提出有效索赔即构成保险事故，保险人就要依照保险合同承担赔偿责任。采用这种承保方式，索赔时效的关键是索赔的提出必须在保险期间，而保险事故的发生有可能在保险期内或约定的保险期之前若干年。这是因为被保险人从事专业技术工作的过程中的过失行为往往无法及时发现，保险事故索赔的时间可能远远晚于事故发生时间。为了避免“长尾风险”，采用期内索赔有利于保险公司的正常运营，充分发挥职业责任保险的风险转移作用。

（四）职业责任保险的主要险种

1. 医疗职业责任保险

医疗职业责任保险也称医生失职保险，是指以医疗机构的医务人员在诊断医疗的过程中，因治疗过失造成患者死亡或伤残、病情加剧、痛苦增加等人身损害的经济补偿责任为保险标的的职业责任保险。

2. 律师职业责任保险

律师职业责任保险是指以律师或律师事务所在能力范围内的职业服务中，因工作的过失、疏忽、遗漏行为给委托人造成人身伤害和经济损失时，依法应当承担的经济赔偿责任为保险标的的职业责任保险。

3. 会计师责任保险

会计师责任保险是指以会计师在执行审计业务或其他相关业务的过程中，因工作的过失、疏忽、遗漏造成委托人或其他经济利益相关者直接经济损失，依法应当承担的民事赔偿责任为保险标的的职业责任保险。

4. 建筑工程设计责任保险

建筑工程设计责任保险是指建筑设计单位从事建设工程设计的设计师因设计失误造成所设计的工程发生工程质量事故，导致工程本身的物质损失及第三者的人身伤亡和财产损失，以依法应该由设计单位承担的经济赔偿责任为保险标的的职业责任保险。

【阅读材料 7-5】上海审结首起律师执业责任保险统保合同案[1]

2003 年 2 月中旬，上海市律师协会为全市合法执业律师事务所投保，与中国平安财产保险股份有限公司上海分公司签署了《律师执业责任保险统保保险合同》。依据该保险条款规定，上海的执业律师在中国境内以执业律师身份，从事办理约定的律师业务时，由于过失行为，违反我国《律师法》或律师委托合同的约定，致使委托人遭受经济损失，由该保险公司最终承担赔偿责任。该条款的除外责任规定：注册执业律师未经被保险人同意私自接受业务的，保险公司不予赔付。而就是这样一条除外责任的规定，导致上海市竞业律师事务所与该保险公司为保险赔偿款对簿公堂。

2002 年 9 月，上海市竞业律师事务所律师朱某与上海虹乔停车有限公司签订《聘请律师合同》，但此后，朱某在接受委托案件却未在诉讼时效内起诉，给虹乔停车公司造成了无法弥补的 17.5 万元经济损失。

2005 年末，法院对虹乔停车公司诉竞业律师事务所和朱某法律服务合同纠纷作出判决，认定朱某的行为应视为职务行为，判决竞业律师事务所和朱某共同赔偿虹乔公司经济损失 17.5 万元。

因执业律师的过错行为，竞业律师事务所对虹乔公司做出了赔付后，竞业律师事务所按约向保险公司报案并要求理赔。2006 年 1 月 10 日，保险公司函复竞业律师事务所称，该保险事故是注册执业律师未经律师事务所同意私自接受的业务，不属于律师执业责任保险的责任范围，表示不能予以赔付。

2006 年 2 月，上海竞业律师事务所向上海市静安区法院起诉，要求中国平安财产保险公司上海分公司按与上海市律师协会签订的《律师执业责任保险统保保险合同》，给付赔偿款 17.5 万元，承担因案件支出的诉讼费人民币 11 123 元。

法院认为，原虹乔公司诉竞业律师事务所、朱某法律服务合同纠纷一案，朱某接受虹乔公司诉讼委托的行为是职务行为。竞业律师事务所承担赔偿责任，是由于其执业律师在受托办理诉讼业务时的过失行为造成的，属《律师执业责任保险统保保险合同》约定的保险事故。保险事故发生后，竞业律师事务所依约向平安保险公司报案理赔，有权根据合同的约定向保险公司理赔。

---

① 资料来源：律师责任保险案例，http://www.xyz.cn/study/zerenbaoxian－news－2228100.html.

第四节　个人信用保证保险

一、个人信用保证保险概述

（一）信用保证保险的定义

信用保证保险是以信用风险为标的的保险，分为信用保险和保证保险。信用保证保险是伴随着资本主义商业信用风险和道德危险的频繁发生而发展起来的一类新兴保险业务，相对于一般财产保险和人寿保险来说历史不长。信用保证保险的产生，为人们在业务交往中因合同一方信用违约造成损失时提供风险转移服务，成为当代国际和国内贸易活动中的一项优质风险转移服务选择。

信用保证保险的保险标的是合同双方权利人和义务人约定的经济信用。从性质上来看，信用保证保险具有担保性质，按照投保人的不同可以分为信用保险和保证保险两种类型。

（二）信用保证保险的特点

信用保证保险属于广义的财产保险范畴，适用保险利益原则，但是信用保证保险相较于一般的财产保险也有自身的特点：

1. 信用保证保险承保的是一种信用风险，而不是由于自然灾害或者意外事故造成的经济损失风险，因此不论是权利人还是义务人要求投保，都必须对被保险人的资信情况严格审查。

2. 发生保险事故后，只有在义务人不能补偿损失时，才由保险人代其向权利人赔偿，因此保险人只是对被保险人的信用向权利人进行担保。

3. 保险人只提供担保性服务并收取费用，其代为赔偿的部分将从抵押财物中获得补偿或者对直接责任人进行追偿。

4. 信用保证保险不适用大数定律，一般根据义务人的信用和风险等级确定费率。

（三）信用保险与保证保险的异同

信用保险和保证保险都是对义务人的作为或不作为致使权利人遭受损失时，保险人对权利人的经济损失进行赔偿的保险。但信用保险是权利人投保，要求保险人承担被保证人的信用，以保证自己的经济损失能够得到补偿。保证保险是义务人自己投保，要求保险人担保自己的信用，以保证权利人的经济损失能够得到补偿。

二、个人信用保险

（一）信用保险的概念

信用保险是以信用风险为保险标的，是权利人投保，要求保险人担保义务人信用的保险。当义务人作为或不作为致使权利人遭受损害时，保险人对权利人进行赔偿。信用保险的作用主要表现在：第一，为企业提供向银行贷款的保证，有利于其获得资金周转的便利，促进企业生产经营发展并拓宽贸易市场；第二，有助于商业贸易的健康发展；

第三，维护银行信贷与国家金融体系的安全；第四，促进出口创汇、资本输出和引进外资。

从信用保险的业务内容来看，它一般分为国内信用保险、出口信用保险和投资保险，其各自又可以分为若干具体险种。其中，个人信用保险在实务中一般归属于国内信用保险业务板块。个人信用保险是以各类企事业单位和社会团体在与具有权利能力和行为能力的自然人发生民事行为中可能因自然人侵犯而产生的利益损失为保险标的的保险。①

（二）个人信用保险的主要险种

目前我国保险市场上的个人信用保险险种主要有雇员信用保险、贷款信用保险和信用卡保险等。

雇员信用保险是比较典型的个人信用保险。在该险种中，具有权利能力和行为能力的自然人为雇员，其投保人为雇主，被保险人为雇员。保险责任为雇员可能产生的不诚实行为。该业务通常采取全面承保的方式，即雇主投保雇员信用保险时，必须为所有雇员统一投保，以避免逆选择；保险金额根据雇员的不同职位和岗位风险程度分别确定。

现代经济活动的发展创新了消费方式，出现了诸如分期付款、信用卡等个人金融业务，贷款信用保险和信用卡保险等信用保险产品也随之诞生。其中，贷款信用保险是保险人对贷款人（银行或其他金融机构）与借款人之间的借贷合同进行担保并承保其信用风险的保险。信用卡保险则是指发卡行与有关保险公司签订协议并缴纳保险费，当发生合同内规定的风险损失时由保险公司负责赔偿的一种信用卡业务风险管理方式。

【阅读材料 7-6】平安推个人信用保险——国内首个无抵押贷款保险②

2007 年 12 月 28 日，中国平安保险（集团）股份有限公司旗下的中国平安财产保险股份有限公司（简称“平安产险”）信用保证保险业务全国首家营业门店在上海开业。在该门店开业的同时，平安产险推出了这款信用保证保险产品“平安易贷”，这是国内首次出现的无抵押贷款保险。据悉，该业务已经获准在四省三市开展，上海为试点首站。普通居民在投保该信用保证保险后，可以申请由深圳平安银行发放的小额贷款。一旦出现承保事故，银行的损失将全部由保险公司埋单。平安易贷的最低投保额度为 1 万元，最高不超过 15 万元，贷款期限最多不超过 24 个月。不过，尽管融资相对方便，但其融资成本并不低。“平安易贷”对一般工薪阶层 12 个月贷款的费率为 20%，即要贷 10 万元，需购买 10 万元保额的保单，费率为 2 万元；加上一年期贷款利率为 7.47%，10 万元贷款利息为 7 470 元，实际贷款利率为 27.47%。

三、个人保证保险

（一）保证保险的概念

保证保险是保险人根据被保证人（义务人）的要求向权利人提供自己信用担保的保

① 郑功成，许飞琼. 财产保险［M］. 北京：中国金融出版社，2015.

② 资料来源：东方早报，http://www.niwodai.com/view－gerenxinyong/article－63f31179037.html.

险。保证保险的被保险人可以是法人也可以是自然人。保证保险一般分为确实保证保险和诚实保证保险。确实保证保险是指被保险人不履行义务而使权利人遭受损失时，由保险人负责赔偿责任的保险。诚实保证保险是指因被保险人的不诚实行为导致权利人遭受损失时，由保证人（保险人）承担赔偿责任的保险。[①]

（二）个人保证保险的主要险种

目前我国保险市场上的个人保证保险主要有房屋贷款保证保险、机动车辆消费贷款保证保险和教育贷款保证保险等。

1. 房屋贷款保证保险

个人房屋贷款保证保险通常包括个人贷款抵押房屋保险和个人房屋抵押贷款还贷保证保险。个人贷款抵押房屋保险是指借款人（抵押贷款购房人）以作为抵押物的房屋为标的，向保险人（保险公司）投保，由于抵押房屋因自然灾害、意外事故或第三人责任等原因遭受损毁或损失时，由保险人承担赔偿责任的保险。个人房屋抵押贷款还贷保证保险是指保险公司承保房屋抵押贷款的贷款人因借款人不能按期偿付债务而面临的风险。

2. 机动车辆消费贷款保证保险

机动车辆消费贷款保证保险是指当借款人不能按机动车辆消费贷款合同的约定偿还欠款，导致权利人的经济损失，由保险人负责偿还借款人所欠款项的一种保证保险。

3. 教育贷款保证保险

教育贷款保证保险是针对借款学生的一种就学贷款保证保险，在实务中属于助学贷款保险业务范畴。投保人为借款学生，被保险人为贷款银行。保险公司代替借款学生向银行还款之后，可以向保证人进行追偿，违约借款学生也要承担相关法律责任。[②]

【阅读材料 7-7】助学贷款保证保险圆了求学梦[③]

开学季，对于一些家庭有困难的孩子来说，学费成为家庭面临的最大难题。据统计，2017 年福建省新生中，贫困大学生达到 2.88 万人。2017 年 6 月，福建启动了商业助学贷款保证保险试点，通过保险公司与银行的合作来缓解贫困生上学面临的学费等问题。

国家助学贷款额度有限

“对于大部分学校的学生而言，学费并不是最大的负担，日常的生活费等会给学生带来更多压力。”北京工商大学保险研究中心主任王绪瑾对记者说，国家助学贷款能一定程度解决贫困生的经济压力，然后可以再通过商业助学贷款来进行缓解。

目前，国家助学贷款额度为本科生每年 8 000 元，研究生每年 12 000 元，再加上生

① 朱南军. 财产与责任保险［M］. 北京：中国人民大学出版社，2016.

② 在我国，保险公司针对贫困学生的助学贷款保险分别推出过助学贷款信用保险和就学贷款保证保险。

③ 资料来源：中国银行保险报网，http://xw.sinoins.com/2017－09/19/content_243020.htm（访问时间：2019 年 12 月 24 日）.

活费等一系列费用支出来看，对于莘莘学子而言，负担依旧沉重。同时，对于不符合国家助学贷款要求的学生来说，只能找寻其他办法。

2017 年 6 月，福建启动了商业助学贷款保证保险试点，通过保险公司与银行的合作，为贫困及亚贫困大学生提供学费、住宿费、生活费及培训费贷款，弥补国家助学贷款额度有限、仅面向贫困学生及未覆盖生活费、在校职业培训的局限，更好地满足贫困大学生学习生活需求。

根据国家要求，全日制普通本专科学生国家助学贷款平均资助比例应与国家助学金资助比例相当，约占在校生的 20%左右，即按照国家要求，贫困生比例按在校生的 20%确定。记者了解到，单从大学新生来看，2016 年福建贫困生 3.36 万人，2017 年贫困生 2.88 万人。除了这部分有建档立卡的贫困生有资格申请国家助学贷款以外，还有一部分贫困生并不涵盖在里面，对亚贫困生更加无法通过国家助学贷款的渠道来解决学费等上学面临的问题。为此，商业助学贷款保证保险应运而生。

风险管控是攻克难点

从保险公司来看，也会出现到期不能还款的现象。华安财产保险股份有限公司福建分公司信保部保后管理室主任吴子标表示：保险公司会根据征信管理条例上报不良征信记录；与学生或家长联系，了解学生逾期原因。对于暂时无力还款的，签署延期还款协议；对恶意不还款的，以沟通教育为主，并保留追究法律责任的权利。对已出现重大变故无力还款的，保险公司会启动还款救助机制，比如由保险公司代为偿还。

从银行的角度来看，借助商业助学贷款保证保险可以降低银行成本，防止银行在商业助学贷款方面出现不良贷款，从而推动银行积极参与商业助学贷款业务，践行普惠金融服务理念、完善教育扶贫体系。

本章小结

无论是个人还是家庭，每时每刻都面临着各种各样的财产风险。这些风险一旦发生，可能导致个人和家庭直接或间接经济损失。个人、家庭财产风险的管理可以采取风险回避、风险自留、风险控制以及风险转移等多种方式，其中，保险就是一种有效的风险管理工具。家庭财产保险是以城乡居民自有财产或代他人保管、与他人共有的财产作为保险标的，以保险合同约定的自然灾害或意外事故造成保险标的损失为保险责任的一种财产保险，有利于安定家庭生活，维护社会稳定。个人责任保险是指在保险期间因个人或家庭成员的过失而引发意外事故并造成第三人人身伤害、死亡，或财物损失，依法律规定承担赔偿责任时，保险公司将对被保险人负赔偿责任的保险。信用保证保险属于广义的财产保险范畴。信用保险是以信用风险为保险标的，是权利人投保，要求保险人担保义务人信用的保险，当义务人作为或不作为致使权利人遭受损害时，保险人对权利人进行赔偿。保证保险则是指保险人根据被保证人（义务人）的要求向权利人提供自己信用担保的保险。

重要概念

◆ 家庭财产保险：简称家财险，是以城乡居民自有财产或代他人保管、与他人共有的财产作为保险标的，以保险合同约定的自然灾害或意外事故造成保险标的损失为保险责任的一种财产保险。

◆ 普通家庭财产保险：面向城乡居民家庭的基本险种，承保城乡居民所有存放在固定地址范围且处于相对静止状态下的各类财产。

◆ 责任保险：保险人在被保险人依法应对第三者负赔偿民事责任，并被提出赔偿要求时，承担赔偿责任的财产保险形式。

◆ 个人责任保险：以在保险期间因个人或家庭成员（被保险人）的侵权行为或其所有物因意外导致的法定经济赔偿责任为保险对象，专门适用于个人或家庭的各项责任保险的总称。

◆ 职业责任保险：承保各种专业技术人员在从事其职业技术工作时，因为自身的疏忽或者过错造成第三方的财产损失和人身伤害的责任保险。

◆ 信用保险：以信用风险为保险标的，是权利人投保，要求保险人担保义务人信用的保险。当义务人作为或不作为致使权利人遭受损害时，保险人对权利人进行赔偿。

◆ 保证保险：保险人根据被保证人（义务人）的要求向权利人提供自己信用担保的保险。

思考题

1. 请分析你自己的家庭面临着哪些财产风险，并找出相应的风险因素。
2. 试分析家庭财产保险的可保财产、特约可保财产与不可保财产的界限。
3. 什么是职业责任保险？它有什么特点？
4. 机动车第三者责任保险中的第三者指什么？
5. 什么是信用保险？
6. 什么是保证保险？
7. 信用保险和保证保险的区别是什么？

第八章　企业风险与保险产品

世界经济的发展受到诸多因素的影响，近些年频繁出现经济萧条、金融危机和经济危机，而资本市场也起伏不定。作为世界经济的重要组成部分，企业在经济发展中扮演着重要的角色。对于企业而言，要想快速、稳定地发展就需要做好应对各种风险的准备。因此，了解企业面临的主要风险种类，熟悉各类企业保险产品，进而选择适当的方式对企业风险进行有效的管理则显得尤为重要。

第一节　企业面临的主要风险

企业所面临的风险是多种多样的，不同的风险有不同的特点，对企业造成的危害也不同。为了更好地对风险进行识别和管理，我们将企业面临的风险按照不同的标准进行分类。

一、按风险产生的原因分类

按照风险产生的原因不同，可以将企业面临的风险分为自然风险、社会风险、政治风险和经济风险。

（一）自然风险

自然风险是指由于自然力的不规则变化引起的种种现象导致企业财产损失的风险，如地震、火灾、风暴、洪水等。自然风险是保险人承保最多的风险。它一般具有以下几个特征：（1）自然风险具有不可控性；（2）自然风险具有周期性；（3）自然风险后果的巨大损失性，即自然风险事故一旦发生，其涉及的范围往往很广。

（二）社会风险

社会风险是指由于个人或团体的行为，包括过失行为、不当行为及故意行为对企业造成损失的风险。如盗窃、抢劫、罢工、玩忽职守及故意破坏等行为，可能对企业的财产或企业员工造成恶劣的影响。

（三）政治风险

广义地讲，政治风险是指由于一国政府所实施的特定行为导致其国内或其影响范围内企业价值减少的风险。政治风险源于政府行为，所以又称为政府风险或国家风险。形成政治风险的因素一般有以下五类：（1）国家对其境内的外国公司施行没收、征用和国有化；（2）政府可能拒绝履行合同或使合同落空；（3）政府对国内和国外企业实施不公平的监管环境；（4）政府为了保护本国利益，使境内企业不能自由兑换货币；（5）国家内部或外部的战争风险。

（四）经济风险

经济风险是指在生产、销售等经济活动中，由于受各种市场供求关系、经济贸易条件等因素变化的影响，或经营者决策失误、对前景预期出现偏差等，导致经济上遭受损失的风险。例如生产的增减、价格的涨落、经营的盈亏等方面的风险。

二、按风险产生的环境分类

按照风险产生的环境不同，可以将企业面临的风险分为静态风险和动态风险。

（一）静态风险

静态风险是指自然力的不规则变动或人们行为的错误或失当所导致的风险。静态风险是只有损失机会而无获利可能的纯损失风险。

（二）动态风险

动态风险是指由于社会经济、政治、技术及组织等方面发生变动而产生的风险。比如技术的进步、产业组织效率的提高等。动态风险既有产生损失的机会，又有获利的可能。它的变化往往不规则，难以用大数定律进行测算，所以一般不为承保人所承保。

三、按风险的性质分类

按照风险的性质不同，可以将企业面临的风险分为纯粹风险和投机风险。

（一）纯粹风险

纯粹风险是指那些只有损失机会而无获利可能的风险。纯粹风险导致的结果只有两种：损失、无损失。自然灾害就属于此类风险。

（二）投机风险

投机风险是指那些既有损失机会，又有获利可能的风险。它所导致的结果有三种：损失、无变化、获利。价格投机就属于此类风险。

四、按风险的标的分类

按风险的标的不同，可以将企业面临的风险分为财产风险、信用风险、责任风险和人身风险。

（一）财产风险

财产风险是指导致企业一切有形财产损毁灭失和贬值的风险。例如，建筑物有遭受火灾、地震爆炸等损失的风险；露天堆放或运输中的货物有遭到雨水浸泡、损毁或灭失的风险等。

（二）信用风险

信用风险是指在经济交往中，企业之间由于一方的违约或违法行为而给对方造成经济损失的风险。例如，银行面临的主要风险就是信用风险。

（三）责任风险

责任风险是指企业在生产以及销售等经营过程中，造成他人或员工的财产损失或人身伤亡，依照法律、合同或道义应付经济赔偿责任的风险。例如生产销售有缺陷的产品给消费者带来损害；雇主对雇员在从事职业范围内的活动中身体受到伤害等应付的经济赔偿责任，均属于责任风险。

第二节 企业财产保险

一、企业财产保险概述

我国多种企业财产保险业务都是在火灾保险的基础上发展起来的，但是并没有直接使用火灾保险这一名称，主要包括企业财产保险、机器损坏保险、营业中断保险。

企业财产保险承保法人团体所有、占有或负有保管义务的财产物资因遭受火灾等自然灾害和意外事故所产生的标的本身的损失，机器损坏保险和营业中断保险则是对企业财产保险的补充与扩展。机器损坏保险专门承保各类已安装完毕并投入运行的机器设备因人为的、意外的或物理性原因造成的物质损失；营业中断保险承保企业财产在遭遇已投保的企业财产保险或机器损坏保险责任范围的保险事故并产生保险财产的直接损失后，被保险人因保险财产受损而停产、停业或营业受到影响所造成的利润损失以及受灾后营业中断期间仍需支出的必要费用，即营业中断保险承保的是企业财产保险除外不保的间接损失。

二、企业财产保险的主要内容

（一）企业财产保险

1. 企业财产保险的特征

企业财产保险简称企财险，是以企业法人团体所有、占有或负有保管义务的财产物资及有关利益等为保险标的，由保险人承担火灾及其他自然灾害、意外事故损失赔偿责任的一种财产损失保险。

企业财产保险具有以下三个方面的基本特征：

第一，企业财产保险的保险标的是陆地上处于相对静止状态的财产。

企业财产保险的保险标的主要是企业的各种固定资产与流动资产，其中，固定资产包括厂房、机器设备等，流动资产包括各种原材料、半成品、生产物资等。企业财产保险的保险标的都相对固定地坐落或存放在陆地上的某个位置，这将企业财产保险与保险标的处于运动状态的货物运输保险等相区别，也将企业财产保险与保险标的处于水中的船舶保险以及保险标的处于空中的飞机保险等相区别，进而形成企业财产保险独有的特征。

第二，企业财产保险承保财产的地址不得随意变动。

企业财产保险要求保险标的必须存放在保险合同中列明的固定场所，除因火灾等风险威胁，为安全起见可将屋内财产物资暂时运移他处外，被保险人不能随意变动保险标的的存放地址。这是因为企业财产保险标的所处地点不同，会改变保险标的所面临的风险大小。通常情况下，如果投保人未经保险人同意而随意改变承保财产存放地址，可能会影响保险合同的效力。

第三，企业财产保险的投保人必须是法人。

企业财产保险与家庭财产保险相比，虽然同属于财产险，但二者在投保单位上相差甚大。我国企业财产保险的投保人只能是法人单位，例如工商企业、事业单位、国家机关和其他社会团体，因此企业财产保险又被称为团体火灾保险，而家庭财产保险则是以城乡居民个人及家庭为投保单位。

2. 企业财产保险的适用范围

企业财产保险的适用范围广泛，对一切独立核算的法人单位均适用，具体包括：

（1）各类企业。凡领有工商营业执照、有健全会计账簿、财务独立核算的各类国有企业、集体企业和私营企业都可以投保企业财产保险。

（2）国家机关、事业单位及社会团体等组织，包括党政机关、工会、共青团、妇联、科研机构、学校、医院、文艺团体。

需要注意的是，个体工商户，包括小商小贩、夫妻店、家庭手工业等个体经营户的各种财产风险，不属于企业财产保险的保障范围，只能投保家庭财产保险。所以，企业财产保险强调的是投保人是否具有法人资格。

3. 企业财产保险的保险标的

企业财产保险的保险标的可以分为可保财产、特约可保财产和不可保财产三类。

（1）可保财产

可保财产是指保险人根据保险条款规定认为可以承保的财产。从财产形态来看，团体火灾保险承保的财产可分为固定资产和流动资产等，其表现形式如下：

① 房屋、建筑物及附属设备。包括正在使用、未使用或出租、承租的房屋，也包括房屋以外的各种建筑物，如船坞、油库、围墙以及附属在房屋建筑物上的较固定的设备装置，如空调机等。

② 机器及设备。即具有改变材料属性或形态功能的各种机器设备，如各种机床等，还有与机器不可分割的设备，如机座等。

③ 工具、仪器和生产用具等。即具有独立用途的各种工具、仪器和生产用具，如实验测量用仪器、切削工具等。

④ 管理用具及低值易耗品。即办公、计量、消防用具以及其他经营管理用的器具设备和在生产过程中使用的不能作为固定资产的各种低值易耗品。

⑤ 原材料、半成品、在制品、产成品或库存商品、特种储备商品。

⑥ 账外财产或已摊销的财产。即已摊销或已列支而尚在使用的财产。

⑦ 代保管财产。

（2）特约可保财产

特约可保财产是指经保险双方特别约定，并在保险单明细表上载明品名和保险金额之后，保险公司才予以承保的财产。主要有以下几类：

① 市场价值变化较大或者市场价值不易确定的财产，如金银、珠宝、玉器、钻石、古玩、字画、艺术品、稀有金属等珍贵财产。当保险人承保这类财产时，需与投保人进行特别约定，但是如果投保人是以经营上述财产为主营业务的，保险双方则不需要进行特别约定。

② 价值高、风险较特别的财产，如铁路、隧道、桥梁、码头、堤堰、水闸等。此类财产虽不易遭受火灾损失，却易遭受洪水、泥石流、地震等灾害而发生损失，并且此类

资产价值较高，发生损失时损失金额较大，所以承保人在承保此类财产时，需要与投保人进行特别约定才能承保。

③ 风险较大的财产，如矿井内的设备和物资。承保此类财产时，必须经保险双方在保险单及明细表上特别约定，并视风险情况加收保费。

④ 可移动的固定资产，如便携式通信装置、便携式计算机设备、便携式照相设备器材等。企业财产保险承保的财产多为处于固定位置的财产，可移动的固定资产与处于固定位置的固定资产所面临的风险有所不同，所以保险人承保此类财产时需与投保人进行特别约定。

⑤ 尚未交付使用或验收的工程，如建设完毕尚未验收的写字楼、安装完毕尚未投入使用的生产设备等。这类财产所面临的风险与已经投入使用的财产所面临的风险差异较大，所以承保人在承保此类财产时也需要与投保人进行特别约定。

（3）不可保财产

不可保财产是指在企业财产保险项下不予承保的财产。不可保财产主要有以下几类：

① 无法确定货币价值的财产，如文件、账册、技术资料、计算机软件、计算机数据资料等。

② 投保人不具有保险利益的资产，如土矿藏、水资源及其他自然资源等。

③ 非实际物资且易引发道德风险的资产，如货币、票证、有价证券及有现金价值的磁卡、集成电路卡等卡类。

④ 不符合法律法规要求或承保会对社会造成不良影响的资产，如违章建筑、危险建筑、非法占用财产、枪支弹药等。

⑤ 不属于企业财产保险的承保范围，应投保其他险种的财产，如未经收割或收割后尚未入库的农作物等。

4. 企业财产保险的承保损失

企业财产保险的承保损失主要包括三部分：第一部分是由承保风险造成的保险标的的直接损失；第二部分是在承保风险造成保险事故发生时，为抢救保险标的或防止灾害蔓延所采取的必要的、合理的措施造成保险标的的损失；第三部分是在保险事故发生后，被保险人为防止或减少保险标的的损失所支付的必要的、合理的费用。

5. 企业财产保险的承保风险

企业财产保险的三个主险，即基本险、综合险和一切险的承保风险有所差异，其中基本险承保的风险最少，综合险承保的风险居中，一切险承保的风险最多。

基本险承保的风险包括火灾、雷击、爆炸和飞行物体及其他空中运行物体坠落四种。

综合险在基本险承保风险的基础上，扩展到暴雨、洪水、暴风、龙卷风、冰雹、台风、飓风、暴雪、冰凌、突发性滑坡、崩塌、泥石流和地面突然下陷下沉共 13 种自然灾害，同时还扩展承保被保险人拥有财产所有权的自用的供电、供水、供气设备因保险事故遭受损坏而发生的停电、停水、停气的风险。

一切险的承保风险比综合险更广，其承保的自然灾害在综合险的基础上增加了沙尘暴和其他人力不可抗拒的破坏力强大的自然现象。一切险承保的意外事故范围也更广泛，包括不可预料的以及被保险人无法控制并造成物质损失的突发性事件。

6. 企业财产保险的保险费率

（1）厘定保险费率的主要因素

企业财产保险的保险费率主要根据被保险财产的种类、占用性质、地理位置，按危险性的大小、损失率的高低、保险责任范围、保险期限和经营管理费用等因素确定。此外，还应在具体确定保险费率时考虑被保险人的防火设备、保险标的所处环境、交通状况等的影响。

（2）保险费率的确定

过去我国企业财产保险的保险费率分为工业险、仓储险、普通险三大类，每一类又按照财产的种类、占用性质和危险程度，分为不同的档次。每一投保单位原则上适用一个费率。

现在我国企业财产保险费率分为基准费率、行业标准费率、区域标准费率、标的实收费率。在计算费率时，企业财产保险根据所承保险种选择相应的基准费率，然后根据所承保单位对应的行业代码查询其行业系数，与基准费率相乘算出行业标准费率，再加总所承保险种各灾因损失占比与其所在地区对应的区域系数乘积，得出总的区域系数，与行业标准费率相乘得出区域标准费率，最后根据承保保额、绝对免赔额和个体风险评估系数调整计算出最终的标的实收费率。如果加保附加险，则根据附加险险种对费率进行修订。

（二）机器损坏保险

1. 机器损坏保险的特征

机器损坏保险简称机损险，指专门承保各类已安装完毕并投入运行的机器设备在保险期间内、工作闲置或检修保养时，因人为的、意外的或物理性原因造成的物质损失的一种保险。

机器损坏保险具有如下几方面特点：

第一，承保方式灵活。机器损坏保险可以作为企业财产保险的附加险形式进行承保，也可以作为独立的险种承保。

第二，承保人为风险。机器损坏保险承保的风险是企业财产保险不予承保的风险，特别是承保人为风险，包括工人及技术人员操作失误、缺乏经验、技术不善、疏忽、过失、恶意行为造成的标的损失和费用。

第三，全部机器投保。投保机器损坏保险要求投保企业对一个工厂或车间内的所有机器全部投保，不论这些机器的新旧程度和风险大小。这一规定旨在避免投保人的逆向选择，避免投保人只对风险较大的机器投保。

第四，以重置价值确定保额。机器损坏保险承保的机器设备的保险金额按照其重置价值确定。

第五，费率高于普通财产保险。因为机器设备在运行期间事故频发，风险较大，所以机器损坏保险的费率要高于一般的财产保险。

第六，有停机退费的规定。与正常运行的机器设备相比，停机不工作的机器设备发生机器损坏概率较低，为此，对连续停工达到所要求时间的机器设备，保险人按照规定退还投保企业一定比例的保险费。

2. 机器损坏保险的主要内容

（1）保险标的

机器损坏保险承保标的是一家企业或一个车间里的所有安装验收完毕并投入生产运行的机器设备及配套设施，包括各类机器工厂设备、机械装置等。

如果将机器损坏保险作为企业财产保险的附加险，所投保的机器设备必须是投保企业财产保险的机械设备，即没有投保企业财产保险的机械设备不能成为企业财产保险附加机器损坏保险的保险标的。

（2）保险责任

机器损坏保险的保险责任主要是因设计错误、铸造错误、工人操作失误或恶意行为等机械电气事故与人为事故等意外事故造成的机器设备本身的损失，不包括自然灾害与一般的意外事故造成的损失。

（3）保险期间

如果投保企业单独投保机器损坏保险，其保险期间通常为一年；如果投保企业将机器损坏保险作为企业财产保险的附加险来投保，则其保险期间与已投保的主险保险期间相同。

（4）保险金额

如前所述，机器损坏保险承保的机器设备的保险金额按照重置价值确定，即重新换置一台相类似的型号、规格、性能的新机器设备的价格，包括出厂价格、运保费、税款、可能支付的关税以及安装费用等。

（5）保险费率

机器损坏保险的保险费率是根据每一类机器以往几年的损失情况以及被保险人的经营管理水平、产品的可靠性、用途及企业的安全措施等确定的。和其他财产与责任保险相比，机器损坏保险的损失率较高，因此该险种的保险费率一般也较高。机器损坏保险作为主险单独投保时，其费率以企业财产保险的一切险费率为基础；机器损坏保险作为企业财产保险的附加险投保时，其费率以投保的主险费率为基础。

（三）营业中断保险

1. 营业中断保险的特征

营业中断保险承保企业财产因遭遇火灾等自然灾害或意外事故而发生直接损失后，被保险人在保险财产受损至恢复到营业前状况这段时间内，因停产、停业或营业受到影响所造成的间接损失，包括预期的利润损失和受灾后营业中断期间仍需支出的必要费用，因此也称为利润损失保险或间接损失保险。

营业中断保险具有以下特点：

第一，营业中断保险具有从属性。从形式上来看，营业中断保险的从属性表现为营业中断保险是附加险而不是主险，即营业中断保险只能作为企业财产保险与机器损坏保险的附加险进行承保。

第二，营业中断保险承保间接损失。营业中断保险承保企业因财产受损导致的合法、合理的间接损失。“合法”是指企业损失的利润或费用应该是被法律承认的；“合理”是指投保企业没有遭受损失时，即在正常的营业状态下，损失掉的利润是可以正常实现的，额外费用也不会发生，这些利润与费用不是主观臆测或推断的。

第三，营业中断保险设置赔偿期间。在营业中断保险中需要区分保险期间与赔偿期间。保险期间是指保险人承担保险责任的起止日期，保险人只对保险期间内发生的保险事故承担保险责任；赔偿期间是指自企业投保的主险条款所承保的风险造成营业财产遭受损失之日起，被保险人的营业结果因该财产损失而受到影响的期间。营业中断保险补偿的是被保险人在赔偿期间内的间接损失。赔偿期间的起止日期都不确定，但是赔偿期间的起点必须处在主险的保险期间内，赔偿期间的终点可以超出主险的保险期间。

2. 营业中断保险的主要内容

（1）保险责任

① 基本责任

营业中断保险负责赔偿保险期间内被保险人因企业财产保险的主险条款所承保的风险造成营业所使用的物质财产遭受损失，导致被保险人的营业受到干扰或中断，由此产生的赔偿期间内的毛利润损失。

营业中断保险除负责赔偿毛利润损失外，还负责赔偿保险事故发生后被保险人申请赔偿时，按照保险人的要求提供有关账表、账表审计结果或其他证据，所付给被保险人聘请的注册会计师的合理的、必要的费用，简称审计费用。

② 除外责任

保险人不负责赔偿下列损失：投保人、被保险人的故意或重大过失行为产生或扩大的任何损失；由于物质损失保险合同主险条款责任范围以外的原因产生和扩大的损失；地震、海啸及其次生灾害产生或扩大的损失；由于政府对受损财产的修建或修复的限制而产生或扩大的损失；恐怖主义活动产生或扩大的损失；保险合同载明的免赔额或保险合同约定的免赔期内的损失。

（2）保险期间与赔偿期间

营业中断保险的保险期间与其依附的主险的保险期间保持一致，通常为一年。营业中断保险的赔偿期间一般以月或年为单位，可以是 3 个月或 6 个月，甚至更长。

（3）保险金额与赔偿限额

营业中断保险需由保险人分别确定毛利润损失的保险金额和审计费用的赔偿限额。保险金额是计算毛利润损失赔偿金额的基础，一般以该年毛利润额度为基础，结合企业经营趋势、通货膨胀等因素确定。保险金额的大小与赔偿期长短有关。如果赔偿期间小于或等于 12 个月，保额为本年度预期毛利润额；如果赔偿期间大于 12 个月，则保额按比例增加。审计费用赔偿限额是保险人对审计费用承担的最高赔偿责任，由投保人自行确定。

（4）保险费率

营业中断保险的实际费率为企业财产保险或机器损坏保险基准费率乘以各项调整系数后得出的费率。财产损失引起的毛利润损失，基准费率是财产保险实际费率的 2 倍。机器损坏引起的毛利润损失，基准费率是机器损坏保险实际费率的 4 倍。其他影响保险费率的因素还包括投保企业所属行业及经营业务的性质和扩展的责任及其他影响利润损失发生的因素。

【阅读材料 8-1】中小企业投保有门①

如果我的商店遭遇抢劫怎么办？如果厂房意外遭遇火灾如何是好？或者有人在店里皮包被偷，要我来赔偿怎么办？目前，各行各业的中小企业主们除了考虑日常经营问题，还会有类似的担忧。事实上，中小企业所面对的各项风险，同样可以通过保险进行有效转嫁。

一直以来，在涉及企业的保险品种中，综合财产保险占据绝对主导地位。但中小企业由于规模小、资金少、风险意识不强、安全设施不健全、发生事故的概率较大，大多数财险公司不愿涉足这一领域。不过随着我国中小企业的数量越来越多，近两年来，各家保险公司纷纷针对中小企业，推出综合财产保险，为其保驾护航。

目前，美亚财产保险有限公司已经成立了“中小企业保险部”，并已推出专门针对中小企业的“工商通保”综合保险，为中小型企业提供涵盖财产损失、盗窃或抢劫损失、租金损失、现金与有价证券损失、公众责任以及人身意外在内的一揽子保险。无论是小型百货店、食品店、水族店、宠物店、药店、凉茶铺、家用五金、家用电器等零售店，还是理发馆、美容沙龙、婚庆服务中心、鞋店等服务行业的小企业，都可以选择适合自己的特色保险。

中国平安财产保险公司则面向财产价值在 500 万元以下的办公楼、服务业、批发零售业和住宿餐饮业等四类中小企业，推出“恒利达”企业定额综合保险。这款产品把财产损失险、公众责任险和雇主责任险“三合一”，其中财产损失险和公众责任险捆绑销售，雇主责任险则可单独购买。在保险责任的制定上，则考虑到中小企业客户的需求，把财产损失险扩展到盗窃、抢劫责任，在公众责任险上增加了火灾、爆炸责任。

华安财产保险股份有限公司则为餐饮业企业特别提供“餐厅责任险”——由餐厅业主投保，以保障在其餐厅消费的顾客和餐厅双方利益的责任保险。当餐饮单位提供与其营业性质相符的食品时，因疏忽或过失造成第三者食物中毒或其他食源性疾患，或者在餐厅就餐客人发生人身伤害和死亡等意外事件时，保险公司负责赔付。例如，餐厅顾客滑倒摔伤、碰伤或被空中物体砸中，都可以算作意外。

处于创业前期的中小企业主，大多现金流较为紧张，那么各家保险公司针对中小企业推出的各类保险，费率是否在可承受范围内呢？

美亚的中小企业“工商通保”系列保险，基本保障范围的保险费一般从 200 元至 30 000 元不等，中小企业还可以选择投保其雇主责任保险，保险费根据其雇员工种和人数予以确定。平安“恒利达”企业定额综合保险给中小企业各种保障计划开出的保费价格，则在 750 元至 6 300 元左右。

综合来看，一年花上数百元至上千元，就可以保障企业可能面临的多方面风险，免去中小企业诸多后顾之忧，还是物有所值的。

---

① 资料来源：http://finance.sina.com.cn/money/roll/20100921/01053461863.shtml.

第三节 企业责任保险

一、企业责任保险概述

（一）企业责任保险的概念

企业责任风险是指企业在生产以及销售等经营过程中，造成员工或他人身体伤害或财产损失，而使企业在法律上应负民事赔偿责任的风险。企业责任保险就是以企业责任风险为保险标的的保险。

从企业责任保险的定义中我们可以提炼出以下几点关键信息：首先，企业责任保险承保的是“被保险人对第三者”的责任；其次，该责任是“依法应负”的，也就是说此处所指的责任是以法律法规的规定为基础，是法定责任；最后，责任保险承保的“赔偿责任”需限定在一定的赔偿范围内，一般来说仅限于经济赔偿。

（二）企业责任保险的分类

1. 按承保内容分类

按承保内容不同，企业责任保险可分为公众责任保险、产品责任保险、雇主责任保险、职业责任保险、环境责任保险和第三者责任保险。

公众责任保险承保被保险人在固定场所或地点从事生产、经营或其他活动时，因意外事故而造成他人财产损失或意外伤害时依法应承担的赔偿责任。

产品责任保险承保因企业产品缺陷引起事故导致消费者、用户或其他人遭受财产损失或人身伤亡时，制造者、销售者、修理者依法应承担的赔偿责任。

雇主责任保险承保企业雇员在受雇期间发生人身伤亡时，雇主按照法律或劳动合同所应承担的经济赔偿责任。

职业责任保险承保企业各类专业技术人员因职业或工作上的疏忽或过失造成他人损害所应承担的赔偿责任。

环境责任保险承保被保险人污染环境造成第三者人身或财产损害而应承担的经济赔偿责任，以及依法应由被保险人承担的治理污染的责任。

第三者责任保险是公众责任保险的一种特殊形态，多采用附加承保方式，承保被保险人的运输工具、建筑安装工程等因意外事故而造成第三者财产损失或人身伤亡而引起的赔偿责任。

2. 按责任性质分类

按责任性质不同，企业责任保险可分为合同责任保险和侵权责任保险。

合同责任保险承保被保险人违反合同规定依法应负的赔偿责任，如货运合同保险、用工合同保险。

侵权责任保险承保被保险人对第三者发生侵权行为依法应负的赔偿责任，如产品责任保险、职业责任保险。

3. 按实施方式分类

按实施方式不同，企业责任保险可分为自愿责任保险和强制责任保险。

自愿责任保险是投保人根据自己的实际需要与缴费能力而自愿投保的责任保险。在责任保险中，绝大部分是自愿责任保险，企业和个人根据自己的需要及缴付保费的能力投保相应的责任保险。

强制责任保险是指通过制定有关法律、法规强制投保的责任保险，如我国的机动车交通事故责任强制保险，简称交强险。

4. 按保单独立性分类

按保单的独立性不同，企业责任保险可分为独立责任保险和附加责任保险。

独立责任保险是指由保险人出立专门保单的责任保险，是与财产保险不相联系或虽与财产保险联系但可独立存在的责任保险。

附加责任保险是指从属于某种财产保险且共用一张保单的责任保险，投保人必须先投保财产损失保险，责任保险才能作为财产损失保险的组成部分或以附加方式进行承保。

二、企业责任保险的主要内容

（一）产品责任保险

1. 产品责任保险概述

（1）产品责任与产品责任保险

产品责任是指由于产品有缺陷，在消费、使用过程中发生意外，造成了产品的消费者、使用者或第三者的人身伤亡或财产损失，依法应由生产者或销售者分别或共同承担的经济赔偿责任。

产品责任保险是指在保险有效期内，由于被保险人所生产、出售的产品或商品存在缺陷，并在承保区域内发生事故，造成使用、消费或操作该产品的人或其他任何人的人身伤害、疾病、死亡或财产损失，依法应由被保险人承担赔偿责任时，保险人根据保险合同约定的赔偿限额负责赔偿的责任保险，即产品责任保险是以产品制造者或销售者等的产品责任为保险标的的一种责任保险。

（2）产品责任保险的特征

① 产品责任保险以产品责任法为基础。一般来说，受害者（用户、消费者或者其他人）与致害者（制造者、销售者）既不会有合同关系，也不一定有直接联系。如果没有一定的法律规定，受害者的索赔将没有依据，产品责任也不易划分，产品责任保险就失去了可靠的基础。

② 产品责任保险并不承保产品本身的损失，只承担因产品缺陷意外事故导致的人身伤害和其他财产损失。但产品责任保险所承担的风险大小却与产品本身直接相关，产品本身质量越差、投保产品种类越多、产品销售量越大，则产品责任的风险就越大，产品责任保险的出险概率也越高。

③ 产品责任事故须发生在被保险人制造或销售场所以外，且产品所有权已经转移至用户或消费者。

④ 应强调续保的连续性和保险的长期性。虽然产品责任保险通常是为期一年的短期

保险，但由于产品生产具有连续性，因此产品责任保险多以长期续保的形式承保。

⑤ 应强调保险人和被保险人双方的沟通与协作。这是由产品自身的性质决定的，由于产品不断改进并更新换代，保险人与被保险人之间容易产生信息不对称问题，这一特征决定保险人需随时掌握被保险人的产品变化情况，以便进行风险评估与分析。

⑥ 与其他责任保险相比，产品责任保险的承保区域更为广泛。如公众责任保险一般承保被保险人在固定场所之内的责任保险；雇主责任保险的区域范围大多规定在雇主的工作场所内；而产品责任保险范围可以规定为产品生产国和出口国乃至全世界各个地方。

2. 产品责任保险的主要内容

（1）产品责任保险的投保人与被保险人

产品责任保险的被保险人是指所有可能对缺陷产品事故损害负有经济赔偿责任的自然人和法人，只要对产品责任保险的保险标的即产品责任具有可保利益的，都可以成为产品责任保险的被保险人，包括制造商、进出口商、经销商、零售商以及修理商等。在产品责任事故负有法律责任的各关系方中，制造商承担的风险最大，因为其他人只要未将产品重新装配、改装、修理、重新包装、改变用途等，产品缺陷引起的赔偿责任最终都将追溯到制造商那里，由制造商来承担。

产品责任保险的投保人，可根据具体情况，由被保险人中的法人或自然人任意一人投保，也可由其中几人或全体联名投保，其他非投保人可经投保人申请并经保险公司同意成为被保险人，此时规定各被保险人之间的责任互不追偿。

（2）产品责任保险的保险责任

产品责任保险的保险责任主要有两项：

一是在保险期间或追溯期内，由于被保险人生产或出售的产品存在缺陷，在承保区域内发生意外事故造成使用、消费该产品的人或第三者的人身伤害、疾病、死亡或财产损失。

确定损害赔偿时，应注意以下三点：

① 产品事故的发生应具有偶然性、意外性，是被保险人事先无法预料的；

② 产品事故必须发生在被保险人制造或销售场所外，并且所有权已从被保险人手中转移到受害人手中，否则属于公众责任保险范围；

③ 人身伤亡或财产损失必须发生在保险期内。

二是被保险人为产品责任事故所支付的诉讼费用及其他事先经保险人书面同意支付的合理的、必要的费用。

（3）产品责任保险的除外责任

保险人对下列各项不负赔偿责任：

① 被保险人根据与他人的协议应承担的责任，但即使没有这种协议，被保险人仍应承担的法律责任不在此限；

② 由被保险人承担的对其雇员的赔偿责任；

③ 因产品缺陷造成被保险人所有、照管或控制的财产损失；

④ 产品仍在制造或销售场所，尚未转移至用户或消费者手中所造成的损失赔偿责任；

⑤ 被保险人故意违法生产、出售或分配的产品造成他人的人身伤害、疾病、死亡或财产损失的赔偿责任；

⑥ 被保险产品本身的损失及被保险人因收回、更换或修理有缺陷产品造成的损失和费用。

（4）产品责任保险的承保基础

① 期内发生式。期内发生式是以产品责任事故发生的时间为承保基础，即保险人仅负责在保险期内发生的产品责任事故所导致的应由被保险人负责的民事损害赔偿责任。即使是在保险生效前几年生产或销售的产品，只要在保险有效期内发生事故，并导致用户、消费者或其他人的损害，不论被保险人何时提出索赔，保险人均予负责。

② 期内索赔式。期内索赔式是以第三者提出索赔的时间为承保基础，即保险人负责赔偿在保单有效期内受害人向被保险人提出的索赔，而不论产品责任事故是否发生在保险期内。

（5）产品责任保险保险费率的确定

在确定产品责任保险的保险费率时，保险人应在风险评估的基础上，根据产品的风险分类等级确定不同的费率，因此费率确定的影响因素包括：被保险人的营业性质、营业管理状况等；投保产品自身的性能、用途等；被保险人的技术水平及质量管理情况；承保区域范围的大小及特点；被保险人的以往损失记录，包括责任次数、时间、原因、损害后果及处理情况；司法管辖权范围及当地法律对损害赔偿责任的规定；赔偿限额的高低；产品生产及销售的数量和价格。

（二）公众责任保险

1. 公众责任保险概述

（1）公众责任与公众责任保险

公众责任是指致害人在公众活动场所的过错行为致使他人的人身或财产遭受损害，依法应由致害人承担的对受害人的经济赔偿责任。此外，在一些非公众活动场所，如果公众在该场所受到了应当由致害人负责的损害，也可以归属于公众责任。

公众责任保险，又称普通责任保险或综合责任保险，承保被保险人在公共场所进行生产、经营或其他活动时，因发生意外事故而造成社会公众的人身伤亡或财产损失，依法应承担的经济赔偿责任。

（2）公众责任保险的特征

作为责任保险的一种，公众责任保险有责任保险的一般性质，例如保险标的是责任风险，赔付对象是保险合同双方以外的第三人等。但公众责任保险也有其自身的显著特征。

第一，公众责任保险是一种限定损害事故发生场所，而不限定受害人群体的保险，因此它保证了社会公众的利益。

第二，公众责任保险不仅承保侵权责任中的过失责任和严格责任，也可扩展到经特别约定的违约责任。其中，侵权责任主要为场所责任，而违约赔偿责任主要适用于工程承包、物资供应及修理服务等行业，包括承包人责任和承运人责任。

第三，公众责任保险适用范围广泛，表现形式丰富。该险种可适用于以各种公共场所、各种团体为承保对象，形式包括普通责任、综合责任、场所责任、电梯责任、承保人责任等。

2. 公众责任保险的主要内容

（1）投保人与被保险人

如前所述，公众责任保险适用对象广泛，凡依法设立的企业、团体、其他经济组织及自然人均可投保。当投保人为其自身在业务活动或日常生活中的意外事故可能造成他人的人身伤亡或财产损失的赔偿责任而投保公众责任保险时，投保人就是被保险人。但是公众责任保险的投保人与被保险人也可以不是一个人，例如，在被保险人（自然人）死亡后需承担对他人的损害赔偿责任的该被保险人的个人代表，也是被保险人。

（2）保险责任

公众责任保险的保险责任主要分为三部分：

① 损害赔偿责任

公众责任保险承保被保险人在保险有效期内，在保险单列明的地点范围依法从事生产、经营等活动以及由于意外事故造成他人人身伤亡或财产损失，依法应承担的经济赔偿责任。需要注意的是，"人身伤亡"包括身体上的残疾、死亡、疾病等，由于精神损失难以计量，目前国内公众责任保险不包括这一部分的赔偿；"财产损失"不仅包括直接的物质财产损坏和灭失，也包括由此产生的间接丧失使用权益而带来的损失和其他费用。

② 法律费用

公众责任保险承保的法律费用不仅包括索赔人支出的经法庭判决应由被保险人赔偿的诉讼费用，还包括被保险人支出的法律费用以及其他事先经保险人同意的有关费用。

③ 施救费用

公众责任保险还承保被保险人在发生保险事故后，为缩小或减少对他人的人身伤亡或财产损失的赔偿责任所支付的必要的、合理的费用，包括紧急医治费用、合理的救援费用等。

（3）除外责任

公众责任保险的除外责任具体可以分为三类：

一是绝对责任免除。这些风险因其损失概率的较大不确定性、损失结果的无法估量、易引发巨灾以及易引发道德风险等因素，成为不具有可保性的风险。具体包括：

① 被保险人及其代表的故意或重大过失行为；

② 战争、敌对行为、军事行为、武装冲突、罢工、骚乱、暴动、盗窃、抢劫；

③ 政府有关当局的没收、征用；

④ 地震、雷击、暴雨、洪水、火山爆发、地下火、龙卷风、台风、暴风等自然灾害；

⑤ 罚款、罚金或惩罚性赔款；

⑥ 未经有关监督管理部门验收或验收不合格的固定场所或设备发生火灾爆炸事故，造成第三者人身伤亡或财产损失的赔偿责任。

二是相对免除责任。此类风险不属于公众责任保险这个险种的承保范围，但可在财产保险或责任保险的其他险种如雇主责任保险、职业责任保险中进行承保。

三是可附加承保的责任免除。此类风险在经保险人加批加费后，可成为附加承保的内容。

（4）公众责任保险的保费计算

保险人在经营公众责任保险业务时，一般不像其他保险业务那样有固定的保险费率表，而是通常视每一被保险人的风险情况逐笔议定费率，以便确保保险人承担的风险责任与所收取的保险费相适应。公众责任保险保费的计算方式包括如下两种情况：一是以赔偿限额（累计或每次事故赔偿限额）为计算依据，即保险人的应收保险费 = 累计赔偿限额 × 适用费率；二是对某些业务按场所面积大小计算保险费，即保险人的应收保险费 = 保险场所占用面积（平方米）× 每平方米保险费。

（5）公众责任保险的承保基础

公众责任保险多以“期内发生式”为承保基础，即只要责任事故发生在保单有效期内，即使财产损失或人身伤害是隔了一段时间才发现的，甚至发现损害的时间是在保险责任终止以后，保险人依然承担赔偿责任。

（6）公众责任保险的主要险种

① 场所责任保险

场所责任保险承保固定场所因存在结构上的缺陷或管理不善，或被保险人在被保险场所内进行生产经营活动时因疏忽而发生意外事故，造成他人人身伤亡或财产损失的经济赔偿责任。

场所责任保险有两个特点：一是事故必须发生在固定场所，包括房屋、建筑物等；二是事故必须是由于场地缺乏安全性或管理不善造成的，自然灾害或政治事件等造成的损害不在场所责任保险承保的范围之内。

场所责任保险依据其承保的责任可以分为电梯责任保险、展览会责任保险、娱乐场所责任保险等。

② 承包人责任保险

承包人责任保险承保在承包工程的施工、作业或工作中造成他人人身伤亡或财产损失的损害事故时，承包人依法应承担的经济赔偿责任。

承包人责任保险可以分为建筑工程承包人责任保险、安装工程承包人责任保险、装卸或搬运承包人责任保险。

③ 承运人责任保险

承运人责任保险是以承运人依据运输合同对承运对象可能出现的损害所负的经济赔偿责任为保险标的，承保承运人在运输过程中因疏忽或过失而应承担的经济赔偿责任。

依据运输对象的不同，承运人责任保险通常分为旅客责任保险和货物承运人责任保险。

（三）雇主责任保险

1. 雇主责任保险概述

（1）雇主责任与雇主责任保险

雇主责任是指雇主依照相关法律法规的规定而承担的民事责任。雇主责任主要包括两类，第一类是职业伤害风险，属于狭义的雇主责任风险，是指雇员受雇期间或在从事与职业相关的工作中，因发生意外事故或职业病而引起人身伤亡或疾病，雇主依法或依雇佣合同应承担的经济赔偿责任；第二类是用工责任风险，是指产生于雇主、雇员与第三者之间的，因雇员执行雇主所安排的工作任务，造成第三者人身伤亡或财产损失，雇主依法应承担的经济赔偿责任。

以上两类责任风险共有的另一个前提条件是，责任事故的发生必须是在雇员从事雇佣活动中，即从事雇主授权或者指示范围内的生产经营活动或者其他的劳务活动中，事故具体发生在何处则并不重要。

雇主责任保险是以被保险人的雇员在受雇期间从事业务时因遭受意外导致伤、残、死亡或患有职业性疾病而依法或根据雇佣合同应由被保险人承担的经济赔偿责任为承保风险的一种责任保险。可见雇主责任保险承保的是狭义的雇主责任风险，即雇主的职业伤害风险，但用工责任风险可在附加条款中扩展承保。

（2）雇主责任保险的特征

一是责任主体与承保对象的特殊性。首先，雇主责任保险的责任主体是企业的雇主，其与员工有直接雇佣合同关系，掌握解雇员工的权力，并承担员工在受雇期间遭受伤害的法律责任；其次，与场所责任保险、产品责任保险相比，雇主责任保险承保的主要是合同责任，前两者承保的主要是侵权责任。

二是承保范围的特殊性。雇主责任保险承保范围广泛，只要雇员所受的伤害源于并在雇佣期间发生，雇主就要承担保险责任，保险事故具体发生在何地并不重要。

三是保险期间的灵活性。雇主责任保险的保险期间一般以劳动合同为基础，通常情况下保险期间为一年。但是雇主也可以根据劳动合同的需要，投保不足一年或一年以上的雇主责任保险，因此保险期间具有灵活性。

2. 雇主责任保险的主要内容

（1）投保人与被保险人

雇主责任保险的投保人是与雇员签订了雇佣合同的、承担着对雇员在受雇期间遭受伤害的法律赔偿责任的雇主，包括作为法人的各种公司、企业或事业单位、社会团体，作为自然人的公司、企业老板等。

雇主为把自己根据法律或雇佣合同应承担的雇员损害赔偿责任风险转嫁出去而向保险人投保，以使自己的责任利益获得保险保障，所以雇主也是被保险人。但保险的最终受益者是雇主所雇佣的雇员。

（2）保险责任

雇主责任保险合同中保险人所承担的保险责任一般包括以下三项内容：

一是被保险人所雇佣的员工在保险单所列明的地点，从事与其有关的工作时遭受意外而致伤残、死亡，被保险人根据法律或雇佣合同规定承担的经济赔偿责任，包括医药费、赔偿金以及法院判定的其他经济补偿费用。

二是被保险人对其所雇佣的雇员因罹患与所从事业务有关的职业性疾病而造成的伤残、死亡应承担的经济赔偿责任。根据我国实施的《职业病范围和职业病患者处理办法的规定》，职业病可以分为九大类，分别是职业中毒、尘肺、物理因素职业病、职业性传染病、职业性皮肤病、职业性眼病、职业性耳鼻喉疾病、职业性肿瘤、其他职业病。

三是被保险人为雇主责任事故所支付的诉讼费用，包括抗辩费用、律师费用、取证费用，以及其他事先经保险人书面同意支付的合理的、必要的费用。

（3）除外责任

雇主责任保险将下列原因引起的雇员伤残、死亡或疾病列为除外责任：

① 战争或类似战争、叛乱、罢工、暴动和由于核辐射所致的被雇佣人员伤残、死亡或疾病；

② 被雇佣人员由于疾病、传染病、分娩、流产以及因这些疾病施行外科手术所致的伤残或死亡；

③ 由于被保险人自加的伤害、自杀、犯罪行为、酗酒以及无照驾驶各种机动车辆所致的伤残或死亡；

④ 被保险人的故意行为或重大过失；

⑤ 被保险人对其承包商雇佣的员工的责任，本项责任对被保险人来说是间接责任，应由承包商负责。

（4）扩展责任

为了满足不同保险客户的需要，保险人在开办雇主责任保险业务时，还可以根据需要推出若干附加险种。主要附加险种包括：

① 附加第三者责任保险。附加第三者责任保险承保被保险人因其疏忽或过失行为导致雇员以外的他人人身伤害或财产损失的法律赔偿责任。它实质上属于公众责任保险范围，但如果雇主在投保雇主责任保险时要求加保，保险人可以扩展承保。

② 附加雇员第三者责任保险。附加雇员第三者责任保险承保雇员在执行公务时因其疏忽或过失行为造成的对第三者的伤害且依法应承担的经济赔偿责任。

③ 附加医药费保险。附加医药费保险承保被保险人的雇员在保险期限内，因患有疾病等所需的医疗费用的保险，它实质上属于普通人身保险、健康保险或医疗保险的范畴。

除此之外，保险人还可以根据被保险人的需求，设计多种附加险条款，以便在满足被保险人需要的同时进一步扩展业务。

（5）赔偿限额

雇主责任保险的赔偿限额是根据劳动合同及《工伤保险条例》中的有关规定，结合被保险人的实际情况及需求而约定的。一般而言，死亡伤残、医疗费用和诉讼费用分别设定赔偿限额，其中，死亡伤残、医疗费用分设每人赔偿限额与累计赔偿限额，诉讼费用只有累计赔偿限额。

赔偿限额的设定方式一般有两种：

一是根据若干个月工资标准设定。这种方式通常会在保险合同中约定一个具体的计赔月工资额度，个别保单未约定月工资额度的，则按出险员工在事故发生前 12 个月的平均工资计算得出计赔月工资标准，其计算公式都是：

$$\text{赔偿限额}=\text{雇员月均工资收入}\times\text{规定月数}$$

二是根据需求直接设定。这种方式的赔偿限额设定主要依据投保人的意愿和缴费能力，还需考虑当地法律、员工工资等因素，由保险人和投保人商议设定。此种方式较第一种方式而言，便于保险人在不同地区设定统一的标准，且能有效降低道德风险，已为国内各保险公司普遍采用。

【阅读材料 8-2】上市公司频被问责，“董责险”渐成气候①

随着市场调查处罚案例增多、索赔金额增大，越来越多的上市公司选择给高管戴上“将军的头盔”，董事、监事及高级管理人员责任保险（以下简称“董责险”）投保积极性增加。董责险，顾名思义，主要承保因公司董事、监事及高级职员的失职等不当行为、过失与疏忽，而首次遭受赔偿请求所导致的损失，其中包含公司因赔偿请求（有价证券赔偿请求和不当雇佣行为赔偿请求）所遭受的损失。

1. 董责险渐热

2019 年 5 月 15 日，广东广州日报传媒股份有限公司（以下简称“粤传媒”）发布公告称，审议通过了《关于公司购买董事、监事及高级管理人员责任保险的议案》。为完善公司风险管理体系，保障公司及董事、监事和高级管理人员（以下简称“董监高”）的权益，根据《上市公司治理准则》的有关规定，公司拟购买董事、监事及高级管理人员责任保险。从具体的责任保险方案来看，投保人是粤传媒，被保险人是该公司及全体董事、监事、高级管理人员，责任限额为每年 2 000 万元，保费为每年 50 万元（具体以与保险公司协商确定数额为准）。

为提高公司董监高的积极性，保障董监高的稳定，博雅生物制药集团股份有限公司拟连续三年为公司全体董事、监事及高级管理人员购买每年保额不超过 1 亿元的责任保险。神州高铁、山东墨龙、福耀玻璃、巨石股份、易见股份、数知科技、东江环保、格力地产、常山北明在内的 9 家上市公司也先后发布公告透露要为高管投保董责险，投保年限在 1～3 年不等，保额在 1 000 万～1 亿元之间。

2. 巨额罚款倒逼公司投保

上市公司年报里面都有如下“重要提示”：“本公司董事会、监事会及董事、监事、高级管理人员保证本报告所载资料不存在任何虚假记载、误导性陈述或者重大遗漏，并对其内容的真实性、准确性和完整性承担个人及连带责任。”

近年来，高管说错话、干错事给上市公司造成动辄百万甚至上亿元损失的案例频现。数据显示，2009—2018 年，上市公司被投资者提起民事索赔事件有 326 件，索赔金额超过 55 亿元，索赔人数超过 75 000 人。从数量上看，索赔事件大概占 A 股上市公司总量的 10%，已经不再是所谓的小概率事件；从金额上看，索赔金额从 2013 年的约 10 亿元暴涨到 2018 年的 55.4 亿元。

3. 不为故意欺诈“买单”

董责险为高管经营管理过程中出现的过失或疏忽等不当行为“买单”，但需要注意的是，董责险虽可以保障被保险人因不当行为引发的部分风险，但并不为故意欺诈“买单”。例如，某财险公司的“董监事及高级管理人员责任保险”条款中列明，对被保险人事实上的不诚实、欺诈行为不负赔偿责任。

① 资料来源：http://finance.eastmoney.com/a/201906061144133725.html.

那么如何界定行为是“故意欺诈”？某保险公司责任险负责人表示，往往需要依据法庭判决确定，有的公司通过法院终审司法裁决确定，或由当事人自己承认。例如在前文提及的条款里明确，“上述除外责任仅在其事实经判决或裁决确认后，或被保险人承认相关行为属实后才能适用”。

第四节　企业员工福利计划

一、员工福利计划

（一）企业员工风险

企业员工作为个人来讲，面临与所有个人相同的风险，包括收入风险（死亡风险、伤残风险、老年风险）、医疗费用风险、责任风险、实物资产风险和金融资产风险，在前面的相关章节中已有详细介绍。而企业员工作为雇员来讲，则面临雇员所特有的风险，主要包括职业伤害风险和失业风险，这是本节讨论的重点。

1. 职业伤害风险

职业伤害风险又称工伤风险，是指企业雇员受雇期间或在从事与职业相关的工作中，因发生意外事故或职业病而引起的人身伤亡或疾病的风险。

根据我国有关法律条例，职工有下列情形之一的，应该认定为工伤：

（1）在工作时间和工作场所内，因工作原因受到事故伤害的；

（2）工作时间前后在工作场所内，从事与工作有关的预备性或者收尾性工作受到事故伤害的；

（3）在工作时间和工作场所内，因履行工作职责受到暴力等意外伤害的；

（4）患职业病的；

（5）因工外出期间，由于工作原因受到伤害或者发生事故下落不明的；

（6）在上下班途中，受到非本人主要责任的交通事故或者城市轨道交通、客运轮渡、火车事故伤害的；

（7）在工作时间和工作岗位，突发疾病死亡或者在48小时之内经抢救无效死亡的；

（8）在抢险救灾等维护国家利益、公共利益活动中受到伤害的；

（9）职工原在军队服役，因战、因公负伤致残，已取得革命伤残军人证，到用人单位后旧伤复发的；

（10）法律、行政法规规定应当认定为工伤的其他情形。

职工有下列情形之一的，不得认定为工伤：

（1）故意犯罪的；

（2）醉酒或者吸毒的；

（3）自残或者自杀的。

2. 失业风险

失业风险是指员工失去继续从事本职工作的机会，进而导致收入中断，影响个人与家庭经济安全的风险。导致失业的原因众多，有些是员工个人不能决定的，例如经济周期的循环、生产方式的变革、技术创新等。

（二）员工福利计划的主要内容

为应对员工面临的各种风险，通常企业会为员工提供由国家规定实施的各类基本的社会保障、企业年金（补充养老金计划）及其他商业团体保险计划、股权和期权计划以及其他福利计划等组成的员工福利计划。

1. 员工福利计划的概念

员工福利计划是企业基于雇佣关系，依据国家强制性法令及相关规定，以企业自身的支付能力为依托，向员工所提供的、用以改善其本人和家庭生活质量的各种以非货币性工资和延期支付形式为主的补充性报酬与服务。

2. 员工福利计划的分类

（1）按是否由国家立法强制实施，可以将企业实行的员工福利计划分为法定员工福利计划和非法定员工福利计划。

法定员工福利计划是指国家通过立法强制实施的对员工的福利保护政策，在我国包括社会保险、各类休假制度以及住房公积金制度。

非法定员工福利计划是指企业自主建立的，为满足职工的生活和工作需要，在工资收入之外，向雇员本人及其家属提供的一系列福利项目。

（2）按功能不同，可将员工福利计划分为企业安全与健康福利、企业设施性福利、企业文娱性福利、企业培训性福利、企业服务性福利。

企业安全与健康福利是指由企业提供的旨在防范员工安全和健康风险的福利，具有风险分散的保障性功能，包括企业年金、人寿保险、健康保险计划等。

企业设施性福利是指企业为满足员工的日常需要所提供的福利。

企业文娱性福利是指企业为促进员工的身心健康，丰富员工的精神和文化生活而提供的福利。

企业培训性福利是指企业通过一定的教育或培训手段提高员工素质和能力的福利。

企业服务性福利是指帮助员工克服生活困难和支持员工事业发展的直接服务的福利形式。

（3）按企业的价值或目标不同，可将员工福利分为风险保障型福利和物质激励型福利。

风险保障型福利是指为了提高员工社会风险补偿能力而建立的福利项目，其目的是提供对员工基本生活水平的保障，包括抵御老年风险的企业退休金计划（企业年金）、抵御健康风险的企业健康福利计划（健康保险和补充医疗保险等）和覆盖家庭经济困难的援助计划（企业家庭援助计划等）。

物质激励型福利是指为增强人力资源管理激励性而建立的福利项目，主要包括时间奖励、现金奖励和服务奖励等。

（4）按享受时间不同，可将员工福利分为即期福利和延期福利。

即期福利是指员工目前或近期可以享受的福利，一般是在职期间可以获得的福利。

延期福利是指员工未来可以享受的福利，一般是退休后可以获得的福利。

（5）按支付形式不同，可以将员工福利分为现金型福利和非现金型福利两种。前者指以货币形式给付的福利，后者指以非货币形式给付的福利。

（6）按实施范围不同，可以将员工福利分为全员性福利、特种福利及特困福利。

全员性福利是指所有员工都可以平等享受的福利。

特种福利是指针对企业中的高级人才设计的福利，如高层经营管理人员或具有专门技能的高级专业人员等。

特困福利是对特别困难的员工及其家庭提供的福利，如工伤残疾、重病员工的生活补助等。

（7）按员工对福利的选择权不同，可以将员工福利分为固定福利和弹性福利。

固定福利是指由企业所设定的，无论员工愿意与否都要参与和接受的福利项目。

弹性福利是由企业所提供的，允许员工在规定的时间和现金范围内，根据自己的需要，自愿进行选择和调整的福利项目。

3. 企业为员工提供员工福利计划的原因

（1）税收优惠

享受所得税优惠的员工福利计划称为税优计划。从雇主角度来看，雇员福利的所得税待遇与工资的税收待遇是一致的，福利与工资都属于可以抵税的费用。从雇员角度来看，雇员福利相比于工资存在以下税收方面的好处：① 雇员福利是不必纳税的，或者可以延期纳税，而工资在获得收入的当年就需要纳税；② 如果该福利由雇员自己购买，通常不能获得上述同样的优惠。

（2）节约成本

保险是员工福利计划的重要组成部分。与每一个雇员单独购买同等数量的保险相比，由雇主购买的团体保险会更加省钱。因为在团体保险中，保险人在营销、承保、记账以及收缴保费等方面的管理成本要比将保单分别卖给每个雇员的管理成本低，因此，与个人保险相比，雇主提供的团体保险只收较低比例的附加费用。此外，由于申请购买医疗保险和人寿保险的个人存在较大的差异，保险人通常发现，通过团体保险收集有关信息的成本较低。

（3）提高生产效率

适当的员工福利计划能够提高生产效率。首先，退休给付类的员工福利可以促使员工更加努力地工作，并且有助于减少员工的流动性，从而提高劳动生产率；其次，医疗保险类的员工福利能够改善雇员的健康状况，减少浪费在工作以外的时间，也可以提高生产效率。

（4）法规约束

大量来自不同方面的强制实施规定会促进员工福利计划的发展。例如，在许多国家，政府要求企业强制实施员工福利计划，有些国家的工会也经常在员工福利计划的改进和扩展过程中发挥很大的作用。

（5）企业竞争需要

提供员工福利计划是企业之间相互竞争的需要。一家企业提供的福利待遇必须比竞争对手更加有吸引力，才可以把优秀的人才留在企业。可以说员工福利计划正在成为企业吸引人才、留住人才和整合人才资源强有力的手段。

二、企业年金

企业年金是企业依法自愿或者强制、半强制举办的，向退休人员提供养老金的员工福利计划，包括雇主供款（等于员工福利）和职工供款（等于养老储蓄）。企业年金是一个重要的员工福利计划。

（一）企业年金概述

当前，大多数国家的养老保险体系都由三个支柱构成，分别是社会养老保险、企业年金、个人储蓄性养老保险。三者设立主体不同，社会养老保险由国家设立，企业年金是一种企业行为，个人储蓄性养老保险是个人行为。

1. 企业年金的概念

企业年金，又称补充养老保险、职业养老金、私人退休金等，是企业为员工提供的养老金福利，通过企业和个人进行缴费购买年金保险，在员工退休后为其提供额外收入。

从社会角度来看，企业年金是整个社会养老保险体系的“第二支柱”，是对国家建立的基本养老保险制度的一个补充；从企业角度来看，企业年金是市场经济体制下企业薪酬福利结构的一部分，是企业吸引人才、稳定高素质员工，以提高自己在市场上的竞争力的主要手段；从雇员角度来看，企业年金属于私人产品，一般独立于公司本身的资金和业务，即使公司破产，员工仍可以领到企业年金。

2. 企业年金的特点

与基本养老保险制度相比，企业年金有以下五个特点：

第一，企业年金一般由企业自主决定是否建立，并自主选择管理和运作方式；而基本养老保险制度一般是政府强制实施的、统一的养老金计划，管理机构的经费纳入财政预算由政府统一安排，政府机构进行管理。

第二，企业年金属于私人产品，政府对企业年金一般不直接承担责任，它对企业年金的作用表现在立法、税收政策和监管三个方面；而基本养老保险属于公共产品。

第三，企业年金大多采用积累制，实行个人保障；基本养老保险筹资模式一般采取现收现付制，通过代际赡养来提供养老保障。

第四，企业年金主要通过资本市场，如各种金融机构来运作，投资手段多样化；基本养老保险由政府机构管理运营，保值增值多通过银行储蓄和购买国债等渠道实现。

第五，企业年金注重效率原则，在企业内部人力资源管理战略中是具有激励功能的手段；基本养老保险更注重公平原则，收入再分配色彩突出。

（二）企业年金的主要内容

1. 企业年金的分类

企业年金可以按照不同的标准划分为不同的种类。

第一，根据创立主体不同，企业年金可以分为由单个企业创立的年金和由多个企业（行业）创立的年金。单个企业创立的年金在英美国家比较常见。而行业年金通常是由同一行业多家企业联合创立的，其目的是减少单个企业经济效益对保险待遇水平的影响，便于劳动力在本行业流动，在欧洲大陆国家比较常见。

第二，根据供款来源不同，企业年金可以分为个人缴费企业年金和个人不缴费企业年金。无论哪种情况，企业都要负担缴费，所不同的是个人是否缴费。个人参与缴费时，会更加注重这项计划，对基金运营和管理进行监督。

第三，根据决定因素不同，企业年金可以分为强制性企业年金、自愿性企业年金和集体谈判决定的企业年金三种。强制性企业年金是政府通过立法要求每一个企业都必须举办企业年金保险，职工个人也不得退出；自愿性的企业年金是由企业自主决定是否举办企业年金保险；集体谈判决定的年金是通过劳资双方集体谈判的方式决定是否举办企业年金保险制度。

第四，根据筹资方式不同，企业年金可以分为积累制和现收现付制。企业年金计划一般都采取积累制。积累制主要是以收定支，在职时完全积累，退休后按月支付，支付水平取决于过去的积累数额。

第五，根据缴费和受益的关系不同，企业年金可以分为待遇确定制和缴费确定制。待遇确定制，又称为固定给付计划，是指企业年金的给付水平是事先规定好的，取决于退休前员工的收入水平和就业年限；缴费确定制，又称为固定缴费计划，是指年金缴费比例是预先确定的，雇员退休后根据个人账户上历年的缴费及资金的积累情况领取养老金，其年金给付水平受制于积累基金的规模和投资收益，雇员要承担基金的投资风险。

2. 企业年金的功能

企业年金具有四方面的功能，分别是保障功能、分配功能、激励功能和理财功能。

（1）保障功能。企业年金是公共年金计划的重要补充和扩大，提高了老年人的收入水平，分散了老年收入的风险，提高了保障功能。

（2）分配功能。企业年金是在工资、奖金、津贴、股权和期权之外，雇主对员工分配的另一个重要手段。工资、股权和期权等属于现期分配范畴，企业年金则属于延期分配范畴。

（3）激励功能。企业年金属于员工福利，福利越好，越具有吸引力，越能激励员工努力工作，所以企业年金是提高劳动生产率和增强企业凝聚力的重要手段。

（4）理财功能。在个人账户的积累和储蓄过程中，企业年金基金一般会对退休基金进行投资经营，获得高的收益使基金保值增值，所以企业年金的投资经营会给雇员带来丰厚的经济报酬。

3. 企业年金的举办方式

从各国的实施情况看，企业举办年金计划多采用以下两种方式：

（1）直接承付

直接承付是指由企业直接承担向本企业退休员工支付年金的责任，可以采取基金式和非基金式两种方法。

基金式计划是指企业为了今后向退休员工支付年金而事先建立一笔基金，这笔基金可以留在企业的账面上（内部积累），也可以单独存放在企业以外的金融机构（外部积累）。

非基金式计划是指企业不事先积累基金，而是在企业年金支付责任发生时，从当期收入中直接支付。非基金式计划的最大问题在于，一旦企业破产，职工应享有的企业年金将面临风险。为了解决企业破产时企业年金的支付问题，一些企业组建了互助协会或互助基金会，以互保的方法预防企业破产时年金的支付风险。

直接承付计划目前在欧洲一些国家比较流行。

（2）对外投保

对外投保是指企业代表员工与保险公司签订保险合同，员工的养老责任由保险公司承担。在这种方式下企业养老金的支付风险转移给了保险公司，因而可以克服直接承付方式下没有第三方承担支付风险的缺点。

美国、英国和日本等国的许多企业都采用对外投保方式实施企业养老金计划，特别是为公司的董事等高级管理人员购买养老保险。

【阅读材料 8-3】“京东京喜”加速推动中国员工福利智能管理新时代①

在人口红利消失、市场竞争加剧和年轻一代迈向职场中坚的背景下，中国企业的人才管理正面临新一轮挑战。如何吸引和保留更多的优秀人才，成为每一个企业人才管理的核心命题。

为此，2018 年 4 月 11 日，京东正式对外发布业界首个聚焦企业人力资源管理场景的智能福利平台——“京东京喜”，力图用技术手段帮助企业实现人才管理模式的跃迁。在京东京喜上线的一周年中，从一二线城市到祖国边陲，32 个省市自治区包括贵州、西藏、新疆甚至香港的员工都收到了京东京喜带来的企业福利，最远的一单企业福利跨越 2 300 公里，从辽宁沈阳送到了青海西宁。大量的企业、员工用自身行动，与京东企业业务一同，有力地推动了我国企业员工福利智能化管理新时代的快速到来。在这一年间，从远在新疆吐哈油田一线的勘探员，到东方航空“日行万里”的空乘，累计超 3 500 家企业通过京东京喜升级员工福利管理，完成了 600 万人次的个性化福利发放。期间京东京喜持续保持着高速的增长势头。据统计，2019 年京东京喜月均活跃客户同比增长超 265%。

众所周知，员工福利不仅是企业对员工工作生活的一个重要保障，也是企业薪酬体系的重要组成部分。但传统企业福利模式多为简单的统一采购、统一发放，员工的个性化需求往往被忽视。正是基于这一痛点，京东于 2018 年 4 月正式上线了智能福利平台——“京东京喜”，通过智能选品和员工自主选择兑换，充分满足个性化差异需求。同年 9 月，京东京喜完成了 SaaS 产品化改造，实现企业用户无须定制系统，只需通过注册生成账号即可创建福利应用。2018 年 12 月，京东京喜上线针对企业特权建设的内购商城应用模块——“酷兜”，通过整合品牌资源，连同品牌线下渠道以内购方式为企业客户打造“0 预算”员工专属福利特权平台。

经过一年的发展和数次重大迭代升级，京东京喜在推动中国企业福利发展的同时，也在不断通过梳理、分析大数据，展现企业数字化转型拐点下福利采购的变迁。在京东企业业务发布的《中国企业采购数字化趋势洞察》中，京东京喜总结出“家庭化、移动化、个性化”三大关键词，分别从偏好、技术和需求等方面揭示了福利发展趋势。偏好方面，企业员工的福利使用对象已逐渐从员工个人向家庭转型，家庭在福利中的角色正

① 资料来源：新浪财经，https://finance.sina.com.cn/stock/relmews/us/2019-04-12/doc-ihvhiewrs/.

不断强化；技术方面，移动办公技术的进步已促使小程序、H5 页面成为重要的福利发放手段；需求方面，随着更注重自我、更个性的“90 后”成为职场中坚和智能福利技术的应用，个性化福利的需求已成为标配。

事实上，京东京喜只是京东深耕企业用户场景服务的第一步。未来，京东还将基于自身的技术优势和长期积累的企业用户服务经验，推出更多的智能场景解决方案，助推企业实现模式转型和价值创新。

本章小结

企业作为一种组织形式，时刻面临着包括自然风险、社会风险、政治风险、经济风险在内的各种各样的风险。而通过购买企业财产保险、机器损坏保险、营业中断保险和各种企业责任保险等方式转移所面临的风险是管理风险的最有效方式。另外，企业在经营过程中还会面临各种民事赔偿责任，可通过购买产品责任保险、公众责任保险和雇主责任保险予以转移。员工作为企业雇员，也会面临职业伤害风险和失业风险，企业通过提供企业年金和员工福利计划为雇员提供有效保障。

重要概念

◆ 社会风险：由于个人或团体的行为，包括过失行为、不当行为及故意行为对企业造成损失的风险。

◆ 经济风险：在生产、销售等经济活动中，由于受各种市场供求关系、经济贸易条件等因素变化的影响，或经营者决策失误、对前景预期出现偏差等，导致经济上遭受损失的风险。

◆ 企业财产保险：简称企财险，是以企业法人团体所有、占有或负有保管义务的财产物资及有关利益等为保险标的，由保险人承担火灾及其他自然灾害、意外事故损失赔偿责任的一种财产损失保险。

◆ 机器损坏保险：简称机损险，指专门承保各类已安装完毕并投入运行的机器设备在保险期间内、工作闲置或检修保养时，因人为的、意外的或物理性原因造成的物质损失的一种保险。

◆ 营业中断保险：承保企业财产因遭遇火灾等自然灾害或意外事故而发生直接损失后，被保险人在保险财产受损至恢复到营业前状况这段时间内，因停产、停业或营业受到影响所造成的间接损失，包括预期的利润损失和受灾后营业中断期间仍需支出的必要费用，因此也称为利润损失保险或间接损失保险。

◆ 产品责任保险：以产品制造者或销售者等的产品责任为保险标的的一种责任保险。

◆ 公众责任保险：又称普通责任保险或综合责任保险，承保被保险人在公共场所进行生产、经营或其他活动时，因发生意外事故而造成社会公众的人身伤亡或财产损失，依法应承担的经济赔偿责任。

◆ 职业责任保险：承保企业各类专业技术人员因职业或工作上的疏忽或过失造成他人损害所应承担的赔偿责任。

◆ 环境责任保险：承保被保险人污染环境造成第三者人身伤亡或财产损害而应承担的经济赔偿责任，以及依法应由被保险人承担的治理污染的责任。

◆ 第三者责任保险：公众责任保险的一种特殊形态，多采用附加承保方式，承保被保险人的运输工具、建筑安装工程等因意外事故而造成第三者财产损失或人身伤亡而引起的赔偿责任。

◆ 雇主责任保险：以被保险人的雇员在受雇期间从事业务时因遭受意外导致伤、残、死亡或患有职业性疾病而依法或根据雇佣合同应由被保险人承担的经济赔偿责任为承保风险的一种责任保险。

◆ 职业伤害风险：又称工伤风险，是指企业雇员受雇期间或在从事与职业相关的工作中，因发生意外事故或职业病而引起的人身伤亡或疾病的风险。

◆ 员工福利计划：是企业基于雇佣关系，依据国家强制性法令及相关规定，以企业自身的支付能力为依托，向员工所提供的、用以改善其本人和家庭生活质量的各种以非货币性工资和延期支付形式为主的补充性报酬与服务。

◆ 企业年金：又称补充养老保险、职业养老金、私人退休金等，是企业为员工提供的养老金福利，通过企业和个人进行缴费购买年金保险，在员工退休后为其提供收入。

思 考 题

1. 企业面临的风险种类有哪些？
2. 与企业财产风险相关的保险有哪些？
3. 简述企业财产保险的三个基本特征。
4. 试述企业财产保险的标的有哪几类。
5. 企业财产保险承保损失包括哪些内容？
6. 企业财产保险费率是怎样厘定的？
7. 营业中断保险具有哪些特点？
8. 按内容分，企业责任保险有哪几种？
9. 产品责任保险的特点有哪些？
10. 请说一说你对企业员工福利计划的理解。
11. 请简述你对企业年金的理解。

第九章　保 险 市 场

新中国成立以来，我国保险业经历了从小到大、由弱变强的成长过程，从最初的一个基础薄弱、可有可无的行业发展至今，已成为金融业的三大支柱产业之一和关系国计民生的重要行业。

第一节　保险市场概述

一、保险市场的概念

保险市场是指保险商品交换关系的总和或是保险商品供给与需求关系的总和。它既可以是固定的交易场所，如保险交易所，也可以是实现保险商品让渡的交换关系的总和。在保险市场上，交易的对象是保险人为消费者所面临的风险提供的保险保障，即各类保险商品。

人们通常用保险深度和保险密度衡量一个国家或地区保险市场的发达程度。保险深度是指某地保费收入占该地国内生产总值（GDP）的比例，反映了该地保险业在整个国民经济中的地位。保险密度是指按一个国家或地区的人口计算的人均保险费。保险深度越大，反映该地区的保险业越发达；保险密度越大，反映该地区人们在满足了基本生活需要的同时，更加关注安全的保障，保险意识更强。

二、保险市场的构成要素

（一）保险市场的主体

保险市场的主体是指保险市场交易活动的参与者，包括保险市场的供给方、需求方以及充当双方媒介的中介方。

1. 保险供给方

保险市场的供给方是指在保险市场上提供各类保险商品和服务，承担、分散和转移他人风险的各类保险人。具体来说，保险人是在保险市场向投保人收取保险费，并在合同约定的保险事故发生时向被保险人履行赔付责任的一方当事人。保险人在法律上的资格，除法律特准的自然人外，一般都必须是法人。在我国，股份制改革后保险人以股份有限公司的组织形式为主。

2. 保险需求方

保险市场的需求方是指在一定时间、一定地点等条件下，为寻求风险保障而对保险商品具有购买意愿和购买力的消费者的集合。通俗来讲，保险市场的需求方为保险市场上所有现实的和潜在的保险商品购买者，即各类投保人。在保险营销学中，保险商品的需求方被界定为“保险市场”，即“需求市场”，并由有保险需求的消费者、可满足保险需求的缴费能力和投保意愿三个主要因素构成。

3. 保险中介方

保险市场的中介方是接受保险公司或投保人（被保险人）的委托，提供展业、风险管理、理赔等专业性服务，并收取佣金、手续费或咨询费的自然人或法人机构。保险市场中介既包括处于保险人与投保人之间充当保险供需双方的媒介，把保险人和投保人联系起来并建立保险合同关系的人（包括保险代理人和保险经纪人），也包括独立于保险人与投保人之外，以第三者身份处理保险合同当事人委托办理的有关保险业务的公证、鉴定和理算等事项的人（保险公证人、保险公估人、保险律师、保险理算师等）。

（二）保险市场的客体

保险市场的客体是指保险市场上供求双方具体交易的对象，即保险商品和相关服务。而保险商品是一种特殊形态的商品，主要具有以下三种特征：

1. 保险商品是一种无形商品。保险商品看不见摸不着，在本质上是一种无形的承诺，而这种承诺只能在约定的事件发生或者期限届满时履行，这是保险商品区别于其他商品的最大特征。

2. 保险商品具有延后性。延后性是指保险商品买回来后并不能立即发挥功效，只能等未来某个时间内约定的保险事故出现或者期限届满时才能给客户带来价值。

3. 保险商品具有射幸性。射幸性是指当事人之间在合同中所取得的利益或遭受的损失具有不确定性。只有当合同中约定的条件具备或合同约定的事件发生时才必须履行，但是合同约定的条件或事件是否发生又是不确定的。

三、保险市场的特征

（一）保险市场是无形市场

现代社会的保险活动基本上都是通过电子设备随时进行的，这种没有固定场所和时间限制、通过现代化技术手段进行的交易行为，即为无形市场。金融市场绝大多数都是无形市场，保险这一金融活动包括展业投保、签单、理赔、追偿等环节，都可以通过现代化通信手段进行，因此保险从空间概念来说是无形市场。

（二）保险市场是直接的风险市场

这里的直接的风险市场是针对交易对象和风险的关系而言的。任何市场都存在风险，交易双方都可能因市场风险的存在而遭受经济上的损失。但是，一般商品市场的交易对象，其本身不与风险联系。而保险市场所交易的对象是保险商品，其本身就直接与风险相关联。保险商品的交易过程本质上就是保险人聚集与分散风险的过程。风险的客观存在和发展是保险市场形成和发展的基础和前提。“无风险，无保险”，也就是说，没有风险，投保人或者被保险人就没有通过保险市场购买保险的必要。所以，保险市场是一个直接的风险市场。

（三）保险市场是非即时清结市场

即时清结市场是指市场交易一旦结束，供需双方立刻就能确切地知道交易结果的市场。一般的商品市场和金融市场，都是能够即时清结的市场，而保险市场则因风险的不确定性和保险合同的射幸性，使得交易双方都不可能确切知道交易结果。因此，保险交易不能立刻清结，保险单的签发看似保险交易的完成，实则是保险保障的开始，最终的交易结果则取决于双方约定的保险事故是否发生。所以，保险市场是非即时清结市场。

（四）保险市场是特殊的期货交易市场

由于保险的射幸性，保险市场所成交的任何一笔交易都是保险人对未来风险事件发生所致经济损失进行补偿的承诺。保险人是否履约取决于保险合同约定时间内是否发生约定的风险事故以及这种风险事故造成的损失是否达到保险合同约定的补偿条件。只有在保险合同约定的未来时间内发生保险事故且导致经济损失，保险人才可能对被保险人进行经济补偿，这实际上交易的是一种期货产品。因此，保险市场是一种特殊的期货交易市场。

（五）保险市场是需政府积极干预的市场

由于保险交易双方存在信息的不对称，而保险又具有广泛的社会性特征，因此，政府需要通过立法、行政及财务手段加强对保险市场的规范。政府干预的目标主要是尽可能地保证保险人的偿付能力，保障投保方也就是社会大众的利益。即使在自由市场经济国家，对保险的监管仍是严格的，因此，保险市场一般是政府积极干预的市场。

四、保险市场的分类

（一）按业务性质不同分类

按业务性质不同，保险市场可分为人身保险市场和财产保险市场。

1. 人身保险市场

人身保险市场是专门为社会公民提供各种人身保险商品的市场。

2. 财产保险市场

财产保险市场是从事各种财产保险商品交易的市场。

（二）按保险业务承保的程序不同分类

按保险业务承保的程序不同，保险市场可分为原保险市场和再保险市场。

1. 原保险市场

原保险市场也称直接业务市场，是保险人与投保人之间通过订立保险合同而直接建立保险关系的市场。

2. 再保险市场

再保险市场也称分保市场，是原保险人将已经承保的直接业务通过再保险合同转分给再保险人的方式形成保险关系的市场。

（三）按保险业务活动的空间不同分类

按保险业务活动的空间不同，保险市场可分为国内保险市场和国际保险市场。

1. 国内保险市场

国内保险市场是专门为本国境内提供各种保险商品的市场，按经营区域范围又可分为全国性保险市场和区域性保险市场。

2. 国际保险市场

国际保险市场是国内保险人经营国外保险业务的保险市场。

（四）按保险市场结构的不同分类

按保险市场结构的不同，保险市场可分为完全竞争型保险市场、完全垄断型保险市场、寡头垄断型保险市场以及垄断竞争型保险市场。

1. 完全竞争型保险市场

完全竞争型保险市场是指一个保险市场上有数量众多的保险公司，任何公司都可以自由进出市场，每一家保险公司都能够提供同质无差异的产品，所有保险公司都是价格的接受者。完全竞争市场是一种理想的模式，在现实中并不存在。

2. 完全垄断型保险市场

完全垄断型保险市场是指保险市场完全由一家保险公司所操纵，市场价格由该公司制定，其他保险公司无法进入的保险市场。在完全垄断型保险市场上没有市场竞争，没有替代产品，消费者没有选择的余地，因此，保险公司可凭借其垄断地位获得超额利润。

3. 寡头垄断型保险市场

寡头垄断型保险市场是指保险市场上只存在少数相互竞争的保险公司。在这个市场中，每一家保险公司的规模都比较大，市场集中度比较高，其他保险公司进入市场比较困难。

4. 垄断竞争型保险市场

垄断竞争型保险市场是指保险市场中大小保险公司并存，少数大公司在保险市场上取得垄断地位。各公司提供有差别的同种产品，市场集中度并不高，进入壁垒较低。

【阅读材料 9-1】2018 年全球保险市场概览①

2019 年德国安联集团经济研究中心发布了《2019 年全球保险市场调研报告》总结了 2018 年全球保险市场情况，数据显示 2018 年全球保险费总额增至 3.655 万亿欧元（不包括健康保险），占全球经济总产值的 5.4%。

一、全球保险市场整体情况

2018 年与 2017 年相比，剔除汇率影响，全球保费增幅约为 3.3%。近几年来，全球保险市场增速下滑明显。2016 年，欧洲市场疲软成为罪魁祸首，而 2017 年则是美国市场表现不佳，2018 年则是因为中国市场疲软。2018 年中国保险市场的保险费总额仅增长了 1.2%，这是自 2000 年以来，第二次出现中国保险市场增速落后于全球增速。业绩之所以惨淡，主要是由于中国寿险市场在 2018 年萎缩了 3.4%，这一年中国寿险市场在全球保险市场的份额为 12%。此外，2018 年，中国保费增长仅占全球保费增长的 4%（2017 年这一数值则高达 58%），甚至连日本的保费增速都超过了中国。2018 年引领全球保费增长的市场分别是：美国（42%）和日本（11%）。

回顾过去 10 年，全球保险市场的两大发展相当引人注目：保费与经济增长之间的持

① 资料来源：笔者根据德国安联集团经济研究中心《2019 年全球保险市场调研报告》整理而成。

续增长差距，以及保险市场份额的区域转移。在过去 10 年里，保费增长仅在 2014 年和 2015 年两次超过全球 GDP 增长。2018 年，全球名义 GDP 增长 5.7%，超过保费增长 2.4 个百分点。因此，全球保险普及率（毛保费收入占 GDP 的比例）是一个下行的轨迹。这一发展指向一个相当矛盾的局面：一方面，全球风险不断增加，比如气候变化、人口结构变化、网络攻击或地缘政治变化等因素；但另一方面，世界范围内的个人和企业在保险上的支出占其收入的比例越来越小。其结果是，无论是在自然灾害、网络风险、医疗保健还是养老金储蓄方面保障都明显不足。与新兴市场，特别是中国的经济崛起相呼应，过去几年保险业的世界版图也发生了巨大变化。在短短 10 年内，它的全球市场份额几乎增长了两倍。相比之下，成熟市场（北美、西欧和日本）的份额下降了约 14 个百分点。

二、全球最大三大市场情况

下面我们看一下三个全球最大的保险区域市场——西欧、北美和亚洲（日本除外），这三个地区合计保费占全球总保费的 85%。

（一）西欧保险市场

截至 2018 年，西欧是全球第二大保险市场（10 020 亿欧元），仅次于北美（12 010 亿欧元），同时仍在保费总额上超过亚洲（日本除外）（8 710 亿欧元）。而且，西欧的保险普及率是最高的（2018 年为 6.5%）。2018 年，西欧保费收入同比增长 2.1%，略高于上年 1.9%的增长率。调查发现，西欧的财险增长率从 2017 年的 1.9%上升到 2018 年的 3.1%，这是自 2003 年以来最快的增幅。但另一方面，由于奥地利（−3.2%）、法国（−0.2%）、荷兰（−4.6%）和西班牙（−1.6%）等市场保费收入萎缩，寿险市场增速放缓至 +1.7%（2017 年为 +1.9%）。该地区的人寿保险渗透率大幅下降，从 2007 年金融危机爆发前的 5.6%降至 2018 年的 4.4%。在人口结构大转变的背景下，渗透率的急剧下降令人不安，因为这种变化无疑说明了私营供应端的必要性。许多欧洲国家的严重经济危机肯定是原因之一。欧洲央行的低利率政策在这方面也起到了负面作用。但等待欧洲央行改变方向、再次加息已不再是一条出路。年轻一代在未来将更加依赖于私人储备金。他们必须尽早开始储蓄，并调整储蓄行为：接受更多风险以及储蓄产品，提供更少的担保，以适应新的现实需求。人寿保险必须摆脱对利率的过度依赖。然而，人寿保险仍占西欧保费收入总额的 67%，达到 6 740 亿欧元。在许多欧洲国家，企业在社会保障体系中扮演着重要角色。因此，保险普及率存在显著差异：英国高达 7.1%，丹麦为 6.2%，而奥地利为 1.5%，希腊仅为 1%。

（二）北美保险市场

2018 年是美国保险业的丰收年。在美国，总体保费收入增长了 4.6%，是 2012 年以来增幅最大的一次。寿险保费增长 5.2%（也是自 2012 年以来最强劲的增长），而财险保费增长 4.1%，增幅较前一年的 4.9%有所放缓。总而言之，美国保费总额增长了 540 亿欧元，对 2018 年全球保费增长的贡献率高达 42%。由此，美国巩固了其作为全球领先保险市场的地位：美国的保险市场规模为 11 150 亿欧元，是迄今为止最大的单一市场；排名第二的中国则以 4 170 亿欧元位居其后。全球 30.5%的保费来自美国，其中，美国财险市场规模在全球市场的份额达到了令人惊叹的 40.3%。这反映了美国市场的一个特点：就支出结构而言，财险和寿险之间的支出分配相当平衡，两者的比例在 50%

左右波动。在大多数其他市场，寿险依然处在不可撼动的主导地位。然而，并非所有事情都是乐观的。自 2007 年以来，保险密度仅以每年不到 1%的速度增长；在寿险方面，它甚至停滞不前：人们今天的名义支出与十年前大致相同。因此，渗透率在一段时间内一直在下降。截至 2018 年，美国保险支出占名义 GDP 的 6.5%。和其他大多数成熟市场一样，这种下降主要是由寿险市场渗透率下降造成的。可见，金融危机在美国留下了很深的伤疤。

（三）亚洲保险市场

2018 年，亚洲（日本除外）的保费总额达到 8 710 亿欧元，其中 48%来自中国。10 年前，以保费计算，中国市场的规模仍大约只有日本市场的三分之一。如今，中国在该地区稳居头把交椅，超出日本保费的 40%之多。相比之下，该地区另一个潜在重量级市场——印度，2018 年保费收入总额达到 710 亿欧元，为中国市场规模的六分之一。随着时间的推移，这种差距变得越来越大：2008 年，印度市场的规模是中国市场的四分之一。亚洲保险市场的发展显然没有同质性。据预计，老挝等金融知识匮乏的国家保险收入仅占 GDP 的 0.5%，而中国内地和中国香港等邻近市场的保险渗透率分别为 3.7%和 17.5%。同样，保险密度差异化明显：人均保费从微不足道的老挝 12 欧元和印度 52 欧元，到新加坡的 4 510 欧元，乃至中国香港地区的 7 000 欧元。2018 年亚洲保险市场增长平缓：除日本外，该市场保费平均增长率仅为 2.3%，这是自世纪之交以来第二次落后于全球增长。相反，日本却实现了更快的增长（4%）。结果：2018 年，该地区仅占全球增长的 16%（2017 年高达 81%）；仅日本就贡献了超过 10%。这种惨淡表现的“罪魁祸首”很容易找到：中国和韩国的寿险市场在 2018 年都出现了萎缩。中韩两国寿险市场合计占亚洲地区保费总额的 40%（日本除外）。在中国，这主要是由于中国监管机构对出售财富管理产品的保险中介机构加大了监管力度。但是，2018 年并不是中国保险增长故事的终结。恰恰相反，未来，更严格的监督将有利于中国保险行业更平衡和可持续发展。中国保险市场在技术上的惊人突破，尤其在人工智能及创新支付解决方案上的率先应用，让这个市场备受瞩目。安联经济研究中心方面认为，中国是保险行业未来的最佳市场。

三、未来十年保险业前景

安联经济研究中心表示，长期来看，保险市场应该会继续复苏，未来 10 年全球保费增长将达到 5%左右。其中，新兴市场将增长 10.5%（寿险和财险），而发达市场将增长 3.2%。从各区域来看，保费增幅最大的地区—— 无论是绝对增幅还是相对增幅——都将出现在亚洲（日本除外）：该地区未来 10 年的年增长率应在 9.4%左右（寿险：+9.8%，财险：+8.5%），这主要得益于中国的快速增长。然而，由于 2018 年的暂时挫折，中国要想成为全球最大的保险市场，还需要更长的时间。美国的领先地位可能会维持到 2029 年，但差距会越来越小。虽然美国在 2029 年之前的年增长率预计将在 2.6%左右，但安联预计中国保费总额将每年增长 11%。因此，中国最终超越美国只是时间问题。未来十年，中国将成为全球保险业的主导力量，其全球市场份额将翻一番，达到 20%以上，大约有三分之一的新增保费将在中国产生。事实上，保险市场的未来只掌握在少数几个国家手中。

第二节　保险经营主体的组织形式

保险市场上的经营主体主要包括两类：一类是保险产品的供给方，即保险人；另一类是为促成保险交易提供辅助作用的保险中介。下面我们分别探讨一下这两类经营主体的组织形式。

一、保险人

保险人又称承保人，是指与投保人订立保险合同，并在保险事故发生或约定的保险期间届满时，承担赔偿或者给付保险金责任的一方当事人。根据各国保险法的规定，除特别批准的自然人外，保险人通常应为法人形式的保险公司。我国《保险法》第六条明确规定："保险业务由依照本法设立的保险公司以及法律、行政法规规定的其他保险组织经营，其他单位和个人不得经营保险业务。"无论是法人或法律特许的自然人，均须按保险监督机关的规定，具有一定数量的资本金，保持应有的偿付能力，并将资本金的一定比例作为保证金存入保险监督机关指定的银行，以维护保险合同另一方当事人的经济利益和社会的经济安定。

保险人一般有国营保险组织、私营保险组织、合营保险组织、合作保险组织、个人保险组织、行业自保组织等几种形式。

（一）国营保险组织

国营保险组织是由国家或政府投资设立的保险经营组织。它可以由政府机构直接经营，也可以通过国家法令规定某个团体来经营，后者的组织形式又被称为间接国营保险组织。国营保险组织的经营可能以盈利为目的，也可能以政策的实施为宗旨。股份制改造前的中国人民保险公司、中国人寿保险公司和中国再保险公司等均属于国营保险组织。

（二）私营保险组织

私营保险组织即由私人（独资或股份）投资设立的保险经营组织。私营保险组织大多以股份有限公司的形式出现。保险股份有限公司是现代保险企业制度下最典型的一种经营组织模式，其组织机构由股东大会、董事会、监事会和总经理构成。股东大会、董事会、监事会和总经理之间既分工明确，又可以通力合作。保险股份有限公司以其严密而健全的组织形式早已被各国保险业广泛推崇。保险股份有限公司的优势如下：

1. 公司所有权和经营权相分离，经营效率较高，竞争能力强；
2. 财力雄厚，有利于业务的扩展，风险分散较为广泛，经营也更加安全；
3. 采用确定保险费制，比较符合投保人的需要和现代保险的特征。

（三）合营保险组织

合营保险组织是一种公私合营的保险经营组织，即由政府或组织与私人共同投资设立的保险经营组织。合营保险组织一般有两种形式：一种是私人与政府共同投资设立的保险经营组织，属于公私合营保险组织；另一种是本国政府组织与外商共同投资设立的保险经营组织（这种形式的保险公司在我国被称为中外合资保险公司）。

（四）合作保险组织

合作保险组织是由社会上具有共同风险的个人或者经济单位，为了获得风险保障，共同集资设立的保险组织形式。具体地，合作保险组织主要有相互保险公司、相互保险社和保险合作社三种形式。

1. 相互保险公司

相互保险公司是由所有参加保险的人自己设立的保险法人组织，是保险业特有的公司组织形式。与股份保险公司相比较，相互保险公司具有以下特点：

（1）投保人具有双重身份

在相互保险公司中，投保人具有双重身份，既是公司所有人，又是公司的客户；既是投保人或被保险人，同时又是保险人。他们只要缴纳保险费，就可以成为公司成员，而一旦解除保险关系，也就自然脱离公司，成员资格随之消失。

（2）非营利型公司

相互保险公司没有资本金，以各成员缴纳的保险费形成公司的责任准备金来承担全部保险责任，也以缴纳的保险费为依据，参与公司盈余分配和承担公司发生亏空时的弥补额。因此，相互保险公司不是一种以营利为目的的保险组织。

（3）组织机构与股份公司类似

相互保险公司的最高权力机关是会员大会或会员代表大会，即由保单持有人组成的代表大会，由他们选举董事会，由董事会任命公司的高级管理人员。随着公司规模的扩大，董事会和高级管理人员实际上已经控制了公司的全部事务，会员很难真正参与管理，而且现在已经演变成委托具有法人资格的代理人营运管理，负责处理一切保险业务。

（4）比较适宜于人寿保险公司

1962 年成立的作为现代人寿保险开端的英国公平保险公司就是以相互保险公司的形式成立的，并且美国的大型人寿保险公司，如谨慎人寿保险公司、大都会人寿保险公司等也都是相互保险公司。相互保险公司和股份制保险公司可以相互转化，不少相互保险公司最初也是以股份公司形式设立的，后来再通过退股相互公司化。

2. 相互保险社

相互保险社是同一行业的人员为了应付自然灾害或意外事故造成的经济损失而自愿结合起来的集体组织。相互保险社是最早出现的保险组织，也是保险组织最原始的状态。目前，这种形式在欧美国家仍然相当普遍，如英国的“友爱社”、美国的“同胞社”等人寿保险组织。

3. 保险合作社

保险合作社是由一些对某种风险具有同一保障需求的人自愿集股设立的保险组织。保险合作社与相互保险社类似，而且相互保险社通常又是按照合作社的模式建立的，因此，人们往往对两者不加区别。但实际上保险合作社与相互保险社之间存在着很大的差异。

（五）个人保险组织

个人保险组织就是自然人充当保险人的组织，比较少见，迄今为止只有英国伦敦的劳合社。劳合社（Lloyd’s）是当今世界上最大的保险垄断组织之一，是伦敦劳合士保险社的简称。劳合社并不是一个保险公司，它仅是个人承保商的集合体，其成员全部是个人，各自独立、自负盈亏，进行单独承保，并以个人的全部财力对其承保的风险承担无限责任。随着时间的推移，劳合社的业务经营和管理进行了整顿和改革，允许接受有限责任的法人组织作为社员，并允许个人社员退社或合并转成有限责任的社员。因此改革后的劳合社，其个人承保人和无限责任的特色逐渐淡薄，但这并不影响劳合社在世界保险业中的领袖地位。

（六）行业自保组织

行业自保组织是指某一行业或企业为本企业或本系统提供保险保障的组织形式，主要是由集团母公司设立一个下属子公司专门从事本集团内部的保险业务，同时也可以承保外界的风险和接受再保险业务。欧美国家的许多大型企业集团都有自己的自保保险公司或自保集团，我国的新疆生产建设兵团保险公司成立时就是这一组织形式。

行业自保组织主要分为纯粹的行业自保组织、协会的行业自保组织和盈利导向的行业自保组织三种。设立纯粹的行业自保组织，主要是考虑自保的保险成本较低，同时也可以减轻税负，在资金流动方面也较为便利。协会的行业自保组织是由多家企业共同设立的，主要目的是为了解决大家共同面临的商业保险公司通常不承保的风险和责任问题。虽然盈利导向的行业自保组织也解决企业内部的保险问题，但是设立盈利导向的行业自保组织，主要目的是将其作为企业盈利的新途径，所以，这类自保公司会承保大量的外来保险和再保险业务。

二、保险中介

如前所述，保险市场的中介既包括活动于保险人与投保人之间，充当保险供需双方的媒介，把保险人和投保人联系起来并建立保险合同的关系人，如保险代理人和保险经纪人，也包括独立于保险人和投保人之外，以第三者身份处理保险合同当事人委托办理的有关保险业务的公证、鉴定、理算、精算等事项的人，如保险公证人（行）或保险公估人（行）、保险律师、保险理算师、保险精算师、保险验船师等。

尽管世界各国的保险中介制度不尽相同，但是从总体上来看，保险代理人、保险经纪人和保险公估人是三种最常见的保险中介形式。

（一）保险代理人

我国《保险法》第一百一十七条规定：“保险代理人是根据保险人的委托，向保险人收取佣金，并在保险人授权的范围内代办保险业务的机构或者个人。”

由于各国的法律不同，对保险代理人的具体资格、种类和业务范围的限定也有所不同。根据我国《保险法》的规定，保险代理人可以分为专业代理人、兼业代理人和个人代理人三类。

1. 专业代理人

专业代理人是指专业从事保险代理业务的保险代理公司。在保险代理人中，它是唯一具有独立法人资格的保险代理人，保险代理人经授权后，一般可以代理销售保险单、代理收取保险费、进行保险和风险管理咨询服务、代理损失查勘和理赔等业务。根据我国《保险代理机构管理规定》，保险代理机构可以以合伙企业、有限责任公司或股份有限公司的形式设立。

2. 兼业代理人

兼业代理人是指受保险人委托，在从事自身业务的同时，指定专人为保险人代办保险业务的组织机构。兼业代理人具有建立机构简单、易于开展业务、适应性强等优点。为了更好地发挥兼业代理人的优势，规范兼业代理人的行为，我国《保险兼业代理管理暂行办法》规定，保险兼业代理人从事保险代理业务应遵守国家的有关法律法规和行政规章，遵循自愿和诚实信用原则，并且在保险人授权范围内代理保险业务的行为所产生的法律责任由保险人承担。

常见的兼业代理人主要分为银行代理、行业代理和单位代理三种。银行代理是指保险人利用银行在业务上的优点，通过银行代理向企业和个人进行保险宣传，这种方式目前已取得十分显著的效果；行业代理可充分运用各行业的优势，代理的保险业务一般为专项险种，如由货物运输部门代理货物运输保险业务，由航空售票点代理航空人身意外伤害保险等；单位代理主要是由各单位工会、财务部门代理，办理一些与职工生活关系密切的保险业务，方便投保。

3. 个人代理人

个人代理人是指根据保险人的委托，向保险人收取手续费，并在保险人授权的范围内代办保险业务的个人。通常法律规定，个人代理人不得同时为两家（含两家）以上保险公司代理保险业务，转为其他保险公司代理人时，应重新办理登记手续。目前，我国的个人代理人主要是指保险营销员。受2015年取消营销员资格考试政策实施的影响，我保险营销员人数从 2015 年开始快速上升。同时，退出（脱落）人数也呈上升趋势。2015—2017年寿险营销员保持75%以上增员率的同时，脱落率也一直在50%上下。此外，随着整个行业的快速发展，保险营销员中的低收入人员比重在逐年下降，但是绝大多数人仍处于低收入水平，月均收入不足2 000元的占比超过半数。

（二）保险经纪人

保险经纪人是基于投保人的利益，为投保人与保险人订立保险合同提供中介服务，并依法收取佣金的机构。它通常既可以是个人，也可以是公司。在我国，保险经纪人主要是指保险经纪公司，并且应当符合中国银保监会规定的资格条件，取得经营保险经纪业务许可证。

总的来说，保险经纪人具有业务范围广和服务的专业性强、独立承担法律责任、代表被保险人的利益以及市场的条件及监管要求较高等特征。我国《保险经纪机构监管规定》（2015年修订）将保险经纪人分为直接保险经纪人和再保险经纪人两类。其中，直接保险经纪人专指原保险市场上的保险经纪人，也就是通常所指的介于投保人和原保险人之间的、直接接受投保人委托提供保险经纪业务服务并从保险人处收取佣金的保险经纪人；而再保险经纪人则是指促成再保险分出公司与接受公司建立再保险关系的保险经纪人。

保险经纪人可以经营下列保险经纪业务：为投保人拟订投保方案、选择保险公司以及办理投保手续；协助被保险人或者受益人进行索赔；再保险经纪业务；为委托人提供防灾、防损或者风险评估、风险管理咨询服务；中国银保监会批准的其他业务。

（三）保险公估人

保险公估人是指接受保险当事人委托，专门从事保险标的的评估、勘查、鉴定、估损、赔偿和理算等业务的单位。根据《保险公估机构管理规定》，保险公估机构可以以合伙企业、有限责任公司或股份有限公司形式设立。

保险公估人的存在有利于体现公平原则，解决保险争议。这不仅因为保险公估人有独立于保险合同当事人的第三者身份，还因为保险公估人在某些特定方面具有专长，并且有相当的权威性。

【阅读材料 9-2】我国保险集团发展现状①

截至 2018 年底，我国保险主体共计 229 家，其中，保险集团控股公司 12 家，财产险公司 87 家，人身险公司 91 家，再保险公司 11 家，保险资产管理公司 24 家，其他新型保险组织 4 家。保险经营主体有着特殊的社会影响力，因此世界各国政府都对保险行业高度重视，对保险企业的营运加以管理，并就其资本实力、资格条件、组织形式加以细致规定，为其合理运营创造必备的前提。近几年，集团化是我国保险业发展的重要趋势，也是近年来保险市场主体的重要组织形式。

以保险主体的资本来源及实际控制关系为主要标准，并统筹考虑保险主体之间业务性质及管控模式等，根据“实质重于形式”的原则，可将保险集团分为两类，一类是保险集团法人控股型（集团公司型），另一类是保险集团模拟运作型（准保险集团型）。保险集团法人控股型模式（集团公司型）是指以保险集团公司为主体、控股一家或多家保险子公司的组织形式。保险集团公司作为母公司，一般并不经营具体保险业务，也称“纯粹保险集团控股型”，这是保险集团的主要组织形式。截至 2018 年底，我国共有 12 家保险集团法人控股型的集团，共控制（或共同控制）着 66 家保险主体（含资产管理公司，下同），详见表 9-1。

表 9-1　12 家法人控股型保险集团（集团公司型）控制保险主体列表

集团（12 家）	人身险（22 家）	财产险（16 家）	再保险（5 家）	资管（11 家）
人保集团	人民人寿、人民养老、人民健康	人民财险、东海财险	人保再保	人保资管
人寿集团	人寿股份、人寿养老	人寿财险		人寿资管
中再集团		大地财险	中国财产再保险、中国人寿再保险	中再资管
太保集团	太保人寿、太保安联健康、长江养老	太保财险、安信农险		太保资管
平安集团	平安人寿、平安健康、平安养老	平安财险		平安资管

① 资料来源：董迎秋，等. 被集团支配的中国保险业：控制逾四成市场主体［J］. 中国金融，2019（07）.

续表

集团（12家）	人身险（22家）	财产险（16家）	再保险（5家）	资管（11家）
泰康集团	泰康人寿、泰康养老	泰康在线		泰康资管
华泰集团	华泰人寿	华泰财险		华泰资管
太平集团	太平人寿、太平养老	太平财险、太平科技	太平再保、太平再保（中国）	太平资管
安邦集团	安邦人寿、安邦养老、和谐健康	安邦财险		安邦资管
中华集团	中华人寿	中华财险		
阳光集团	阳光人寿	阳光财险、阳光信保		阳光资管
富德控股	富德生命人寿	富德财险		生命资管

保险集团模拟运作型模式（准保险集团型）是指在同一控制权下，不以纯粹保险集团公司形式存在，但拥有两家或两家以上的保险公司的组织形式。从产权控制关系上，可将其分为母子公司型（即母公司为保险公司，并同时控制至少另外一家保险公司）和水平控制型（即两家保险公司本身不具有直接产权关系，但受同一实际控制人控制）两种组织模式；从资本来源上，可将其分为实体产业控制型（即主要资本来源为实体产业）和非保险金融控制型（即主要资本来源于银行等非保险金融机构）两种组织形式。根据统计，截至2018年12月，我国共有11家模拟运作型保险集团（准保险集团），见表9－2。

表9－2　11家模拟运作型保险集团（准保险集团型）控制主体列表

	准保险集团（11家）	被控制公司（共28家）			
		人身险（10家）	健康险（1家）	财产险（12家）	资管（5家）
母子公司型	新华准保险集团	新华人寿		新华养老公司	新华资管
	合众准保险集团	合众人寿		合众财险	合众资管
	建信准保险集团	建信人寿		建信财险	建信资管
水平控制型	中银准保险集团	中银三星人寿		中银保险	
	英大准保险集团	英大人寿		英大财险	英大资管
	复星准保险集团	复星保德信人寿	复星联合健康	永安财险	
	前海准保险集团	前海人寿		前海联合财险	
	安联准保险集团	中德安联人寿		京东安联财险	
	中意准保险集团	中意人寿		中意财险、中石油专属财险	中意资管
	泛海准保险集团			亚太财险	
	恒安准保险集团	恒安标准人寿		渤海财险	

对于准保险集团的内部管理，既有成立虚拟保险集团的组织模式（如中国泛海、复星集团等），这并不是一种组织法人形式，而是基于实际经营管理需要的集团化运作架构；也有在资本集团或金控平台统一管理的组织模式（如英大资本集团等），这主要是基于资本集团或金控平台的多元化业务定位，将保险机构纳入集团统一管理。

我国集团化保险主体在市场中占有主导地位，并呈现明显的“锥子型结构”。截至2018年末，纳入保险集团法人控股型模式的保险主体共有66家，约占保险业法人主体总数的29.7%；纳入保险集团模拟运作型模式的保险主体共有28家，约占保险业法人主体总数的12.6%，成为行业发展的主流力量。

我国保险集团化发展的主要价值在于，多元化企业通过集团公司影响旗下控制的业务来获得企业整体优势，即“母合优势”。这种优势本质来源于集团公司的能力和子公司业务单元关键成功因素之间的相互促进。相对于单一保险机构，保险集团化发展的主要价值来源于三种能力。一是整合协同能力。集团基于公司价值链的支持性资源整合协同（如信息技术、品牌、人力资源等）和基于公司价值创造的发展性资源整合协同（如交叉销售、政府合作、投资收购等），来实现不同业务的协同增效。二是产业构建能力。集团主要是基于新产业的投资、迁移或旧产业的退出，来进行产业优化组合。三是创新孵化能力。集团基于新业态的创新甚至颠覆式创新，更好地把握市场机遇。

当然，集团化具有自我扩张的冲动和自我僵化的惯性，容易对子公司形成不当干预；集团化在给保险企业带来诸多想象空间的同时，也会成倍加大治理难度，带来一系列的副作用。

总之，世界各国保险企业采用的组织形式是多样的，而且随着各国社会经济条件以及保险市场发育程度的变化和经营环境的国际化，保险经营主体的组织形式还会出现变革，但变革的宗旨必然是围绕能更好实现其营运目标而展开的，这是毋庸置疑的。

第三节　保险监管

一、保险监管概述

（一）保险监管的内涵

保险监管是指在既定的约束条件下，为达到某种预期目标，而做出的监管法规、监管组织机构、监管内容、监管方式等方面的保险制度安排。保险监管有狭义和广义之分。广义的保险监管是指政府机关、保险行业自律组织、保险企业内部以及社会组织对保险业经营活动展开的监督管理，以维护被保险人的合法权益；狭义的保险监管是指政府监管部门按照一定的目标和原则对保险市场的经营主体依法实施管理，以控制行业风险，维护保险市场的正常秩序。

保险监管可以划分为四个层次，这四个层次由内到外、由下而上丰富了保险监管体系的内容，充分保证了保险监管体系的顺利实施。第一层次是国家政府对保险业的监管，这一层次的监管构建了保险监管体系的基础；第二层次是保险行业协会等自律组织对保险业的监管，有效地补充了保险监管体系；第三层次是社会对保险业的监管，拓宽了保险监管体系；第四层次是保险业经营主体的内部控制制度，夯实了保险监管体系的监管效果。

（二）保险监管目标

国际保险监督官协会将保险监管目标描述为：“监管的主要目标是维护保单持有者的利益，保险监督促进形成一个有效率的、公平、安全和稳定的保险市场。”我国《保险法》指明保险监管目标方向是“为了规范保险活动，保护保险活动当事人的合法权益，加强对保险业的监督管理，维护社会经济秩序和社会公共利益，促进保险事业的健康发展”。我国保险监督管理机构也在监管实践中通过机构工作目标多次指出我国保险监管目标，即：“保险监督引导我国保险业向法制化、规范化、科学化发展，保险监督充分保护被保险人利益，保险监督规范保险市场竞争行为，维护保险市场秩序，保险监督培育和发展各类型保险市场，保险监督进一步完善我国保险市场体系。”

（三）保险监管主体

保险监管的主体主要包括两种：一是政府委托某一职能部门负责对保险市场进行监管；二是保险公司在政府的支持下自发成立行业协会、同业公会等组织，通过行业内部协作、调节与监督，进行自我约束和自我管理。通常，政府对保险行业的监管是保险监管的基础，保险行业自律是保险监管的补充。

（四）保险监管客体

保险监管的客体即被监管者，包括保险当事人各方及有关各方，具体包括保险公司、保险中介机构、投保人、被保险人、受益人等。其中，保险公司是保险产品的供给者，是保险监管的重要对象；保险中介机构是完善保险市场、联系供给和需求双方的纽带，它们的活动对保险市场健康、稳定地发展非常重要，也是保险监管的对象；投保人、被保险人和受益人行为对保险行业的健康发展也起着重要作用，因而也属于保险监管范围。

（五）保险监管方式

1. 公示主义

公示主义又称公告管理，相对而言是最为宽松的一种保险监管方式。在这种监管方式下，监管机构对保险业的经营不直接监督，而是要求保险人按照政府规定的格式将营业结果定期公布于众。保险公司的组织形式、保单格式的设计、资金的运用等，都由保险人自行决定，监管部门不进行干预。这种监管方式要求保险人具有相当的自律性、公众对保险具有较深的理解并具有较高的判断能力，因此，并非所有市场均适合采用这种监管方式。目前，这种监管方式很少被采用。

2. 准则主义

准则主义又称规范管理，相比公示主义，是一种比较严格的监管方式。准则主义的监管方式是由国家通过颁布一系列涉及保险行业运作的法律法规，要求所有保险人和保险中介必须遵守，并且在形式上监督其实行。准则主义虽然比公示主义更为严格，但是监管机构对保险人的业务经营、财务管理和人事等方面并不加以干预，仅停留在形式监管上，因此，该方式适用于保险法规比较严密和健全的国家。德国早期私人疾病基金的监管采用过准则主义，但目前大多数国家已经放弃该种监管方式。

3. 批准主义

批准主义又称实体管理，这种监管方式是对保险业监管中最为严格的一种方式。批准主义是指国家通过立法的方式，明确规定保险人的设立、经营直至破产清算等各项监管制度，保险监管部门根据法律赋予的权利，对保险市场进行全面的监管。该种监管方式赋予政府保险监管机构较高的权威，监管内容具体、实际，有明确的衡量尺度，能够保证监管的严肃性、一致性、强制性，易于达到有效监管的目标。目前，批准主义监管方式被绝大多数国家所采用，包括中国。

二、中国保险监管制度

（一）中国保险监管组织体系

我国保险监管组织体系变化主要经历了以下四个发展阶段[①]：

1949 年至 1978 年：中国人民银行与财政部监管更替时期。新中国成立初期，根据原政务院批准的《中国人民银行实行组织条例》，由中国人民银行领导和主管保险业，故而也由其承担保险监管职责。1952 年 6 月，受前苏联把保险作为财政后备单纯吸收闲散资金工具的理论以及“共产风”的影响，保险业划归财政部领导，成为国家财政体系中的一个独立核算的组成部分。1959 年，国内保险业务停办，仅有涉外业务仍在办理，因而保险业务又重归中国人民银行领导与监管。

1979 年至 1998 年：中国人民银行履行保险业监管职能阶段。1979 年 4 月，国务院批准《中国人民银行分行行长会议纪要》，决定“逐步恢复国内保险业务”。这一重大决策发布后，国内保险业务全面开始恢复办理，保险业务仍由中国人民银行监管，中国人民保险公司属于中国人民银行的局级专业子公司。1983 年 9 月，根据中国人民银行专职行使中央银行和金融监管职能的精神，中国人民保险公司从中国人民银行分设出来，成为国务院直属局级经济实体，而中国人民银行对中国人民保险公司的直接领导也转为对其保险业务的监督管理。1985 年 3 月，国务院发布《保险企业管理暂行条例》，明确规定中国人民银行为国家保险管理机关。1993 年 11 月，中共中央、国务院分别下发《关于建立社会主义市场经济体制若干问题的决定》《关于金融体制改革的决定》，要求加强金融监管和实施分业经营。1994 年 5 月，中国人民银行在非银行金融机构管理司内设立保险处，专门负责保险机构的监管。1995 年 10 月，《保险法》正式颁布实施，标志着我国保险体制改革和保险监管在制度化、程序化、规范化的道路上迈出关键一步。

1998 年至 2018 年：现代保险监管体系建立时期。按照银行、保险、证券分业监管原则，国务院于 1998 年 11 月批准设立中国保监会，专司保险监管职能，集中管理全国保险市场。从 1999 年底开始，保监会陆续在各省、自治区、直辖市及计划单列市设立派出机构，到 2001 年 4 月，派出机构设立到位，全国保险监管组织体系开始逐步形成，这标志着我国保险监督管理体制进入了一个新阶段。2003 年 3 月，中央决定将原中国保监会的行政级别由副部级调整为正部级。原中国保监会成立后，我国保险监管进入了全面、系统、专业化的阶段，将保险业发展定位提升到前所未有的新高度，极大开阔了保险业

① 周延礼．70 年保险监管改革与发展［J］．中国金融，2019（10）：26－28．

发展视野，拓宽了保险业发展空间。

2018 年至今：银行业和保险业统一监管阶段。2018 年 3 月，时隔 20 年，原中国银监会与原中国保监会合并，组建中国银保监会，统一监管银行业和保险业。银行保险业改革监管体制是结合国家经济改革的宏观环境与行业自身发展需要，通过监管框架重塑，从机制和规则上提升监管能力，达成监管目标，提高我国金融监管国际竞争力。

新成立的中国银行保险监督管理委员会的主要职责包括依法依规对全国银行业和保险业实行统一监督管理，维护银行业和保险业合法、稳健运行，对派出机构实行垂直领导；对银行业和保险业改革开放和监管有效性开展系统性研究；依据审慎监管和金融消费者保护基本制度，制定银行业和保险业审慎监管与行为监管规则；依法依规对银行业和保险业机构及其业务范围实行准入管理，审查高级管理人员任职资格等。其内设机构包括办公厅（党委办公室）、政策研究局、法规部、统计信息与风险监测部、财务会计部（偿付能力监管部）、普惠金融部、公司治理监管部、银行机构检查局、重大风险事件与案件处置局（银行业与保险业安全保卫局）、创新业务监管部、消费者权益保护局、打击非法金融活动局、政策性银行监管部、国有控股大型商业银行监管部、全国性股份制商业银行监管部、城市商业银行监管部、农村中小银行机构监管部、国际合作与外资机构监管部（港澳台办公室）、财产保险监管部（再保险监管部）、人身保险监管部、保险中介监管部、保险资金运用监管部、信托监管部、其他非银行金融机构监管部、人事部（党委组织部）和机关党委（党委宣传部）。

（二）中国保险监管内容

如前所述，原中国保监会成立后，我国保险监管进入了全面、系统、专业化的阶段，逐步实现了从以行为监管、价格监管为主向以偿付能力监管为主的转变，从以行政监管为主向建立包括行政监管、立法监管、司法监管在内的完整保险监管制度体系转变。2006 年，原中国保监会发布《关于规范保险公司治理结构的指导意见》，推动形成偿付能力监管、公司治理监管和市场行为监管的“三支柱”现代保险监管框架，同时还提出政府监管、企业内控、行业自律和社会监督“四位一体”的风险防范体系，标志着一个完整的现代保险监管框架完成。

1. 偿付能力监管

偿付能力监管是现代保险监管的核心。保险公司偿付能力是指保险公司偿还债务的能力，偿付能力监管的重心在于防范保险公司无法履行保单即期责任的风险。鉴于其重要性，后文将对偿付能力监管进行专门论述。

2. 公司治理监管

公司治理是现代企业制度的重要基石。随着保险公司建立现代企业制度并陆续上市，原保监会于 2006 年发布《关于规范保险公司治理结构的指导意见》，正式引入公司治理监管。我国公司治理监管重点强化股权、资本、管理层等监管，有效落实“三会一层”制度，提高公司治理实效。2015 年，修订的《保险法》中新增了对保险公司董事、监事、高级管理人员任职资质等内容的明确规定，提升了保险公司治理监管的法律效力。

3. 市场行为监管

市场行为监管是保险监管的重要组成部分，是保险市场有序运行的重要保障。我国保险业恢复初期以市场行为监管为主，原保监会成立后逐步过渡到市场行为监管和偿付能力监管并重，此后再过渡到以偿付能力监管为核心、以公司治理监管为基础、以市场行为监管为抓手的“三支柱”监管框架。在我国，保险市场行为监管主要是指保险监管部门依据《保险法》等法律法规，对保险公司的市场经营和竞争行为等进行规范的活动。2017 年 4 月 20 日至 5 月 5 日，原保监会密集出台《关于进一步加强保险监管维护保险业稳定健康发展的通知》《关于进一步加强保险业风险防控工作的通知》《关于强化保险监管打击违法违规行为整治市场乱象的通知》《关于保险业支持实体经济发展的指导意见》《关于弥补监管短板构建严密有效保险监管体系的通知》五个文件，这一系列文件即是我国市场行为监管的重要内容。

三、偿付能力监管

保险公司的偿付能力是指保险公司偿还债务的能力。狭义地讲，是保险公司对承担的经济责任在发生保险事故时履行赔偿或给付的能力。偿付能力是保险公司履行保险合同的基础，保险监管部门对保险公司财务进行监管，是为了保证保险公司具有充足的偿付能力，从而对被保险人兑现承诺、发挥补偿职能。从 2003 年“偿一代”开始建立到 2016 年“偿二代”正式实施，我国偿付能力监管已经形成了完整的体系。

（一）“偿一代”监管回顾

2003 年，随着中国人民保险公司、中国人寿保险公司股改上市，原保监会发布《保险公司最低偿付能力及监管指标管理规定》，我国偿付能力监管迈出实质性步伐，进入第一代偿付能力监管（简称“偿一代”）时期。“偿一代”用 5 年左右的时间，发布了 16 项中国“法定会计准则”，即偿付能力报告编报规则，建立起一套完整的、具有较高质量的偿付能力评估制度。在此基础上，保险监管部门以偿付能力报告制度为抓手，同时建立了另外四项制度，即公司内部风险管理制度、财务分析和财务检查制度、适时监管干预制度和破产救济制度（保险保障基金制度），最终形成了由这五项制度共同组成的“偿一代”五体系。其中，保险公司内部风险管理制度是指保险公司应当建立有效的风险管理、资本补充和约束机制，增强自身防范和化解风险的能力，这是偿付能力监管的基础和前提；偿付能力报告制度是指保险公司应当定期评估偿付能力，并向监管部门报送偿付能力信息，包括季度偿付能力报告和经审计的年度偿付能力报告等；财务分析和财务检查是指保险监管部门应根据保险公司报送的偿付能力报告，对公司财务和偿付能力情况进行分析和检查；适时监管干预是指保险监管部门对偿付能力不足或即将不足的公司根据具体情况采取包括提交整改计划、责令增资、禁止股东分红、限制资金运用渠道、停批分支机构、停止开展新业务、接管等各种监管措施；破产救济制度是对于采取监管措施后，偿付能力依然无法达标的公司，在破产、清算的情况下，通过保险保障基金，对保单持有人的损失进行救济，维护保险市场的稳定。

（二）“偿二代”监管框架及主要内容

2008 年全球金融危机爆发后，各国都在积极推动包括偿付能力监管在内的保险监管改革，而我国第一代偿付能力监管体系付诸实施之后，也逐渐暴露出各种不足，不能适应新时期保险监管的要求。2012 年 3 月，原保监会正式发布《中国第二代偿付能力监管制度体系建设规划》。经过 3 年努力，于 2015 年初发布了第二代偿付能力监管制度（简称“偿二代”）17 项主干技术标准。经过一年的双轨并行试运行后，“偿二代”于 2016 年正式实施，我国偿付能力监管进入新的历史时期。

1.“偿二代”框架

“偿二代”的整体框架由制度特征、监管要素和监管基础三大部分组成。其中，制度特征包括统一监管、新兴市场、风险导向兼顾价值三大特征；监管要素包括国际金融审慎监管普遍认可的三支柱框架：第一支柱“定量监管要求”、第二支柱“定性监管要求”和第三支柱“市场约束机制”；监管基础是指公司内部偿付能力管理。三大部分密切联系，相互依托，共同构成一个有机整体。

2.“偿二代”三支柱具体内容

第一支柱是定量资本要求，主要目的在于防范能够量化的风险，通过科学地识别和量化各类风险，要求保险公司具备与其风险相适应的资本。第一支柱主要包括五部分内容：量化资本要求、实际资本评估标准、资本分级、动态偿付能力测试和第一支柱监管措施。

第二支柱是定性监管要求，是在第一支柱的基础上，进一步防范难以量化的风险。主要包括四部分内容：风险综合评级、保险公司风险管理要求与评估、监督检查和分析以及第二支柱监管措施。

第三支柱是市场约束机制，是引导、促进和发挥市场相关利益人的力量，通过对外信息披露等手段，借助市场的约束力，加强对保险公司偿付能力的监管。

“偿二代”三支柱的具体内容见图 9－1。

第一支柱:定量监管要求	第二支柱:定性监管要求	第三支柱:市场约束机制
▲▲ 防范可量化的风险 • 保险风险 • 信用风险 • 市场风险 ▲▲ 监管规则 • 量化资本要求 • 实际资本要求 • 资本分级 • 压力测试 • 监管措施 ▲▲ 监管评价 • 综合偿付能力充足率 • 核心偿付能力充足率	▲▲ 防范难以量化的风险 • 操作风险 • 战略风险 • 声誉风险 • 流动性风险 ▲▲ 监管规则 • 风险综合评级 • 风险管理要求与评估 • 流动性风险 • 检查与分析 • 监管措施 ▲▲ 监管评价 • 风险综合评级 • 控制风险得分	▲▲ 防范难以监管的风险 ▲▲ 监管规则 • 公司信息披露 • 监管信息披露 • 信用评级 ▲▲ 市场评价

图 9－1 “偿二代”三支柱框架体系

与“偿一代”的规模导向不同，“偿二代”以风险为导向，突出体现在以下方面：一是风险覆盖更加全面。“偿二代”采用的三支柱框架，比较完整地覆盖了保险公司面临的风险，构建了一套全面的风险识别、计量和防范体系。二是风险计量更加科学。对于可量化风险，“偿二代”采用先进的随机方法对其进行度量；对于难以量化的风险，“偿二代”通过风险综合评级（分类监管），建立了保险监管相关部门相互协作、分类评价的机制，确保评估更加全面科学。三是风险反应更加敏感。“偿二代”能及时反映保险公司经营行为、业务结构和投资结构等调整所带来的风险变化。对于公司非理性竞争、高风险投资等行为，将导致其资本要求提高，引导和促使公司经营更加理性，行业竞争更加有序。四是风险管理得到强化。“偿二代”将保险公司风险管理能力与资本要求相挂钩，风险管理水平高的公司，资本要求就下降；反之，资本要求就提高。而且，“偿二代”将偿付能力监管指标由“偿一代”下单一的偿付能力充足率，扩展为核心偿付能力充足率、综合偿付能力充足率和风险综合评级三个有机联系的指标体系，保险公司风险管理能力将直接影响这三个指标，引导和促使公司持续提升风险管理水平。

【阅读材料 9-3】我国偿付能力监管体系的建设成果与展望①

改革开放以来，我国保险行业取得了举世瞩目的成就，成为我国经济发展的重要组成部分。首先是保费收入从1980年的约4.6亿元增长到2018年的3.8万亿元，增加了8 364倍；保险资产从1980年的14.5亿元增加到2018年的18.33万亿元，增长了12 641倍；从事保险业务的保险公司已增加到230余家，成为全球第二大保险市场。我国保险业在曲折中砥砺前行，正在从保险大国走向保险强国。一系列成就的取得，也有赖于我国保险监管体系的发展和进步。建立与保险市场发展相匹配的偿付能力监管制度，是现代保险监管的重要内容。我国偿付能力监管制度建设，不但在引导行业发展、提升行业风险管理能力、防范和化解风险等方面发挥着愈加重要的作用，而且对国际偿付能力监管也产生了重要影响。

1. 我国偿付能力监管制度建设的历程

回顾我国偿付能力监管制度几十年的建设历程，可以分为“偿一代”和“偿二代”两个阶段。1978年，我国保险业在历经国内业务20年的停业后，开始逐步恢复。20世纪90年代中期，在《保险法》中引入偿付能力监管的概念和基本要求时，我国保险市场规模小、基础差、底子薄，还处于计划经济向市场经济转轨的过程中，国有保险机构事实上还处于软预算约束的阶段，虽然有十分简单的偿付能力监管指标，但并不能发挥实质性的约束作用。2003年，原保监会发布《保险公司最低偿付能力及监管指标管理规定》，我国偿付能力监管迈出实质性步伐，进入“偿一代”时期。

2008年全球金融危机爆发之后，各国政府都在推动保险监管改革，我国保险监管也进行了一系列改革。2012年3月，原保监会正式发布了《中国第二代偿付能力监管制度体系建设规划》，布局偿付能力监管的改革。3年后，第二代偿付能力监管制度（简称“偿二代”）17项主干技术标准颁布，我国保险监管进入到“偿二代”阶段。“偿二代”采取了国际金融审慎监管普遍认可的三支柱框架，即第一支柱“定量监管要求”、第二支柱“定性监管要求”、第三支柱“市场约束机制”，但是三支柱的内容、逻辑，以及监管工具、监管标准，则完全是立足国情，为解决中国实际问题而自主研发的。

① 资料来源：笔者整理。

“偿二代”建成实施四年多来运行良好，已经成为新兴市场偿付能力监管的代表性模式，得到了国际上的高度关注和普遍认可，在推动国际保险监管规则改革、促进国际监管合作等方面发挥着越来越大的作用。“偿二代”迅速得到国际广泛认可，成为具有代表性和国际影响力的保险监管模式。“偿二代”一经推出，就得到了正面的评价。国际保险监督官协会（IAIS）等国际组织和一些境外保险监管机构主动学习和了解“偿二代”，并普遍认为，“偿二代”的监管理念、整体框架和技术方法符合新兴市场实际，体现了国际保险监管改革创新的方向，处于国际前沿，是国际保险监管体系中不可或缺的重要组成部分。

2.“偿二代”建设取得的成就

“偿二代”为国际保险监管规则贡献了中国智慧和中国方案。长期以来，新兴市场在国际金融监管规则制定过程中的话语权和影响力非常有限。“偿二代”凝聚了我国保险监管者多年来对建立既以风险为基础又符合中国实际的偿付能力监管体系的不懈追求和经验智慧，积累了丰富的新兴保险市场测试和实施数据，成为中国影响国际监管规则制定的重要支撑。

一是推动建立偿付能力监管等效评估机制。在国际上提倡不同偿付能力监管体系之间的存异求同，本着开放性、互利性和适用性原则，寻求不同监管体系之间的等效评估，推动构建监管互信，避免监管资源浪费，便利跨境投资和交易。例如，2017 年 5 月，原保监会与原香港保险业监理处签署关于开展偿付能力监管制度等效评估工作的框架协议。2018 年 6 月，银保监会印发《保险公司偿付能力监管规则——问题解答第 1 号：偿付能力监管等效框架协议过渡期内的香港地区再保险交易对手违约风险因子》，允许符合条件的香港再保险机构在等效过渡期内适用与监管等效资格相应的信用风险因子，在增进两地保险监管互信、提升监管效能和市场效率，推动两地再保市场共同发展繁荣上做出了有益探索。

二是推动新兴市场监管交流。自 2016 年开始，原保监会及银保监会每年都举办亚洲偿付能力监管与合作研修班（Workshop on Asian Solvency Regulation and Cooperation，WASRC），推动新兴市场国家和地区的监管交流与合作。目前已有来自 20 个国家和地区的 61 位保险监管机构官员来华，围绕中国的“偿二代”体系和偿付能力监管国际合作进行了深入研修。WASRC 已成为亚洲及“一带一路”沿线新兴市场国家和地区保险监管合作交流的重要平台，进一步提升了“偿二代”的国际影响力和辐射力，为共同防范地区性保险风险打下了良好的基础。

三是促进区域保险服务便利化。2016 年 9 月，原保监会与亚非保险再保险联合体（Federation of Afro-Asian Insurers and Reinsurers，FAIR）签署监管谅解备忘录，建立对 FAIR 的偿付能力监管等效评估机制。FAIR 属下各共保体和辛迪加应根据“偿二代”向银保监会报送等效偿付能力充足率及相关风险管理报告。实践证明，可以通过偿付能力监管等效机制为跨境保险交易提供巨大便利，有力地促进国际统一保险市场的形成。

本章小结

保险市场是保险商品交换关系的总和或是保险商品供给与需求关系的总和。随着我国经济的快速发展，我国保险市场也取得了较大的进步。保险市场的经营主体也随着市场的发展而逐步壮大，近十几年来我国主要保险产品的供给方——保险人和为促成保险交易行为的保险中介——保险代理人、保险经纪人和保险公估人等都有了较大的发展。为保持保险市场规范、有序地运行，促进保险主体健康地发展，势必需要对保险业进行有效监管。我国保险监管经过几十年的发展奠定了以偿付能力、公司治理和市场行为监管为“三支柱”的现代监管框架。

重要概念

◆ 保险市场：保险商品交换关系的总和或是保险商品供给与需求关系的总和。它既可以是固定的交易场所，如保险交易所，也可以是实现保险商品让渡的交换关系的总和。

◆ 保险深度：某地保费收入占该地国内生产总值（GDP）的比例，反映了该地保险业在整个国民经济中的地位。

◆ 保险密度：按一个国家或地区的人口计算的人均保险费。它反映了该地区保险业务的发展程度，也反映了该地区经济发展的状况与人们保险意识的强弱。

◆ 保险市场主体：保险市场交易活动的参与者，包括保险市场的供给方、需求方以及充当双方媒介的中介方。

◆ 保险供给方：提供各类保险商品和服务，承担、分散和转移他人风险的各类保险人。

◆ 保险中介：接受保险公司或投保人（被保险人）的委托，提供展业、风险管理、理赔等专业性服务，并收取佣金、手续费或咨询费的自然人或法人机构。

◆ 保险需求方：在一定时间、一定地点等条件下，为寻求风险保障而对保险商品具有购买意愿和购买力的消费者的集合。

◆ 原保险市场：也称直接业务市场，是保险人与投保人之间通过订立保险合同而直接建立保险关系的市场。

◆ 再保险市场：也称分保市场，是原保险人将已经承保的直接业务通过再保险合同转分给再保险人的方式形成保险关系的市场。

◆ 完全竞争型保险市场：一个保险市场上有数量众多的保险公司，任何公司都可以自由进出市场，每一家保险公司都能够提供同质无差异的产品，所有保险公司都是价格的接受者。

◆ 完全垄断型保险市场：保险市场完全由一家保险公司所操纵，市场价格由该公司制定，其他保险公司无法进入的保险市场。

◆ 寡头垄断型保险市场：保险市场上只存在少数相互竞争的保险公司，每一家保险公司的规模都比较大，市场集中度比较高，其他保险公司进入比较困难的保险市场。

◆ 垄断竞争型保险市场：大小保险公司并存，少数大公司在保险市场上取得垄断地位，各公司提供有差别的同种产品，市场集中度并不高，进入壁垒较低的保险市场。

◆ 保险人：与投保人订立保险合同，并在保险事故发生或约定的保险期间届满时，承担赔偿或者给付保险金责任的一方当事人。

◆ 保险代理人：根据保险人的委托，向保险人收取佣金，并在保险人授权的范围内代办保险业务的机构或个人。

◆ 保险经纪人：基于投保人的利益，为投保人与保险人订立保险合同提供中介服务，并依法收取佣金的机构。

◆ 保险公估人：接受保险当事人委托，专门从事保险标的的评估、勘查、鉴定、估损、赔偿和理算等业务的单位。

◆ 保险监管：在既定的约束条件下，为达到某种预期目标，而做出的监管法规、监管组织机构、监管内容、监管方式等方面的保险制度安排。

◆ 偿付能力：保险公司偿还债务的能力。狭义地讲，是保险公司对承担的经济责任在发生保险事故时履行赔偿或给付的能力。

思 考 题

1. 通常用哪些指标衡量保险市场的发达程度？
2. 保险市场的主体有哪些？
3. 保险市场的客体有什么特征？
4. 保险市场的特征有哪些？
5. 按照不同的标准，保险市场是如何分类的？
6. 什么是保险人？保险人有哪些组织形式？
7. 合作保险组织有哪些形式？这些形式最主要的区别是什么？
8. 保险代理人可以分几种类型？
9. 保险监管的内涵是什么？
10. 简述保险监管的三种方式。
11. 简述中国保险监管的组织形式的变化。
12. 简述中国保险监管的主要内容。
13. 简述“偿二代”的监管框架。
14. 简述“偿二代”体系中三支柱的主要内容。
15. 简述市场行为监管的主要内容。

第十章　风险演变与保险创新

近年来，国内外复杂的经济环境增加了市场整体的不确定性，也给全球保险业的发展带来相应的风险和挑战。各个国家的风险水平均有所上升，面临的风险种类发生诸多变化，由此带来的挑战也呈现出新的特征。在这一背景下，创新的风险管理技术应运而生，而了解风险演变的规律和趋势是掌握和运用风险管理技术并进行保险创新的前提。

第一节　风 险 演 变

一、风险演变的规律及趋势

随着人类社会不断地进步和发展，人类面临的风险水平和种类也发生了新变化。因此，需要我们进一步研究风险演变的规律，预测其未来发展的趋势，以更好地应对不断出现的新风险。

（一）新的风险种类不断增加

20世纪以来，许多领域都出现了新的风险种类，风险的内涵和外延也在不断地扩大。尤其随着各类创新技术在保险业的深度应用，与之相对应的技术风险也传导进入保险领域，并与保险行业特征融合，引发全新的风险隐患。例如，在云计算和大数据的技术环境下，原有的客户信息安全问题会更加突出，一旦发生信息泄露，造成的影响将更加广泛，产生的后果会更难消除；在未来无人驾驶技术普及的环境下，设备劫持和远程控制风险也给相关的保险业务带来了不小的挑战；受大国博弈和地区间冲突加剧的影响，地缘政治风险总体上呈现上升趋势；由于经济政策、贸易政策的不确定性，新的行业风险以及行业内部风险也逐渐显现。这些都需要保险业更积极地研究风险发展规律，提升风险应对能力。

（二）风险的影响范围日益扩大

与以前相比较，新风险带来的影响是全球性的，超越了地理边界、社会文化边界和时间边界的限制，不同国家、不同民族、不同年代的人们均可能受到同一风险的影响。有些风险所造成的后果具有延迟性，除了会对当代人类产生危害外，甚至会威胁到下一代，例如，切尔诺贝利核电站爆炸事件发生至今已经二十多年，不仅核电站附近的区域仍不适宜居住，有很多受到核辐射污染的人仍饱受病痛折磨。

（三）风险事故的损失日渐严重

由于人类的掠夺性开发，自然资源加速耗竭，环境破坏程度加重，巨灾事件时有发生。人口、财产在灾害频发区的密集化趋势的增强、标的价值的提高则大大增加了损失的严重性。进入 21 世纪以来，全球灾害的数量正在迅速增加，在过去 20 年当中，因洪水、地震、海啸、热浪、干旱等自然灾害带来的全球经济损失超过 2.9 万亿美元。以 2018 年为例，根据我国应急管理部、国家减灾委办公室发布的《2018 年全国自然灾害基本情况》显示，常见的洪涝、台风、干旱、风雹、地震、地质、低温冷冻、雪灾、森林火灾等自然灾害在我国时有发生，各种自然灾害共造成全国 1.3 亿人受灾，近 150 万间房屋受损或倒塌，农作物受灾面积 20 814.3 千公顷，造成直接经济损失达 2 644.6 亿元人民币。这些风险事故的发生影响着人民生活的方方面面，造成的经济损失也越发巨大，影响越发深远。

二、当代风险的新特征

随着社会的发展和科技的进步，风险也在不断变化和发展，当代风险的特征主要表现在以下几个方面：

（一）风险之间的关联度不断提高，从个别风险转变为系统风险

在前金融危机时期，金融风险的表现形式主要是单一金融机构的个别风险。如 1995 年，巴林银行由于对账户交易与结算审查方面的漏洞，在金融衍生产品交易中遭受了巨大的损失，并直接导致了巴林银行的破产。但巴林银行的破产所造成的损失仍可控制在有限的范围之内。因为以前个别风险还没有表现出很强的扩散性，个别机构之间的防火墙机制还没有被突破，个体的风险还未对全球金融体系的稳定带来重大影响。

近年来，由于金融全球化的快速发展，全球金融市场的关联度日益紧密，各金融机构之间股权、业务、人员的交叉日益频繁，衍生产品市场迅猛发展，使得金融机构之间的防火墙机制逐步弱化，金融风险从单一机构逐步渗透到整个金融体系之中。在金融衍生品市场，交易商们互为交易对手，导致风险表现出很强的“多米诺效应”，金融风险的“可传染性”不断提高。在此背景下，金融机构单纯逐利的个体理性逐渐演变成为金融市场的集体非理性，金融体系的风险也从个体风险转变为系统风险。

（二）风险的隐蔽性不断加强，从显性风险转变为隐性风险

在金融自由化以前，金融机构的业务结构相对单一，金融市场的关联度还不高，对风险的识别也较为容易。随着近年来金融市场特别是衍生品市场的发展，金融交易结构更加复杂，业务规模更加庞大。庞大的市场逐渐变成了金融风险的黑箱，充斥着各种复杂的交易，利益相关者通过将风险资产转移到表外的方式，将风险隐藏起来。无论是作为“外部人”的消费者和监管者，或是作为“内部人”的市场交易者，均难以真正发现各种复杂交易中所隐藏的风险，传统的显性风险逐步转变为隐性风险，直到风险爆发的时候才突然揭开面纱，对金融体系具有更大的破坏力。

（三）风险的复杂性不断增强，从行为性风险转变为文化性风险

传统的风险通常具备行为触发的特点，往往是由于个别机构、个别人员的行为错误引发，监管机构和金融机构本身可以采取纠偏式的矫正方案，对错误行为进行矫正。然而，由于受到金融自由化浪潮的影响，欧美等金融市场曾一度出现了去监管化的趋势，金融机构的不审慎行为逐渐增加，金融风险也更多地体现出文化性的特点。

与传统的行为风险相比，文化性风险则呈现出一种弥散式的特点，是一种“人人皆

如此，所以如此便合理”的群体性心理和选择，具有很强的隐蔽性和传染性，是一种深层次的风险隐患，难以依靠点对点式的矫正方法来化解。在雷曼兄弟[1]破产前，华尔街普遍存在提高杠杆、超额激励、漠视风险、忽视客户利益的风险文化，并导致风险犹如下坡的雪球，越滚越大，最终造成了巨大的损失。

【阅读材料 10-1】网络攻击成为新进风险[2]

2018 年 1 月 17 日，世界经济论坛（WEF）发布《2018 年全球风险报告》称，2018 年全球风险进一步加剧，与往年相比，人们对安全问题的担忧有所增加，网络攻击首次被纳入全球前五大安全风险之列，成为 2018 年仅次于自然灾害与极端天气事件之外的第三大风险因素。可能性最高的十大风险分别是：极端天气事件、自然灾害、网络攻击、数据诈骗或数据盗窃、气候变化减缓与应对措施失败、大规模非自愿移民、人为环境灾害、恐怖袭击、非法贸易、主要经济体资产泡沫。

在过去 5 年内，发生在商业领域的网络入侵事件数量翻倍，2012 年到 2017 年受调查的公司中，受网络攻击的平均次数从 68 次上升到 130 次。仅 2016 年就有 3.57 亿个新型恶意软件和木马程序出现在网络上，目的是盗取账号信息，共有 40 亿条数据信息显示公司网络遭到恶意入侵，该数字是 2014 年与 2015 年的总和。来自 NETSCOUT ARBOR 公司的凯利尔·卡斯瓦琴科指出，“网络攻击被列为全球第三大风险，向全球企业及政府发出了强烈警告。技术的进步伴随着相关风险，考虑到基础设施与业务快速转向数字化领域，缓解网络威胁的重要性已经达到史无前例的高度。网络犯罪通常能够获得丰厚的利润，因此，黑客将继续组织勒索活动并破坏关键性行业。全球需要以协作以及情报共享作为核心来应对网络犯罪。”经分析，网络风险的特征总结如下：

第一，物联网安全将呈爆发式增长。随着物联网市场的快速增长，全球正处于受攻击目标呈指数级增长的危机边缘。报告预计，新的物联网设备将迎来爆炸式增长，2017 年物联网设备有 84 亿台，到 2020 年将增长到 204 亿台。

第二，分布式拒绝服务攻击（DDOS）越发频繁。DDOS 攻击已经极为普遍并成为当下的主要威胁之一，2017 年 DDOS 攻击目标遭遇的平均入侵活动量高达 32 次/季度。

第三，网络犯罪、勒索攻击持续增加。2017 年多次爆发勒索软件攻击事件，例如，勒索病毒 WannaCry 感染了全球 150 个国家的 30 万台计算机；NotPatya 病毒同样席卷欧洲，导致多国的银行、电力、电信公司等机构运转异常，全球基础设施因此受到影响。这些攻击引发了广泛共识，即网络攻击所引发的危害远不止经济损失这一项。

第四，基础设施风险日益增多。Mimecast 公司产品营销总监丹·斯劳什伯格指出，“分析基础设施中的薄弱环节、采取新的安全文化、防止问题升级至危机化程度的解决方案适用于从政府到企业再到各类社区的一切受众。开发并投资与网络弹性相关的战略对

① 雷曼兄弟公司是为全球公司、机构、政府和投资者的金融需求提供服务的一家全方位、多元化投资银行。它成立于 1850 年，在 2008 年次贷危机加剧的形势下，雷曼兄弟公司宣布破产。

② 资料来源：笔者整理。

于构建强大的保护体系而言至关重要，再加上可靠的数据归档与恢复策略，即可确保我们能够在发生违规事件时仍可不间断地访问并使用电子邮件等重要系统。”

虽然绝大多数针对关键和战略系统的网络攻击并未成功，但数量众多的网络攻击尝试也昭示着全球面临网络攻击的风险仍在上升。由于当前世界的关联性逐渐复杂，网络攻击不仅造成孤立和突发的影响，也将带来更加剧烈而且不可逆的系统性冲击。该报告认为，大规模网络攻击在发生概率排名中位列第三，网络依赖性成为影响未来十年全球风险格局的第二大重要因素。因此，面对网络攻击，广大用户应当提高用户安全意识，丹·斯劳什伯格建议称，“WEF 全球风险报告强调了勒索软件与网络钓鱼邮件作为主要网络犯罪手段所带来的严重后果，各类组织与社区需要投入较以往更高的关注度，支持并推动网络安全培训……网络威胁可能产生与环境灾难相同的经济影响。成功的网络攻击可能导致维持我们社会正常运转的核心系统陷入瘫痪。”

第二节 风险管理技术的发展

一、非传统风险转移工具

非传统风险转移工具（Alternative Risk Transfer，ART）是一种不同于传统保险的可选择的风险转移机制集合，是风险转移方式的一种创新。这一概念首先出现于美国，最初指的是像自保公司和风险自留集团这样的更易于为公司自身风险提供保障的机制。随着全球化和放松管制，金融创新趋势的不断增强，新风险的不断出现以及对股东利益的日益关注，非传统风险转移工具的内涵在不断变化，其产品也在不断增加。现在，一般认为非传统风险转移工具是个集合的概念，包括非传统的风险转移载体（Alternative Carrier）和非传统的风险转移产品（Alternative Products）。前者包括自保公司、保险集团、风险自留集团以及资本市场等，后者则包括有限风险再保险、多年度/多险种保险产品、多触发型产品以及通过资本市场进行风险转移（如巨灾保险债券）等多种方式。

（一）非传统风险转移工具的特点

与传统保险方式相比，非传统风险转移工具具有以下特点：一是不同于传统保险大量同质风险的要求，非传统风险转移工具可以针对客户的特别需要“量身定做”；二是提供多年度、多险种的整体保障；三是在时间上和保单持有人的保单组合内分散风险，从而可以承保传统保险无法承保的风险；四是可以将风险承担者扩展至整个资本市场，不完全由保险人或再保险人承担风险，从而提高了承保人的承保能力和效率；五是重点在于风险融资而不是风险转移，通过非传统的风险融资，可以改善保险人和被保险人的财务稳定性，降低财务风险，增加企业价值。

（二）非传统风险转移工具的优势

与传统保险方式相比，非传统风险转移工具具有以下优势：

1. 非传统风险转移工具提供了适合企业需求的综合性风险管理方案

与传统风险管理相比，现代企业的风险管理应该是全面的综合风险管理，特别是随着新型风险的层出不穷、复杂性的不断增加，企业对综合性风险管理的要求与日俱增。非传统风险转移工具则通过承保一些传统保险所不保的市场风险和新出现的风险，满足了企业综合性风险管理的需求，降低了风险成本。

2. 非传统风险转移工具产品具有明显的个性化特点，大大减少了逆选择

传统保险方式多通过标准化的合同进行承保，收取的保费是一种平均意义上的保费，这样，低风险投保人的风险特征并没有受到足够的重视，他们可能并不愿意对高风险提供补偿，转而采用自保（如自保公司）或其他风险融资方案（如有限风险保险产品）。非传统风险转移工具产品立足于满足投保人的具体需要，不存在不同被保险人之间相互补偿的问题，大大减少了逆选择。

3. 非传统风险转移工具在立足减少道德风险的同时，扩大了可保风险的范围

道德风险是传统保险发展的一大障碍，为了减轻道德风险，非传统风险转移工具有两种解决方式：一是在风险转移方案中加入了自我保险的因素，即通过增加风险融资的比重，减少风险转移，使更多的风险与投保人自身的风险控制行为相关联；二是通过定义与被保险人行为无关的触发因素，如多触发型产品来解决。这种机制使得风险转移方案中增加了金融和商业风险。非传统风险转移工具对新出现的一些风险的承保为传统保险人提供了一定的经验，传统保险人的跟进进一步扩充了可保风险的范围。

4. 非传统风险转移工具产品能有效扩充承保能力

限于自身的承保能力，传统保险对很多风险难以承保（如巨灾风险），商业风险和金融风险的发生也会直接威胁到商业保险公司的资本实力。然而，证券化的方式却可以直接通过资本市场来扩充传统商业保险的承保能力，非传统风险转移工具产品则将重点由风险转移转到了风险融资，增加了可供选择的风险管理方案。

5. 非传统风险转移工具产品能减少信用风险

传统保险的保单持有人面临着保险人的信用风险，20 世纪 90 年代早期保险人偿付能力不足问题的凸现以及近期保险市场信用评级的降低使我们有充足的理由对保险人的信用风险提出疑问。然而非传统风险转移工具以风险融资为主的特点及其与资本市场的结合有效地解决了这一问题。

6. 非传统风险转移工具能部分地规避传统保险周期波动的影响

传统商业保险市场有明显的周期波动特征，高费率、有限的保险保障与低费率、较易获得的保险保障交替出现。从被保险人的角度来看，这有悖于其用可预期的、稳定的保费支付来换取对各种风险不确定性的保障的初衷。非传统风险转移工具产品则可以通过自保、多年期产品、用风险融资代替风险转移或使用资本市场作为风险载体等方式来规避这种承保周期的波动。

（三）非传统风险转移工具的种类

非传统风险转移工具主要包括以下类型：

1. 自保公司（Captive Insurance Company）

自保公司被认为是非传统风险转移工具的最初形式。它是指本身并不从事保险经营活动的一家公司或集团单独或与其他企业合资建立的风险融资机构，主要为其母公司及子公司提供保险保障。企业建立自保公司可以节省保费开支，降低保险成本，为某些无

法投保的风险提供风险融资，企业可以直接从再保险公司购买超额保险保障，将自保视为保险，还可以在所得税方面享受到优惠政策，并且不会像传统保险那样产生道德风险问题。但是其规模较小，承担风险的能力弱，对再保险依赖较大。自 20 世纪 70 年代以来，自保公司得到了迅速发展，如今，已成为国际保险市场上的新兴力量。

2. 有限风险型产品（Finite Risk，FR）

有限风险型产品又称确定性风险产品，是建立在一定时间内对单一风险进行分散基础之上的非传统风险转移工具产品，保险期限都在若干年以上。其重点在于风险融资，而不是风险的转移。保险人只承担投保人有限度的风险转移，除可保风险外，还包含了传统意义上的不可保风险，例如利率风险、汇率风险以及信用风险等。目前的有限风险型产品主要是为再保险业务设计的，为保险公司的融资再保险服务。

3. 综合多险种/多年期保险产品（Integrated Multi－line/multi－year Products，MMP）

综合多险种/多年期保险产品出现于 20 世纪 70 年代，是对多种相关或无关损失原因提供保险，将不同险种的保险产品捆绑在一起，再在多年度的基础上分散风险，又叫多种损失原因产品。综合多险种/多年期保险产品是以“整合”而不是“分离”的方式来实现大量风险的转移，它将保险市场和资本市场的风险整合在一起，通过将具有重大影响的大额损失风险转移出去，公司可以从整体上降低交易成本，提高风险管理的效率。目前的综合多险种/多年期保险产品可以同时涵盖利率风险、汇率风险、商品价格风险和保险风险等，还可以包括政治风险和商业风险等。既可以以保险产品的形式出现，也可以以衍生品的形式出现。

4. 多触发产品（Multi－trigger Products，MTP）

多触发产品是指投保人在遭受了某种特定风险损失后，只有当作为触发事件的其他风险损失也发生了，才能获得赔付。一般来说，需要在保险合同中设立两个触发器（即给付条件），其中一个是保险风险触发条件，另一个是非保险风险触发条件，投保人可以自行选定，比较灵活。只有当所有的触发事件都发生时，保险人才会进行赔付。多触发产品的特点在于可以提供对灾难性情景的保护，避免投保人同时遭到多个不利事件的打击。它的费率相应也比较低，比较容易推广。

5. 应急资本（Contingent Capital）

应急资本又称或有资本或承诺资本，是指一家企业在特定损失事件发生后可以根据事先合同规定的承诺从保险公司筹措到资本的权利。应急资本在一定程度上增强了保险公司的偿付能力，降低了保险公司的资金成本，分摊了保险公司资本的风险，是保险公司风险管理的有效方式之一。

6. 保险风险证券化（Securitization of Insurance Risk）

保险风险证券化起源于 20 世纪 90 年代，是指通过建立保险支持证券，使资本市场的资金更好地进入保险市场，从而更好地帮助保险公司或再保险公司转移保险风险，特别是和巨灾联系在一起的风险。巨灾风险证券化是通过创造和签发金融证券将保险人承保的巨灾风险转移给资本市场。巨灾风险证券化过程包括两个要素：一是将可保巨灾风险转化成可交易的金融证券。二是出售这些证券，将巨灾风险转移给资本市场。

7. 保险衍生产品（Insurance Derivatives）

保险衍生产品主要是指保险期货与期权，企业可以利用在这些衍生产品上的盈利来抵补其业务经营中的损失。保险衍生产品可以是某种与保险有关的指数，如某种保险的总损失、总赔付率等，也可以是自然现象，如天气的变化、地震的频率等。目前，保险期货与期权不仅实现了在交易所（如美国芝加哥商品交易所）的标准化合同交易，而且也可以在买卖双方之间进行直接的非标准化的交易，参与者以保险企业为主。

二、全面风险管理

（一）全面风险管理的概念和特点

全面风险管理是指企业围绕总体经营目标，通过企业管理的各个环节和经营过程中执行风险管理的基本流程，培养良好的风险管理文化，建立健全全面风险管理体系，包括风险管理策略、风险管理措施、风险管理的组织职能体系、风险管理信息系统和内部控制系统，从而为实现风险管理的总体目标提供合理保证的过程和方法。简单来说，全面风险管理就是以价值最大化为目标，对公司所有风险进行识别、评估、处理、管控及监督的方法和过程。

全面风险管理具有以下几个特点：第一，创新性。它可以促进风险、资本、价值的平衡，为企业决策提供参考依据，有助于企业创造价值。第二，全方位。全面风险管理的内容不仅包括狭义的风险，还包括广义的风险，不仅包括现有的纯粹风险，还包括收益的不确定性，侧重于损失与获利的组合。第三，全过程。全面风险管理融入企业经营管理的各个环节，是对企业各种风险的整合管理。第四，综合性。全面风险管理要求企业每个员工均对企业风险管理政策、理念形成统一的认识，通过综合性的管理方法实现定量分析与定性分析的结合。第五，系统性。全面风险管理必须拥有一套系统的、规范的方法，建立健全全面风险管理体系。

（二）全面风险管理的目标

全面风险管理的目标如下：第一，战略目标，应该与企业的战略目标相一致，通过对总体风险的整合管理，实现风险间的相互抵消，分散风险，降低成本，提高经营效率；第二，经营目标，通过对风险进行评估，把风险控制在一个可以接受的限度内，在风险发生概率较高的情况下降低不利结果出现的概率，在不利结果较为严重的情况下降低其影响；第三，报告目标，即要求报告具有可靠性和真实性；第四，合规目标，即必须符合当下的法律法规。

（三）全面风险管理的方法

全面风险管理包括风险的计量、监测、报告、控制或缓释、风险加总等各类方法。公司应该采取定性和定量相结合的风险管理方法建立风险数据库、风险偏好体系、集中度风险管理体系及预警机制，运用情景风险、压力测试、风险限额等工具和方法，搭建动态、分行业、分风险类型的风险检测模型。

（四）全面风险管理的流程

全面风险管理主要包括风险识别、风险评估、风险处置、风险监控等步骤。具体如下：

1. 风险识别

风险识别是指通过对管理过程中各个环节的基本业务流程进行整合和梳理，识别出其中潜在的风险，以及风险发生的概率。风险识别分为自上而下的风险识别和自下而上的风险识别两种方式，公司应该根据自身情况及发展方向，结合监管要求确定业务形态，识别企业所面临的风险。

2. 风险评估

风险评估是评估风险事件对企业目标影响的程度。一般用两个标准来进行风险评估，即风险的性质和影响程度。通过风险评估确定风险的性质，判断属于高风险还是低风险，并将风险进行分类排序，对于难以量化的风险，如操作风险、战略风险等要结合风险偏好进行风险评估，对于可量化的风险要进行风险计量和评估，确定风险发生的概率，以及可能在未来造成的损失及严重程度。

3. 风险处置

通过风险识别和评估后，接下来所要做的是处置风险。风险处置包括风险控制和风险利用，其中，风险控制是对经过识别和计量的风险进行分散、对冲和转移，分析方法主要有情景分析、经济资本金分析和风险指标分析三种方法；风险利用主要是为了确保公司具有最高的风险调整效率，优化风险收益结构。

4. 风险监控

风险监控是全面风险管理的最后一个步骤，公司需要设置专门的组织机构和管理人员定期对整个风险管理流程进行动态监控，并形成风险报告反馈给有关部门。

（五）与传统风险管理比较

与传统风险管理相比，全面风险管理具有全局性、整合性和资源共享性优势，更适合现代的风险规避与管理。两者的区别如表 10-1 所示。

表 10-1　　全面风险管理与传统风险管理的区别

	传统风险管理	全面风险管理
主导部门	主要是财务会计主管和内部审计等部门负责；就单个风险个体实施风险管理，主要是可保风险和财务风险	在高层的参与下，每个成员都承担与自己行为相关的风险管理责任；从总体上集中考虑和管理风险，包括纯粹风险和投机风险
持续性	只有管理层认为必要时才进行	是企业系统的、有重点的、持续的行为
态度	被动地将风险管理作为成本中心	主动积极地将风险管理作为价值中心
目标	与企业战略联系不紧，目的是转移或避免风险	紧密联系企业战略，目的是寻求风险优化措施
方法	事后反应式的风险管理方法，即先检查和预防经营风险，然后采取应对措施	事前风险防范，事中风险预警和及时处理，事后风险报告、评估、备案及采取其他相应措施
关注点	专注于纯粹和灾害性风险	焦点在所有利益相关者的共同利益最大化上

三、金融风险管理新工具

随着我国金融市场的快速发展，其所面临的外部环境日趋复杂，随之而来的风险也在不断增加。金融科技的推广、衍生品工具的不断创新、衍生品定价与风险管理的日益成熟、衍生品市场运行规律和监管的不断完善等，使原本一些难以控制的金融风险得到了有效控制，促进了金融市场的平稳健康运行。

一般的风险管理工具主要包括风险规避、风险自留、风险转移、风险分散、风险补偿、风险控制等。由于金融风险是投机风险的一种，因而金融风险管理需要采用金融衍生品这一特殊工具来对冲风险、套期保值，进而减少损失。金融衍生工具又称金融衍生产品，是在外汇、债券、股票等基础金融产品上派生出来的，具有杠杆交易、风险转移和信用交易特征的交易工具，拥有虚拟性、跨期性、融资性、杠杆性、联动性、不确定性或高风险性等特点。常见的金融衍生产品有远期合约、期货合约、互换合约、期权合约等。

（一）远期合约

远期合约是最早出现的一类金融衍生品，合约双方约定在未来某一确定日期、按确定的价格进行交易。它是一种非标准化的合约，没有固定的交易场所。比较常见的远期合约主要有远期利率协议、远期外汇合约和远期股票合约。

（二）期货合约

期货合约是指按照期货交易所统一制定的、以公开竞价的方式所进行的标准化合约。主要的期货合约有外汇期货、利率期货、股指期货等。

（三）期权合约

期权合约是指交易双方将一定金额的货款和特定选择权进行交易的合同，它赋予合约的购买人具有在规定的期限内按约定价格买入或卖出一定数量的某种金融资产的权利。主要的期权合约有利率期权、外汇期权以及股票指数期权等。

（四）互换合约

互换合约是指两个或两个以上的交易者按事先商定的条件，在约定的时间内交换一系列现金流的交易形式。按合约标的的不同，互换合约可分为利率互换、货币互换、商品互换等。

利用金融衍生工具进行风险管理，有助于市场经济体系的建立和完善。对于企业来说，不仅可以实现风险的转移、规避风险，还可以利用金融衍生工具的价格发现功能，组织安排生产经营，锁定生产成本，实现预期利润。但是由于金融衍生工具的不同特性，其在规避风险的同时，也存在一定的风险，如市场风险、操作风险、信用风险等，因此，企业需要建立健全的风险控制体系，加强内部管理力度，加强信息披露，鼓励创新，完善法律体系建设，以正确的方式更好地利用金融衍生工具为其自身的风险管理服务。

【阅读材料 10-2】我国“保险＋期货”试点现状[①]

自 2015 年我国首例“保险＋期货”的试点项目启动以来，这一创新举措受到了社会

① 资料来源：笔者整理。

各方的高度关注。2016—2019年，“保险＋期货”连续四年被写入中央一号文件。同时，证监会指导期货交易所稳步扩大“保险＋期货”的试点规模和覆盖范围，利用专业优势做好精准扶贫，取得了较好效果。

“保险＋期货”服务“三农”的基本模式是：保险公司基于期货市场上相应的农产品期货价格和所投保地区的产量数据，开发农产品收入险；农民或农业企业通过购买保险公司的农产品收入险，规避相应价格风险以及产量风险，确保收益；保险公司通过购买期货公司风险管理子公司的场外看跌期权产品，以及通过自身农作物产量再保险渠道进行再保险，以对冲农产品价格下降和农作物减产可能带来的风险；期货公司风险管理子公司在期货市场进行相应的复制看跌期权操作，进一步分散风险，最终形成风险分散、各方受益的闭环。据统计，2016年，“保险＋期货”试点共涉及包括黑、吉、辽、蒙、皖、湘、赣、新等在内的12个省区，涵括玉米、鸡蛋、棉花、大豆、白糖5个农产品品种，参与的保险公司有人保财险、中华财险、太平洋财险等7家保险公司。2017年，中央一号文件再次提议在全国范围内扩大试点项目。在文件的指导下，多方又加大了“保险＋期货”的改进与发展步伐。在大连商品交易所的领导下，20多家期货公司和几家保险公司，在辽、蒙、赣、皖、渝等7个省区（直辖市）开展了共30多个试点项目。项目总计涵括玉米数十万吨，大豆十多万吨。同年，郑州商品交易所在新疆、广东等地开展了20多个项目试点，数量较上年增长230%，试点项目总计涵括白糖近五万吨，棉花一万吨，为一万三千户农户带去了近六百万元的理赔赔款，支农惠农的效益进一步凸显。据统计，在利用商品期货价格发现和套期保值功能方面，加强跨行业合作，开展“保险＋期货”扶贫项目试点近三年来，大连、郑州、上海三家期货交易所提供主要资金支持，50家信托公司和12家保险公司通力合作，在23个省区市开展249个试点项目，品种涵盖大豆、玉米、鸡蛋、棉花、白糖、天然橡胶，已经发展成为促进贫困地区农业发展，农民增收和防灾减损的重要保障。越来越多的保险公司认识到“保险＋期货”跨界合作是一种思维的拓展，能够使多方的优势得以发挥，有助于其探索新的风险管理方式。截至2018年7月，中华联合保险集团股份有限公司开办的新疆棉花“保险＋期货”价格保险、中国太平洋财产保险股份有限公司开办的秦安苹果“保险＋期货”价格保险以及中国人民财产保险股份有限公司开办的北京鸡蛋“保险＋期货”价格保险等多个“保险＋期货”项目均已完成结项理赔工作。2018年上半年，上海期货交易所计划投入七千多万元专项资金，支持开展橡胶品种的试点项目，参与评审的单位众多，反响很好。2018年下半年，郑州商品交易所发布通知称，“保险＋期货”的试点工作将继续进行，并新增棉花、白糖和苹果等多个品种，对参与开展的试点品种，交易所将提供免手续费等形式的优惠支持。海南橡胶集团发布公告称，根据其与人保财险海南分公司和太保财险海南分公司签订的《海胶集团2018年橡胶收入保险项目保险协议书》，在2018年11月1日至30日期间因价格波动触发保险赔付条件，保险公司向其赔付的6 244.8万元已全部到账。同时，随着“保险＋期货”模式试点范围逐步扩大，多地的棉花、果树、玉米、大豆等种植户切身受益，提高了他们种植农作物的热情。与传统农业保险相比，“保险＋期货”的模式将风险更多转移到了期货市场，降低了保险公司的风险，也有助于降低保险费率，降低农户的保险成本。

当然，在项目探索创新的过程中也遇到了诸多问题与挑战。一是涉及范围有限。这种模式能否成功运行，依赖于被保产品在期货市场上是否有对应品种，但由于目前上市的期货品种还不够完善，很多产品并不能运用这个模式进行避险。再加上由于某些产品的产量和交易量较小又不耐储存等因素，约束了这个模式具体的使用范围。二是国内期权品种的缺失提升了交易成本。通过购买国外的期权品种来对冲期货价格的波动需要支付更多的手续费，与直接运用国内期权合约相比，加大了运行成本。这也是制约我国“保险+期货”精准扶贫模式进一步发展的主要原因。三是我国农产品期货市场发育不完善。期货市场的规范运行是“保险+期货”模式顺利开展的保障，如果要提升这一模式的运行效果，在价格权威的同时还需要交易更加高效，这样保险公司才更容易进一步健全保险体系。四是保险赔付周期的设定很难与期货交易周期完全吻合。这使得保险公司在进行理赔时有一定困难，时间差的计量也是要考虑的一个问题。此外，保险合约是对实际价格的连续性波动予以理赔，而期货合约却并不一定都是连续的，这使得在实际赔付过程中容易产生错配，进一步降低了这一体系的运行效率。五是保险与期货操作流程不同，进场时点难以掌控。在银保监会审批、保单出具以及捐赠和赔付的定性等环节，都涉及两套体系不同的理解和界定，在项目推进过程中对进场对冲时机、赔付率的认定等都会产生影响。提前行权的机构与人员也难以确定，为尽可能提高赔付比例，有的“保险+期货”项目采用了可提前行权的亚美式结构，但实际操作过程中难以确定最为合适的负责行权的机构或代表。

为进一步完善我国“保险+期货”模式，应从以下几个方面着手：

第一，积极培育农产品期货市场主体。与发达国家相比，我国只有少数投资者参与农产品期货市场。因此，应提高国有粮食企业、粮食进出口企业、加工企业等在期货市场的套期保值参与度，呼吁其积极加入期货市场。针对当下我国期货市场主要由小散户组成的实际情况，想方设法增加企业型参与者，降低市场过度单一的风险，保证期货市场的稳定性。

第二，完善保险合约设计。首先，保障水平可按生产规模采用阶梯式分级设置保费，降低种粮大户或是合作社的保费支出成本。其次，提升涉农保险的保障能力。这不仅仅局限于对农产品收成利益的保障，还应把范围扩大到该产品的原料支出上。

第三，优化保险的赔付周期。当前保险赔付主要关注的是农产品的生产周期，并没有与相应的期货合约的交易周期严格对应，如将两者结合起来约定保险的赔付期限，则可以使理赔难度大幅降低。

第四，降低保险公司运营成本。包括引入银行信贷资金支持，利用借贷公司的资金来减轻保险公司购买看跌期权的交易成本压力；政府部门增加资金补助，在相同的成本条件下，稳定保险公司的保险费用来源，增加期权产品种类；推行农险共同体，以共同体的方式集体购买期货公司的看跌期权产品，分散各自承担的风险，降低保险公司的运营成本。

第五，借鉴国外经验理念为我国“保险+期货”精准扶贫服务。包括构建合理的农作物价格体系，为保险合约的价格设计提供权威有力的数据支持，提高价格设计的科学性，使保险标的价格能够更好地与期现价格结合起来，建立健全政府财政补贴机制等。

第六，加强与政府部门及市场各方的沟通联系。包括加强与主管部门沟通，简化审批流程，把握进场时点；加强保险和期货行业的沟通交流，在产品设计备案、目标价格确定、进场对冲交易、到期了结赔付等多个环节构建有效对接机制，提高沟通效率，降低沟通成本；加大与地方政府、合作社、农户等参与主体的沟通，协助政府部门建立相关职能部门或指定机构，作为代表负责行权，最大限度保障农户的利益；多渠道引入补贴来源，建议中央财政承担“保险+期货”试点项目直接补贴比例 80%以上，系统形成中央财政承担大部分补贴比例的可持续稳定发展政策，以实现更好的赔付效果。

第三节　保 险 创 新

全球经济一体化的时代背景和激烈的市场竞争环境下，创新成为保险业成长的新潮流，并为行业注入了一股新动力。我国保险业的发展是保险理论创新与发展的实践史，正是通过从实践到理论、从理论到实践、再从实践到理论的循环往复，不断开拓创新的。下面从保险理论、保险营销、保险技术和保险监管四个突出方面归纳总结我国保险业的创新成果。

一、保险理论创新

保险理论是对保险实践的概括和总结，保险理论创新的目的是在把握保险理论概况及其发展规律的同时，总结出保险业发展的经验和方向，全面深化供给侧改革，提升产品质量，开发市场需求，用科学的理论指导实践的发展，以此来规避系统风险，提高保险公司的竞争力，对实现保险业的转型升级和稳定健康发展具有十分重要的指导意义。

近年来，保险理论创新不断发展，特别是关于可保风险、普惠保险、生态保险、保险经营和风险管理等方面的理论研究热度不断上升。主要包括：

（一）保险风险理论创新

为面对新风险、适应新环境，保险风险理论尤其是可保风险理论研究有了较大突破。一般的可保风险主要包括可保财产标的，人的身体、寿命和健康。但随着新兴产业大量涌现，新的保险需求不断增多，风险也超出了传统保险理论的可保范畴。例如，美容业、体育产业、演艺业、汽车租赁业、网购等出现的手术风险、器官功能风险、艺术形象风险、代偿管理风险、在线交易风险等，均超出了传统保险理论的可保范畴。因此，可保风险理论研究正在重新定义，强调经济性、合同性和社会公平，而不再局限于传统风险形态。可保风险理论研究正在通过理论和制度创新，完善保险标准规则、市场机制，促进保险行业转型升级。

（二）保险经营管理理论创新

当前大数据、云计算、人工智能、区块链等新生事物层出不穷，这些新事物都是新的社会生产力的构成要素。这些要素的发展必然会对保险经营的理念和模式、保险管理的手段和方法等产生新的要求。目前，保险经营理论正由研究盈亏平衡向综合价值增长转变，由研究如何盈利经营向如何实现社会经济效益经营转变。

（三）保险营销理论创新

传统营销理论是以目标市场为起点，通过整合营销手段，满足客户需求以获取利润。然而，随着营销观念的转变和保险市场的转型，在市场引导生产的新经济时代，传统营销模式的弊端也日渐凸显，企业营销理念出现了较大变化。目前，保险业正致力于全方位营销理论的研究。全方位营销理论是通过整合企业的关系网络，掌握客户占有率、顾客忠诚度和客户价值等信息，研究重点由产品转向消费者需求。它突破了地域空间的限制，建立了多层次的立体营销方式，如网络营销、跨区域销售等，是对传统营销理论的创新而非替代。全方位营销理论的实现需要客户、企业和协力厂商这三大角色在价值探索、价值实现和价值传递这三大"以价值为基础"的活动之间联结互动。简言之，企业、消费者和协力厂商共同推动价值。因此在进行价值探索时，需要了解评估客户的认知空间、企业的能力空间以及协力厂商的资源空间，同时企业的营销人员在进行价值创造时，要以这些为基础，创造客户的利益，重新安排企业的营运范围，选择管理企业的合作伙伴以求得扩大合作伙伴队伍，并通过建立客户关系管理、内部资源管理和企业合伙关系管理来进行价值传递。全方位营销理论必将推动保险业营销模式发生深刻变化，使得保险公司更灵敏地对市场变化做出反应，形成核心竞争力。

（四）保险监管理论创新

早期我国主要是学习借鉴发达国家保险监管理论与实践成果，例如"偿一代"的建设。但现阶段，随着我国保险市场的发展，保险监管理论正在努力结合我国保险业实际发展再创新，为世界保险学术理论界贡献智慧。如前文所述，中国以风险监管为导向，创新提出了"偿二代"监管体系，并重塑了安全与效率并重的中国保险监管模式。

二、保险营销创新

近年来，政府和有关机构加大了对保险市场的规范力度，保险销售模式逐渐由不规范向规范化转变，由产销一体化向产销分离化转变。保险公司的传统销售渠道以其自身的营销团队为主，但随着保险中介市场的深化改革，专业保险中介机构已逐渐步入正轨，成为我国保险市场销售领域中不可或缺的重要部分。除了中介市场对保险业传统销售渠道的影响外，互联网对销售渠道理念和方式的冲击也逐渐成为各企业关注的重点。随着互联网、大数据等数字信息经济的飞速发展，保险销售迫切需要抓住新的契机，不断创新销售渠道，促进保险行业竞争能力的提升。

（一）传统营销方式

1. 柜台直销

柜台直销模式主要是保险公司利用自身职场为客户提供服务，是历史最为久远的传统保险销售渠道，随着手机移动终端的快速发展，目前该渠道更多适用于县城、乡镇以及中老年大龄客户群。

2. 个人代理

个人代理人是指根据保险人的委托，在保险人授权的范围内代办保险业务并向保险人收取代理手续费的个人。个人代理人通过向客户"面对面"销售保险产品，可以对客户的问题进行全方位的解答，便于客户更加透彻地了解保单的条款、期限、理赔程序等细节，提升保险合同达成的概率。另外，个人代理制还可以鼓励营销人员的积极性，使保险公司能够迅速拓宽市场，增加营业规模。

3. 保险中介营销

保险中介营销是保险公司将保险业务委托给第三方机构的一种营销策略。保险公司主要承担产品开发和资金运用等核心环节的经营，而将产品销售、业务承保和售后服务等工作交由保险中介公司完成，从而实现产业分工，提高资源的配置效率，同时也能够有效保障保险当事人的合法权益，提升行业的专业化和精细化水平。

4. 兼业代理

兼业代理是指代理人受保险人委托，在从事自身业务的同时，为保险人代办保险业务，保险公司支付相应手续费的销售模式，主要包括行业兼业代理、企业兼业代理和金融机构兼业代理、群众团体兼业代理等形式。双方通过建立战略合作关系、组建管理团队和资源信息共享向客户提供服务，降低了经营成本，实现了互利共赢。近年来兼业代理模式特别是银保渠道发展特别迅速。

（二）创新的营销方式

1. 保险产品超市

保险产品超市是指保险公司或其中介机构在固定场所开设店面，客户可以根据自己的需求自由选择所需要的保险产品。保险产品超市是对传统营销方式的一种创新和颠覆，能够增强客户对各种保险产品的体验感，为客户量身定做保险产品。现阶段，国内的保险市场对这种营销方式十分重视与关注，但是，由于大多数消费者，特别是个体消费者对它缺乏足够的了解，很少有客户主动来上门咨询，保险产品超市整体营销业绩还不够理想。

2. 电话营销

电话营销是通过专业的呼叫中心针对目标客户进行的销售方式，这种服务由保险公司专门的电话营销员（座席员）完成。电话营销具体又分为拨入、拨出两种不同的营销方式。拨入电话营销是指保险公司提供一个免费的电话号码，供消费者进行产品咨询或订购；拨出电话营销则是保险公司为了销售而与目标市场中的个人进行电话沟通，建立交易关系，并最终完成销售的一种营销方式。

借助电话中心进行销售和服务，是信息化时代全球销售和服务创新的主要途径之一，也是发达国家各行各业普遍采用的营销模式。在欧美发达国家，电话销售已经成为保险销售的重要渠道。与传统营销渠道相比，电话营销的优势主要体现在以下几个方面：规避了空间和时间上的限制，保险公司和顾客之间的交流更加便捷，大大维护了客户的基本权益；客户资源整体发展速度快，保险公司实际可控性较高；保险公司人均业绩显著上升，保费收入大大增加；保险公司人力成本、交易成本、运营成本等有所减少，公司得以良好发展。

3. 网络营销

数据科学和电子信息技术的高速发展为互联网行业带来日新月异的变化，大数据时代独特的“互联网”模式也促成了传统保险的互联网化。网络营销是保险公司利用互联网技术和功能销售保险产品的一种新型保险销售方式。目前，我国互联网保险运营模式主要分为五种：一是最早出现的公司自有网站销售模式，例如平安 PA18、泰康在线等；二是利用专业中介网站销售模式，如优保网、慧择网等；三是利用电子商务保险频道销售模式，典型代表包括淘宝保险、网易保险等；四是利用相关网站的兼业销售模式，携程网的航空意外险是这一模式的典型代表；五是虚拟化专业互联网保险公司的全新模式，如众安保险。从销售渠道的类型来看，除公司自有网站销售属于直接销售渠道外，其他互联网保险销售模式均属于网销代理渠道。

与传统营销相比，网络营销不仅降低了交易成本、管理成本，提高了企业经营效率和收入，提升了保险公司竞争优势，还有助于企业实现对市场的精准细分以及维持与客户的长期关系。企业能够对不断变化的市场迅速做出反应，挖掘潜在的消费者，增加消费人群，满足客户的多样化需求，拓展公司的业务范围，扩大市场比例。互联网将保险销售渠道向着更为快捷和高效的方向推进，加强对互联网、大数据等科技在销售渠道的应用与创新已然成为保险企业新的竞争方向。

4. 微信营销

随着智能终端的发展，移动互联网已成为当今社会人们获取资讯的主要方式，尤其是自微信推出以来，移动服务新时代——“微信时代”悄然来临。微信的巨大成功，衍生出了微信营销这种全新的营销手段。同样，在保险营销中，微信作为一种新型的商业工具也正被广泛应用。保险公司通过注册实名制企业公众平台，在这个平台上实现公司与客户的即时交流，定期或即时地将保险公司的消息推送给关注人群，最终实现微信营销的目的。保险微信公众号可分为服务号和订阅号。微信服务号主要针对会员客户，以客户服务、互动等为主；微信订阅号侧重于资讯类内容，主要以传播企业文化、推荐保险产品为主。

相比传统销售渠道，微信销售优势明显。一是受众基数大。截至 2018 年底，微信和 WeChat 的合并月活跃账户数已经达到 10.98 亿，庞大的受众群体成为微信营销最大的天然优势。二是销售成本低。目前，微信软件是免费提供给人们使用的，并且除去手机电子付账，在其使用期间的各种功能都不会收费，消费者日常使用成本低。与此同时，保险公司只要通过微信公众号就能把图片、文字等多样化的产品信息推送给用户，可节省大量广告资金。三是定位精准，信息到达率高。微信销售可以实现一对一或一对多的即时消息推送，也可以针对某一领域或某一定点时间进行消息的推送。并且，大部分微信用户都是与手机进行了绑定的实名制用户，受众基本都是真实的、私密的，在进行消息的推送时，可以保证销售信息的超高到达率，轻松实现与潜在客户之间的良好互动。

三、保险技术创新

保险技术创新主要体现在产品形式多样化、保单碎片化、保险服务化、运营智能化等方面。

（一）产品形式多样化

近年来，我国保险产品一直都在尝试各种形式的创新和改革。除此之外，“百万医疗”保险、个人税收优惠型健康保险、个人税收递延型养老保险等产品也开始出现，完善了我国居民的保障体系，使居民面临的各类风险能够得到更好的转移。

（二）保单碎片化

所谓“碎片化”，原意为完整的东西破成诸多零块。保险产品碎片化是指按照保险产品的功能、责任、标的、期限等因素，将保险产品简化的过程。保险公司传统的做法是将保险产品设计成功能多、责任多、标的多、期限长的复合型产品，希望通过一份保单满足消费者一揽子保险需求。新的消费环境下，这种传统做法可能缺乏有效性，消费者可能需要部分功能简单、责任少、标的单一、期限短等特征的碎片化产品。保单碎片化能够加强消费者对保险产品的了解，更好地适应互联网时代的要求。借助互联网平台，通过极低的保费甚至免费形式的微型保单来吸引消费者参与。目前，一些互联网保险公司在这方面已经做了尝试，例如，泰康在线的“大病无忧宝（福利版）”“求关爱”等产品在保险金额方面进行了碎片化创新，众安在线的“步步保”在保险期限方面碎片化，“肠命百岁防癌险”则在保险责任方面碎片化等。

（三）保险服务化

保险行业属于典型的服务行业，保险服务化是为了解决“保险姓保”的问题，让客户能真正得到保障。作为服务主体，保险公司应时刻树立“以客户为中心”的发展理念，深刻理解和把握消费者的需要，将先进的技术运用到保险消费的场景中去，提供更便捷的、更高品质的服务体验，建立社会对保险的信心。目前，一些保险公司已经将健康保险和医疗健康服务、机动车保险和道路救援服务等捆绑在保险条款里，将业务场景真正地融入保险产品中，获得了社会各界好评，这些依托场景的服务创新无疑是未来的发展趋势。在未来的发展过程中，保险公司还将加大在普惠式、广覆盖的保险产品和服务方面的投入力度，扩大农业保险、大病医保等政策性保险业务的覆盖面，进一步提高交强险的保障功能，关注低收入群体和弱势群体的保险需求，让保险惠及更多的人群。此外，保险公司还将建立新的保险产业链，把握保险业长期资金的金融业态定位，为新产业提供创新性一体化解决方案。例如，整合保险资源、健康产业、养老产业，服务国家“医养结合”“健康中国”战略规划等，将保险产业链打造成为国家战略的重要组成部分。综合来看，我国保险业正逐渐从传统的重展业、轻管理，重业务、轻服务转变为重服务、重管理的经营理念。

（四）运营智能化

近年来，随着大数据、人工智能、区块链、物联网等技术的不断进步，保险技术如何跟上科技发展的步伐这一问题已经引起了保险公司的高度重视。运营智能化是大势所趋，既可以降低保险公司的运营成本，又可以为客户提供更高效、更便捷的服务。传统保险公司的运营工作如定价、销售、核保、调查、理赔等都是依靠人力来完成的，借助科技的力量，保险公司的运营正在向智能化方向发展。

1. 云计算

云计算是一种能够通过网络以便捷的、按需付费的方式获取计算资源（包括网络、服务器、存储、应用和服务等）并快速提供这些资源的模式，这些资源来自一个共享的、可配置的资源池，并能在较少的管理投入或与服务商交互的情况下供应和释放。云计算的出现，使得计算资源像供水和供电一样，向公共服务产品形态发展，云计算也因此成为信息时代重要的基础设施。利用云计算，散布在各类终端的信息整合更加便捷。同时，依托云计算强大的计算资源支持，对大量数据的收集、传输、存储、处理、分析、检索、挖掘和应用成为可能，促进了大数据技术的发展和成熟，并在此基础上，进一步推动了人工智能、区块链等一系列数据应用的开发使用。

在保险业，云计算除了可以帮助保险公司解决 IT 技术投入问题，还带来了更多变化。借助云计算技术，保险公司实现了业务流程的线上化承载，移动展业、移动理赔等已在业内全面推广。通过云计算对各类数据资源的整合，保险公司在客户营销、产品开发、风险定价、核保理赔等多个环节实现了更加精准智能的业务运营。尤其在保险行业迈向新保险的阶段，云计算为保险公司的科技变革提供了重要的基础资源支撑。可以说，云计算是保险科技中最为重要的基础设施之一。当前，全球云计算市场仍处于发展初期，关键技术不断完善成熟，产品不断创新，服务能力持续升级，产业生态逐渐成形。随着云计算的重要性日益凸显，更多的企业将采用云计算，并带动全球化基础设施的加速扩张。随着物联网和 5G 等技术的市场爆发，势将催生更多的云计算市场需求，并驱动包括人工智能、区块链等相关服务应用领域的进一步发展，助力保险行业面对内外部的改变和挑战，打造面向未来的新保险。

2. 大数据

大数据是指无法在一定时间范围内用常规软件工具进行捕捉、管理和处理的数据集合，是需要新处理模式才能释放更强的决策力、洞察发现力和流程优化能力的海量、高增长率和多样化的信息资产。大数据技术具有大规模、多样化、处理速度快、价值真实性高但价值密度低等特性，颠覆了传统保险精算的理论和技术，有利于保险业的精准定价和精准营销，降低了风险成本，提高了承保效率和准确率，推动了保险商业模式的革命性和突破性创新。

目前，大数据在核保领域的应用已经成为趋势，与此同时，其在保险理赔调查及反欺诈方面也发挥着重要的作用。通过对全量数据而非抽样数据的分析，大数据技术不仅为保险公司在流程优化、产品设计、精算定价、客户服务和营销推广等诸多方面提供了更加精准的数据分析结果，更提供了全新的视角和思路。例如，借助大数据丰富多维的数据特征，建立更全面清晰的客户画像，诸多保险公司已在交叉营销、客户服务等方面取得了良好效果。通过对场景内数据的分析和挖掘，保险公司得以开发更多更丰富的保险产品，如建立在气象数据分析结果上的气象保险，基于可穿戴设备记录的运动数据开发的面向健康管理的医疗保险，以及建立在基于海量网络浏览和购物行为数据分析基础上的退货运费险等产品。此外，随着监管方面对消费者保护和数据隐私等问题关注的日益加强，监管部门在大数据产业生态中的作用日渐凸显。

3. 人工智能

人工智能是计算机科学的一个分支，它是研究、开发用于模拟、延伸和扩展人的智能的理论、方法、技术及应用系统的一门新的技术科学。人工智能的研究范畴非常广泛，包括知识获取、感知问题、模式识别、神经网络、复杂系统、遗传算法等诸多内容，其核心涉及四大技术，即计算机视觉、机器学习、自然语言处理和人机交互。人工智能技术具有处理不确定事件、不断学习、进行模式识别和数据挖掘等多个能力，可以为核保、承保、销售、客服、定价、精准营销、风险控制、理赔、保险反欺诈等多个领域提供智能支持。例如，在承保环节，只要将特定的条件和规则输入系统，就会实现自动承保，提升承保效率；在定价环节，移动智能设备反馈的数据有助于给出客户更为精准的定价；在理赔处理环节，“自助+自动”是发展方向，在科技的支持下，越来越多的保险理赔处理都将自动化；在保险服务方面，通过移动智能及人工智能，能够快速识别出客户的问题，排除客户面临的困惑。此外，人工智能还能够应用在就诊环节，阿里“Doctor you”的人工智能能够协助医生快速准确地确定诊疗意见。综上所述，保险公司运营正在朝着全面智能化迈进。

4. 区块链

区块链是分布式数据存储、点对点传输、共识机制、加密算法等计算机技术的新型应用模式，具有去中心化、开放性、透明性、匿名性、数据不可篡改性和自治性六大特征，被认为是自互联网以来最具颠覆性的创新之一。区块链技术的核心优势在于基于分布式网络形成的共识机制。区块链的分布式网络特征使其具有明显的开放性和可拓展性，有效降低了其进入的商业门槛；而共识机制的独立存在，使其能够在降低合约执行成本的同时，提升执行效率。因此，区块链技术应用在众多行业和领域都带来了巨大的想象空间。目前，区块链技术在保险行业的应用主要集中在产品开发、风险防范、流程优化和相互保险等领域，可以提高保险公司的核保效率和准确率，及时发现重复投保和高风险用户，避免道德风险的发生，并可以进行智能理赔，给保险交易双方带来极大的便利性。此外，区块链在保险监管等方面也具有十分重要的应用，推动着保险行业价值链和全流程的改造。例如，传统保险公司以保单为单位开展产品销售和管理，客户信息较为分散。以云计算为底层基础设施，打造面对行业的区块链服务，能整合多渠道的客户信息，实现客户账户统一管理，有助于实现数据共享，以缩短数据处理时间，提高业务效率。作为重要的基础设施，在未来，区块链技术将进一步与大数据、人工智能、物联网等众多技术融合，孵化衍生出更多的创新应用，助力构建未来保险业。

5. 物联网

物联网就是物物相连的互联网，即通过二维码识读设备、射频识别装置、红外感应器、全球定位系统和激光扫描器等信息传感设备，按约定的协议，将任何物品与互联网相连接，进行信息交换和通信，以实现智能化识别、定位、跟踪、监控和管理的一种网络。物联网是新一代信息技术的重要组成部分，也是信息时代发展的新阶段。“物联网”概念的问世，打破了之前的传统思维。传统上一直是将物理基础设施和IT基础设施分开：一方面是机场、公路、建筑物等，另一方面是数据中心、个人电脑、宽带等。而在物联网时代，钢筋混凝土、电缆将与芯片、宽带整合为统一的基础设施，整个世界运行其上，包括经济管理、生产运行、社会管理乃至个人生活。物联网的出现为智慧城市、智能家居、可穿戴设备、车联网等一系列的产业发展提供了爆发点。借助于物联网，人们对数据的收集、整合、处理和分析能力都得到了进一步加强，这为诸多行业带来了巨大的变化。在保险行业，长久以来困扰保险产品定价的核心就在于无法准确全面地获取风险数据，特别是某些细分领域或细分客户群的风险数据。而物联网的出现，则将改变这一切。物联网技术能够实现对保险标的物的智能化识别，从而能够对其存在的风险进行精确分析，做到险情预警、保费机动、决策支持、安全防范等科学化管理，其研究对保险行业的发展意义深远。例如，借助智能家居设备数据，可以准确地追踪科技家庭中的煤气泄漏情况，防范并预测可能出现的火灾风险；借助可穿戴设备的应用，追踪客户生活习惯特征数据，可以为不同风险人群量身定制相关的健康保险产品；在车联网等技术条件下，追踪用户的驾驶行为，可以为车险行业定价提供更加精准的手段。目前，在一些细分技术领域，保险公司已经开发了相关的产品，如基于驾驶行为的车险产品。随着物联网技术的进一步发展、普及和应用，必将为保险行业带来更多、更大的市场想象空间。

四、保险监管创新

随着国民经济的发展、居民收入水平的提高和保险意识的加强，我国保险市场不断扩大，保费收入、资产规模等各项评价指标不断提高，在国际市场上发挥着愈来愈重要的作用。保险业的快速发展，离不开保险监管的引导和支持，与保险监管的改革创新密不可分。我国保险监管创新主要体现在以下三个方面：一是保险监管组织架构的改革；二是保险监管理念的不断完善；三是保险监管技术的不断提升。

（一）保险监管体制不断改革

从 2003 年原银监会成立算起，至 2018 年，中国“一行三会”的金融监管格局走过了 15 个春秋。随着我国金融创新逐步推进，综合经营不断深入，金融风险结构日趋复杂，不同金融机构和市场之间的风险传染程度越来越强。尽管我国系统性金融风险总体可控，但其中的隐患不可忽视。在行业壁垒逐渐消融的现状下，金融机构间跨行业合作频繁，行业乱象滋生，旧体制的弊端日益凸显。“一行三会”的旧体制存在着监管职责不清晰、交叉监管和监管空白等问题。因此，2018 年 3 月，这一历时已久的监管框架迎来了变革，国务院发布金融监管改革方案，将原银监会和原保监会合并为银保监会。加上 2017 年新成立的国务院金融稳定发展委员会（以下简称“金融委”），“一行三会”成为了历史，“一委一行两会”的新格局就此形成。此次监管框架的调整，被普遍认为能够在统一监管标准、减少沟通成本、杜绝监管套利等方面发挥积极作用。原银监会、保监会的合并，对金融领域实现统一监管标准、减少沟通成本、提高监管效率、防范和化解金融风险等目标具有积极作用，向中国特色金融监管体制改革迈出了全面探索的新步伐。

（二）保险监管理念不断完善

从保险业监管理念的变化历程来看，改革开放以来，我国保险行业先后由央行、保监会和银保监会进行管理，由以市场行为监管为主过渡到偿付能力监管和市场行为监管并重，最终形成以偿付能力监管为核心，公司治理监管作为基础，市场行为监管为抓手的“三支柱”监管框架。在偿付能力监管方面，从“偿一代”过渡到以风险为导向的“偿二代”，最终形成定量资本要求、定性监管要求和市场约束机制的“三支柱”偿付能力监管体系；在市场行为监管方面，监管理念由被动监管向主动监管转变，监管内容由单一市场竞争行为监管逐步向市场竞争行为监管和保护保险消费者合法权益并重转变；在公司治理监管方面，逐步建立国内保险公司治理结构框架，以公司内部治理结构监管为核心，注重提高保险公司信息披露水平。另外，我国还建立了保险保障基金制度，形成了市场化的风险救助机制，确立了以公司治理和内控为基础、以偿付能力监管为核心、以现场检查为重要手段、以资金运用监管为关键环节、以保险保障基金为屏障的风险防范

"五道防线"。建设了全覆盖、标准化的数据体系和信息系统，保险统计数据实现集中化管理，开发了保险机构、高管人员、产品管理、现场稽查等门类比较齐全的现场和非现场监管信息系统。此外，在保险产品监管领域，金融监管部门对扰乱市场、偏离保险产品理念的高风险产品逐步加大管制力度，规范保险企业经营理念和产品设计要求，强调坚持"保险姓保、监管姓监"不可动摇的总方针，对保险产品从开发到退出的流程进行全面监管。

（三）保险监管技术不断提升

保险监管技术的提升也是保险监管领域的一大创新。2013 年 7 月，中国保险信息技术管理有限责任公司（简称"中国保信"）经国务院批准正式成立，是国内保险业首家大数据公司。中国保信通过建立统一经营和管理的信息共享平台，顺应大数据时代发展趋势，为保险行业的发展和监管提供了相应的网络支持和数据信息支持，在一定程度上提升了监管的效率和精准度，提高监管效能，促进互联网保险稳健发展。

【阅读材料 10-3】新型科技背景下泰康在线经营模式不断创新①

泰康在线的前身是泰康人寿的互联网平台，在 2000 年正式上线。2015 年 11 月 18 日，泰康在线财产保险股份有限公司正式成立，成为国内第一家由传统保险集团发起成立的互联网保险子公司，国内第二家拿到互联网保险业务经营许可牌照的公司。自成立以来，泰康在线积极探索新科技，从渠道创新到产品创新，再到商业模式创新，大力发展互联网保险业务。

在产品开发方面，泰康在线将"保险+"策略作为公司首要战略，将创新进行到底。运用大数据、人工智能等技术创新出第一款互联网健康车险——泰康车险。不仅将大数据等新型科技融入新产品当中，还将"大健康"这一概念首次融入车险当中。将大数据与健康监测技术结合，分析驾驶人健康情况、驾驶情况，提示驾驶人危险系数，并区分驾驶人的健康情况提供体检，对车辆进行测评。并运用人工智能技术（指纹识别、人脸识别），为客户驾驶情况提供检测，鼓励驾驶人健康安全出行。不仅做到了"人健康"，还做到了"车健康"，最终保证了"行健康"。此外，泰康在线接连推出了"微互助""外卖骑手意外险"等专门为容易出现意外的普通家庭、外卖配送人员提供保险保障，扩大了自身业务的覆盖范围，掌握了更多的用户数据，通过大数据等技术进行新颖的、有针对性的保险产品设计，实现了业务的规模化增长。

在产品宣传及销售方面，一是通过提升客户体验，有针对性地进行宣传及销售；二是通过大数据分析及人工智能鉴别技术进行精准营销。首先，泰康在线运用区块链中的私有（企业）区块链技术，建立了一个属于自己的超级分布式账本，这个超级账本不仅可以将各个渠道之间相互连接，还可以和第三方如天猫等平台无缝衔接，泰康在线称其为积分管理平台。客户在 PC 端、微信端等各个渠道、各个业务线上的积分，甚至是与泰康合作的第三方平台上的积分都可以进行兑换，简化了流程，节省了客户的时间成本，

① 资料来源：笔者整理。

同时也将风险的控制范围最大化。这是国内首次将区块链应用于企业并投入实际运营当中，提升了客户的体验度。其次，泰康在线是人工智能技术实现的先驱者，在2016年研究发明国内首款智能机器人Tker，进行保险产品的智能营销、在线智能咨询等。在泰康在线最注重的健康险方面，建立了大数据评分平台，当用户登录泰康在线官方网站后，中心会向其推送健康在线测试，邀请其参加健康管理活动，参加后将形成健康等级、信用评价等，这些结果会存储在大数据评分系统里，根据用户表现不同，平台中心便可根据等级不同为用户提供差异化的健康保险管理方案，泰康在线称这个平台为“泰健康”系统。同时，泰康在线还着手开发潜在的客户，通过和气象部门的合作，将天气状况发送至客户手机，若客户有兴趣便会查看，这样就有利于潜在客户的开发。

在运营方面，泰康在线运用大数据技术及人工智能技术进行智能核保及风险管控，致力于运营管理效率的提升。泰康在线是泰康保险集团的全资子公司，因此拥有极为丰富的数据，加之泰康在线自2000年正式上线至今，也积累了庞大的数据流量用户。因此，泰康在线在数据量上有着很大的优势，通过大数据及人工智能技术对内外部数据进行分析，对用户进行风险等级的区分及保费的厘定，对有道德风险前科的用户加强核保和风控，甚至直接拉入黑名单，不仅能够实现精准营销，还实现了智能核保和大数据风控，有利于防止骗保及道德风险的发生，同时保障客户权益。

截至2018年11月，泰康在线财产保险股份有限公司成立满三年。在过去三年时间里，泰康在线从一个事业部成长为一家有行业影响力的独立互联网保险公司，在规模扩张、业务发展的背后，是泰康在线对“保险+科技”“保险+服务”模式的创新践行。近期，泰康在线“23℃服务体系”的发布，更是体现了泰康在线将科技应用到实处，从速度、温度、广度三大维度重建了互联网保险服务新标准，再次展现了泰康在线对保险服务的创新和引领。正是泰康在线在服务创新、科技应用等方面的投入与探索，带领着企业取得了良好发展业绩，同时也获得了业界及用户的一致好评。

本章小结

随着保险市场的快速发展，其面临的风险与挑战越来越多样化，并呈现出全球性、复杂性、损失严重性等一些新的特征。风险管理技术也随之发展起来，非传统转移工具的不断演变、全面风险管理的日益成熟、金融衍生工具的兴起等都为保险市场各方面的不断创新提供了基础。在此背景下，保险理论研究、保险技术、保险营销、保险监管等几个方面都在不断推陈出新，呈现出良好的发展态势。

重要概念

◆ 非传统风险转移工具：一种不同于传统保险的可选择的风险转移机制集合，是风险转移方式的一种创新。

◆ 自保公司：本身并不从事保险经营活动的一家公司或集团单独或与其他企业合资建立的风险融资机构，主要为其母公司及子公司提供保险保障。

◆ 综合多险种/多年期保险产品：对多种相关或无关损失原因提供保险，将不同险种的保险产品捆绑在一起，再在多年度的基础上分散风险，又叫多种损失原因产品。

◆ 全面风险管理：企业围绕总体经营目标，通过企业管理的各个环节和经营过程中执行风险管理的基本流程，培养良好的风险管理文化，建立健全全面风险管理体系，包括风险管理策略、风险管理措施、风险管理的组织职能体系、风险管理信息系统和内部控制系统，从而为实现风险管理的总体目标提供合理保证的过程和方法。

◆ 远期合约：合约双方约定在未来某一确定日期、按确定的价格进行交易。

◆ 期货合约：按照期货交易所统一制定的、以公开竞价的方式所进行的标准化合约。

◆ 期权合约：交易双方将一定金额的货款和特定选择权进行交易的合同，它赋予合约的购买人具有在规定的期限内按约定价格买入或卖出一定数量的某种金融资产的权利。

◆ 互换合约：两个或两个以上的交易者按事先商定的条件，在约定的时间内交换一系列现金流的交易形式。

思 考 题

1. 请举例说明现代风险演变呈现出哪些规律和特点。
2. 什么是非传统转移工具？请举例说明。
3. 如何理解全面风险管理？它与传统的风险管理有何区别？
4. 现代保险营销的方式有哪些？
5. 保险技术创新都呈现出了哪些特征？请举例说明。
6. 谈谈对保险监管创新的看法。

参 考 文 献

[1] 乔治·E·瑞达，迈克尔·J·麦克纳马拉．风险管理与保险原理（英文版·第十二版）[M]．北京：中国人民大学出版社，2017．

[2] Scott E．Harrington，Gregory R．Niehaus．风险管理与保险（第二版）[M]．陈秉正，王珺，周伏平，译．北京：清华大学出版社，2005．

[3] 魏华林，林宝清．保险学（第四版）[M]．北京：高等教育出版社，2017．

[4] 孙祁祥．保险学（第六版）[M]．北京：北京大学出版社，2017．

[5] 郭颂平，赵春梅．保险学（第二版）[M]．北京：高等教育出版社，2018．

[6] 丁继锋，方有恒，岑敏华．保险学（第二版）[M]．成都：西南财经大学出版社，2019．

[7] 刘永刚，张杰．保险学 [M]．北京：中国金融出版社，2014．

[8] 周彩霞．保险原理与实务 [M]．北京：中国发展出版社，2017．

[9] 许飞琼，郑功成．财产保险（第五版）[M]．北京：中国金融出版社，2015．

[10] 朱南军．财产与责任保险 [M]．北京：中国人民大学出版社，2016．

[11] 李立，李玉菲．财产保险（第二版）[M]．北京：中国人民大学出版社，2014．

[12] 董玉凤，戴丽．财产保险 [M]．北京：中国金融出版社，2014．

[13] 应世昌．新编财产保险学（第二版）[M]．上海：同济大学出版社，2015．

[14] 仇雨临，陈姗．员工福利概论（第二版）[M]．北京：中国人民大学出版社，2011．

[15] 陈文辉．我国保险业复业 40 年的改革历程及经验教训 [M] //陈元，黄盖平．中国金融四十人看四十年 [C]．北京：中信出版社，2018．

[16] 李泉．中国保险业 70 年发展历程与前景展望 [J]．中国保险，2019（10）：27-34．

[17] 周延礼．70 年保险监管改革与发展 [J]．中国金融，2019（10）：26-28．

[18] 赵宇龙，余贵芳．保险业偿付能力监管制度创新 [J]．中国金融，2019（10）：70-73．

[19] 聂颖．改革开放 40 年中国保险业的发展回顾 [J]．中国保险，2018（10）：7-12．

[20] 吴定富．保险业改革创新的十年回顾 [J]．保险研究，2018（12）：8-9．

[21] 杨柳．改革开放四十年中国保险业发展回顾与展望 [J]．上海保险，2018（12）：28-33．

[22] 魏华林．保险的本质、发展与监管 [J]．金融监管研究，2018（8）：1-20．

[23] 陈明之．我国巨灾保险经营模式路径选择研究 [J]．西南金融，2019（7）：87-95．

[24] 漆斌．“大数据”对我国保险营销影响探析[J]．中国管理信息化，2019（19）：105-106．

[25] 杨宏博．基于新技术的商业健康保险产品创新设想 [N]．中国银行保险报，2017-11-17．

[26] 张华．我国保险营销模式现状分析及创新策略研究 [J]．西南金融，2016（11）：

50－55.
［27］张长全，王明．新常态下保险营销模式改革途径探索［J］．齐齐哈尔工程学院学报，2016（1）：54－58.
［28］裴光．用创新理论引领保险发展——在 2016 年上海市保险学会学术年会上的讲话［J］．上海保险，2016（12）：10－12.
［29］刘莹．贝克风险社会理论及其对当代中国的启示［J］．国外理论形态，2008（1）：83－86.